# ロンドンの政治史

議会・政党は何をしてきたか？

竹下 譲
四日市地域研究機構・地域政策研究所長

丸山康人
四日市看護医療大学副学長

Politics of London

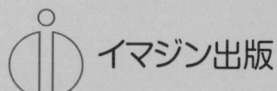

イマジン出版

## はじめに

　この本は、地方自治体の関係者、とくに地方政治家に読んでもらいたいと思って書いた本である。とはいえ、この本は、ロンドンの政治を扱っているため、自分には関係がないと判断する人が多いだろうと想像している。しかし、一度、手にとって欲しい。そして、走り読みでもいいから、目を通して欲しい。きっと、地方政治家として、あるいは、自治体関係者として、「かくあるべき！」と思うところが多々あるはずである。逆に、「これは問題だ」と感じるところもあろう。

　この本の筆者の１人である私（竹下）は、ここ数十年、イギリスの地方政治を調査研究してきた。その関心は、もっぱらイギリスの議会制民主主義の実態を知りたいというところにあった。民主主義とは何か、議会とは何かなどという理論的な説明や位置づけではなく、実際に、議会や議員がどのような活動をしているかを知りたかったのである。

　そうした関心のもとに、1970年代の初めの頃から、ロンドンの議会の実態を文献や資料を用いて調べ始めたが、こういう研究で、実態を観るというのはやはり限界があり、1980年代末の頃から、実際に、ロンドンや地方都市を訪ね、議会を見学し、議員の話を聞いて歩くようになった。しかし、親しい議員や自治体職員がいるわけでもない筆者が、議会や議員の実情を自分の目で見て、耳で聞くというのは、大変な難事であった。当時は、調査したい都市の議会がいつ開かれるかというような情報は、なかなか入手できなかったからである。そうしたときに、日本の自治体国際化協会のロンドン事務所が設置され、その所長として、また、次長として赴任してきた横田光雄氏と柳田昇二氏が筆者の実態調査の申し出に賛同してく

れるという幸運に遭遇した。当時、筆者はロンドン大学に籍を置いていたが、これ以後は、このロンドン事務所に毎日のように出勤し、調査計画を練って、ある日は、サザンプトン市、ある日はロンドンのルイシャム区、また別の日には、ウエストミンスター市、などなど、ロンドン事務所の日本人のスタッフやイギリス人の研究スタッフとともに、ヒアリングをして回ったものである。これにより、イギリスの自治体の実態が、どんどん、理解できるようになった。こうした調査は、私が日本に帰ってきてからも、時折、イギリスに出かけ、1か月2か月と滞在する形で、続けた。もちろん、自治体国際化協会ロンドン事務所の助けを借りながらではあったが・・・。

そして、そのうちに、地方圏に存在するパリッシュの政治、具体的には、議会・議員の活動にとりわけ強い関心を抱くようになった。また、その対比で、首都ロンドンの政治にも、関心を持ち続けた。いわば、2つの全く性質の異なる自治体の議員活動に焦点を絞って調査分析をすることになったが、これは、この調査によって、イギリスの議会制民主主義の実態が分かるような気がしたからであった。

パリッシュというのは、イギリスで"タウン（town）"とか"ビレッジ（village）"と呼ばれる小さな自治体であり、地方圏に特有の自治体である。大都市圏には一般的には存在しない。その上、決められた機能を担う自治体でもない。どういう機能を果たすかは、それぞれのパリッシュで、パリッシュ自身が定めるという特殊な自治体である。地方によっては、県（county）や市（district）との協議で、パリッシュの機能を定めているところもある。こういう自治体に関心を持ったのは、パリッシュ、すなわちタウン（町）やビレッジ（村）の議会・議員の活動に、また、議会・議員の住民の意向のくみ取り方に、イギリスの議会制民主主義の本質が現れていると考えたためである。現在のパリッシュの制度が整備されたのは、19世紀末のことであるが、私が調査した南ケンブリッジシャーのあるパ

リッシュ議会の100年にわたる議事録をみると、県（county）や市（district）などの上位の自治体と意見が合わない場合には、パリッシュの議員が県や市に刃向かうということがしばしばあった。これは、住民を巻き込んでの抵抗であったが、この議会の審議そのものが、住民を巻き込んでの審議であった。また、これらのパリッシュの議会が全国組織を創り、その全国組織の力で、法律上の権限を獲得してきたということも、100年間にわたるパリッシュの活動を調査するにしたがい、判明してきた。まさに、議会制民主主義の心髄とも言える議会の役割、議員の活躍を見ることができたわけである。この研究の成果は、もう10年以上も前になるが、2000年に、一冊の本にまとめることができた。是非、読んでもらいたいと願っている。（『パリッシュにみる自治の機能―イギリス地方自治の基盤―』イマジン出版）。

ところで、私が関心を抱いたもうひとつの対象は、パリッシュの対極にあるとも言える首都ロンドンであった。ロンドンについては、私は、研究生活に入った最初の段階から興味を持ち、いろいろな文献を調べていたが、1980年代末の頃には、その興味はますます強くなっていた。ロンドンといわれている地域全域を治めていた「大ロンドン都（Greater London Council）」が1986年に廃止されたからである。しかも、大ロンドン都が廃止されたのは、当時の新聞の記事を見る限りでは、「大ロンドン都」の議会が中央政府に真っ向から対立し、"ケンカ"をふっかけたためであった。当時の私にとっては、これは想像を絶する事件であり、この事件の経緯を調べれば、議会制民主主義の理解が深まると考えたわけである。

こうして、「大ロンドン都」議会について、それが創設された1965年の段階から調べ始めたが、調べて行くにつれて、「大ロンドン都」と中央政府の対立は、単に、当時のサッチャー保守党政権（中央政府）と「大ロンドン都」議会を仕切っていた労働党左翼の"ケンカ"というだけではなく、もっと根深い政党の哲学とも言える

争いだということも分かってきた。さらに、「大ロンドン都」の議会を理解しようとすれば、その前の「ロンドン県（London County Council）」のことを調べる必要があり、さらに、その前の、ロンドンの自治体、いわば自然発生的な自治体についても調べる必要があると感じるようになった。そして、もともとのロンドンの自治体は、現在も、基礎自治体のひとつとして機能している「ロンドン市（City of London）」であり、ロンドンの議会が果たしてきた役割を理解しようとすれば、何よりも、この「ロンドン市」の歴史を調べる必要があるということも分かってきた。「ロンドン市」の周辺には、昔は、自治体としてのパリッシュが存在したが、それらのパリッシュは、19世紀後半の社会情勢、政治情勢の変化の中で消えてしまった。この断末魔のパリッシュには腐敗した議員も多かったようであるが、議員としての矜持を持ち続けた議員も少なくなかったようである。そして、こうしたロンドンの状況を切り抜けてきた議会の働きを見なければ、議会制民主主義の意味を本当に理解することはできないと感じたところでもある。

　ロンドンに関しては、1000年ほど前に自治体が誕生して以来、自治体が中央政府と対等につきあってきたということにも驚かされた。こうしたロンドンの議員の毅然とした姿勢があるために、1980年代の「大ロンドン都」の議会の抵抗もあったと、想像できるほどである。

　中世の頃には、中央政府（国王政府）との"戦争"にまで発展するという事態もしばしばあった。その中心となったのは、「ロンドン市」の議員たちであった。

　この「ロンドン市」の議会は、長い間、中央政府に対して、強い不信感を抱いていた。いまでも、そういう傾向があるのかもしれない。中世以来の「ロンドン市」の形態を頑として保持し、独特の議会構成を誇っている。外国に対する影響力も、相変わらず、強い。「ロンドン市」の中央政府に対する不信感の象徴的な事例としては、

"警察"をあげることができる。現在、"ロンドン警視庁"として一般に知られている首都警察は、19世紀の初期に、中央政府によって設立されたものであるが、この時、「ロンドン市」の議会は、警察は善良な市民をも取り締まる可能性があるという理由で、警察の設置に反発したのである。結局は、ロンドンの周辺部分を管轄する警察として"ロンドン警視庁"が設立されたが、ロンドン市はその管轄区域外となった。そして、犯罪者が"ロンドン警視庁"の目を逃れて「ロンドン市」に逃げ込むようになったため、「ロンドン市」もやむを得ず警察を設置したが、このときも、中央政府に頼ることはなく、自前の警察である"ロンドン市警"を設置したのであった。この状態は現在も続いており、ロンドンの真ん中にある「ロンドン市」は、"ロンドン警視庁"ではなく、"ロンドン市警"によって取り締まられている。

　このように、ロンドンに関しては、かなり歴史に重点を置いた形で、議会の機能を観察してきた。調査の重点を置いたのは、中世の頃の「ロンドン市」議会、19世紀末に設置された「ロンドン県(London County Council)」の議会、そして、この「ロンドン県」が遭遇した種々の問題を解決するために設置された「大ロンドン都(Greater London Council)」の議会であった。この調査結果を、前述の『パリッシュに見る自治の機能』に続けて発表するつもりであったが、資料の整理に時間がかかり、なかなか、まとめることができなかった。そして、そうこうしているうちに、「大ロンドン都」と同じように、ロンドン全域を統治する「大ロンドン市(Greater London Authority)」を創設するという動きが浮上し、2000年に、ついに「大ロンドン市」が設立されてしまった。

　こうなると、「大ロンドン市」抜きのロンドン解説本を発表するわけにはいかず、またまた、調査を始めることになった。そのため、何回か大ロンドン市の議会を訪ね、また、「大ロンドン市」が公表している資料を読み、新聞を読むという作業に取り組み始めたもの

の、根気が続かず、すっきりと「大ロンドン市」の議会を理解することはできなかった。3・4年前に、自治体国際化協会の調査費をもらって「大ロンドン市」の議会を調べ、報告書を書いたことがあったが、私としては、満足のいくものではなかった。

　また、昔の「ロンドン県」や「大ロンドン都」の議会の分析も気になり始め、ロンドンの解説本を出版したいという夢はどんどん遠ざかっていった。そこで、最後の手段として、1人で書くことはあきらめ、現在の「大ロンドン市」については、全面的に四日市看護医療大学の丸山康人教授に執筆を依頼することとした。私が集めた資料やメモの類はすべて提供し、時には口もはさんだため、丸山教授としては非常にやりにくかっただろうと推測しているが、ともかく、これで、ようやく本を出版できる段取りとなった。

　パリッシュの解説本である『パリッシュに見る自治の機能―イギリス地方自治の基盤―』に12年も遅れての出版であるが、ともかく、ロンドンの解説本であるこの本を出版することができた。私としては、このパリッシュとロンドンの2冊の本はペアになっているという位置づけをしているため、是非2冊とも読んでいただければと思っている。そうすれば、イギリスの議会制民主主義の意味および実態が感じられるはずである。

　なお、この本の文章構成や表現のミスについては、四日市地域研究機構のスタッフである土屋美雪氏にチェックしてもらった。この作業は、筆者である私と丸山教授が最後の執筆をしている段階からしてもらったが、どんどんと作業をしてくれるため、執筆もけしかけられる形で進めざるを得なかった。このような土屋氏の"暗黙の叱咤"があったために、出版まで持ち込むことができたと言えそうである。厚く感謝する次第である。

　また、イマジン出版の青木菜知子氏には、いつものことであるが、筆の遅い私を叱咤激励し、原稿を完成させてくれた。こういう私によくつきあってくれたものだと感心している。改めて、感謝である。

2012年4月　　竹下　譲

# ロンドンの政治・行政　目次

はじめに　　　　　　　　　　　　　　　　　　　　　　1

## 第1章　ロンドンの歴史
　1　ローマ時代のロンドン　　　　　　　　　　　　　9
　2　ヴァイキングの襲来とロンドン　　　　　　　　10
　3　市民が市長（Lord Mayor）を選出　　　　　　　13
　4　ロンドン市内の裁判と市長の権限　　　　　　　18
　5　百年戦争と人頭税　―ロンドン商人の働き？―　22
　6　「共和制」時代のロンドン　　　　　　　　　　26
　7　王政復古とロンドン　―ペストの流行―　　　　33
　8　ロンドンの大火事　　　　　　　　　　　　　　37

## 第2章　警察の創設
　1　人口の増加とロンドン市街地の拡大　　　　　　42
　2　ドックの建設とスラム街　　　　　　　　　　　44
　3　警察に対する"不信"　　　　　　　　　　　　　47
　4　シティの抵抗？　―ロンドン市警―　　　　　　49
　5　"ロンドン警視庁"（首都警察）の機能　　　　　50
　6　"ロンドン警視庁"（首都警察）の特色　　　　　52

## 第3章　18世紀・19世紀のロンドンの自治体
　1　自治体は"パリッシュ"　　　　　　　　　　　　55
　2　パリッシュの"自治体"としての機能　　　　　　58
　3　パリッシュの運営機関は"ベストリー"　　　　　62
　4　"ベストリー"の退廃　　　　　　　　　　　　　65
　5　単一都市か？　複合都市か？　　　　　　　　　68
　6　2層制の"自治体"の発足　　　　　　　　　　　70
　7　首都建設委員会の設置　　　　　　　　　　　　72

7

## 第4章　ロンドン県（LCC）の創設
　　　1　1880年代初めの改革の動き　　　　　　　　　　74
　　　2　自由党の改革法案　　　　　　　　　　　　　　76
　　　3　保守党政権の改革構想　　　　　　　　　　　　78
　　　4　ロンドン県（LCC）の発足　　　　　　　　　　83
　　　5　首都区の創設　—保守党の巻き返し—　　　　　91
　　　6　ロブソン教授とルーカス教授の論争？　　　　　99
　　　7　首都区議会とロンドン県議会の選挙
　　　　　　—自由党の没落と労働党の台頭—　　　　　102

## 第5章　大ロンドン都（GLC）の創設
　　　1　20世紀初期の改革の動向　　　　　　　　　　110
　　　2　本格的な改革の始動（1950・60年代）　　　　117
　　　3　大ロンドン都（GLC）の出現　　　　　　　　130
　　　4　大ロンドン都（GLC）の統治機構の改革　　　139
　　　5　大ロンドン都議会の政党　　　　　　　　　　146
　　　6　大ロンドン都（GLC）の廃止　　　　　　　　157

## 第6章　大ロンドンの復活
　　　1　空白期のロンドン（1980-90年代）　　　　　　168
　　　2　労働党の1997年総選挙のマニフェスト　　　　173
　　　3　労働党の圧勝と大ロンドン市長選挙　　　　　176
　　　4　選挙の仕方は？（大ロンドン市の市長選挙と議員選挙）187
　　　5　大ロンドン市は如何なる自治体か？　　　　　202

## 第7章　ロンドン四方山話（補論）
　　　1　大ロンドンは"ロンドン市"とは違う！　　　　222
　　　2　警視庁は"国家警察"か"自治体警察"か？　　230

索引／人名索引　　　　　　　　　　　　　　　　　　237
著者紹介　　　　　　　　　　　　　　　　　　　　　244
ロンドンをめぐる略年表　　　　　　　　　　　　　　245

# 第1章
# ロンドンの歴史

## 1　ローマ時代のロンドン

　ローマ帝国がイギリスに本格的に侵入してきたのは西暦43年のことである。これ以後、350年以上にわたって、ローマ軍はイギリスを支配したが、その支配の本質は軍事支配にあった。ロンドンはこれらのローマ軍がイギリスに上陸する港（拠点）として整備された。ロンドンからイギリス各地に向かって軍事道路が建設され、その軍道に沿って、ローマ軍がイギリスを支配下に治めていった。ローマの軍人は多量の生活物資を消費したが、これらの物資もロンドンに運び込まれ、ロンドンからイギリス各地に搬送された。いわば、ロンドンの"貿易"都市としての発展は2000年ほど前まで遡ることができる。この頃の痕跡は、いまでも、少し残っている。たとえば、観光で有名なロンドン塔の近くに、シティ・ウオール（City Wall）というローマ時代の城壁の一部が残っているし、公共浴場（Roman bath）の跡もみることができる。ロンドンの中心部にあるイングランド銀行などの建物の地下には、ローマ時代のモザイク舗道もあるとのことである[1]。しかし、このローマ軍の勢力は、母体であるローマ帝国が4世紀末に東西2つに分裂すると、急激に弱体化するようになり、410年に、イギリスから引き上げてしまった。同時に、ロンドンも急速に衰退した[2]。

---

1　A.N.Wilson, London ; A Short History, Phoenix, 2005,　p.14
2　Ibid., p.15.

## 2 ヴァイキングの襲来とロンドン

　イギリスの歴史書のなかに、ロンドンという都市の名前を見られるようになるのは、それから数百年経ってからであった。8世紀の半ば頃から、スカンジナビア半島に住んでいた人々が"ヴァイキング"として武装船団を組み、300年以上にわたって、西ヨーロッパ沿海部を侵略したが、イギリスもこれに巻き込まれ、そのなかで、ロンドンという都市の名前も登場するようになったのである。
　イギリスに侵入したのはデーン人、デンマーク系の"ヴァイキング"であった。これらのデーン人は略奪だけではなく、イギリスに定住する者も多かった。9世紀の中頃には、イギリスのほとんどの地域にデーン人が進出するようになり、ロンドンもデーン人の手に落ちてしまった。
　この"ヴァイキング"の侵入に対して、アングロ・サクソン系の人々の王であったアルフレッド（Alfred）国王が抵抗した話は有名である。しかし、このアルフレッド国王もイギリス全土を奪還したわけではなかった。ようやく半分を奪い返しただけであった。最終的には、イギリスの南西部はアルフレッド国王が支配し、北東部は"ヴァイキング"が支配するデーン人の地域という形で落ち着いた。ロンドンはこの境界線に位置し、アングロ・サクソン系の人々とデーン人が混在する都市となった。
　"ヴァイキング"という言葉を聞くと、日本人は、恐らく、"海賊"をイメージすると思う。確かに、"海賊"行為もあったようであるが、しかし、デーン人の本質は商人だというところにあった。冒険心にあふれ、武力も備えた商人であったのである。しかも、デーン人のなかには、非常に進んだ手工業の職人も数多くいた。これらの職人の技量は、当時の世界最高のレベルにあった。

第1章　ロンドンの歴史

　しかも、イギリスには、ローマ軍が建設した軍事道路がそのまま残っていた。これらの道路はイギリス全体に広がっていたが、その中心はロンドンであった。このロンドンに、商人・職人としてのデーン人が数多く住むようになり、ロンドンは必然的に貿易の中心地となった。その繁栄ぶりを見て、外国、とくにヴァイキングの世界から、多くの商人が取引にやってくるようになった。貿易品を運ぶ船の数も増えていった。それに伴い、ロンドンの街は、船員や商人たちの憩いの場としても発展するようになった。
　フランスやドイツなどからワインがどんどん入ってきた。その一方では、イギリスのウール製品などがロンドンから外国に輸出されるようになった。こうして、ロンドンは貿易のひとつの拠点として、発展していった[3]。
　この頃のロンドン市民は、境界線上にあったため、ある地域の市民はイギリス国王の支配下にあり、別の地域の住民はデーン人の国王であるデンマーク国王の支配下にあった。しかし、ロンドンの商人や職人たちは、それぞれの国王に守られ、敵対しているというわけではなかった。ロンドンの市民は、業種ごとにギルド（guild；組合）を結成し、このギルドが商取引を統制し、市民はそれにしたがっていた。ロンドンの街の防御も、防衛ギルド（Defence Guild）を結成して、ロンドン人が自分たちで守っていた。国王に税金を納めることを別とすれば、ロンドンは、実質的に、独立していたのである。
　アングロ・サクソン系の人々とデーン人のこのような平和共存はかなり続いたが、10世紀末頃から、デンマークの"ヴァイキング"の動きが再び活発になってきた。ただし、はじめの頃の"ヴァイキング"には、イギリスを奪いとろうというねらいはなかった。お金

---

3　Edward Rutherfurd, London, Arrow, London 1997, pp.190-232 はこの頃のロンドン人の生活を生き生きと描写している。この本は"The Novel（小説）"であるとされている。署名を翻訳すれば、『小説・ロンドン』ということになるわけであるが、イギリスの歴史学者などの話を聞くと、主人公の話は別として、書かれている背景は判明している歴史に合致しているという。

の奪取をねらいとし、襲撃はするものの、イギリスがお金を払えば、すぐに撤退していった。そのため、イギリス国王側は、"撤退金"を払って事態の解決をはかりつづけていた。しかし、"ヴァイキング"の襲撃が度重なり、2年に1度は襲撃されるという状況になると、撤退金を実際に負担するイギリス各地の領主たちは、次第に、お金の負担を渋るようになった。

　また、デンマーク国王側も11世紀にはいるとイギリスを支配下に置こうと望むようになってきた。こうして、本格的な争いに突入することになったが、イギリス国王軍はあまり強くなく、すぐに負けてしまった。中央政府は瓦解し、"ヴァイキング"に占領されてしまったのである。しかし、ロンドン市民は頑強に、長期にわたって抵抗した[4]。が、そのロンドンも、1016年、遂にデンマーク軍に屈服し、デンマーク国王の支配下に置かれることになった。ただし、この屈服は、税金を納める以外は、ロンドン市民の自由にするという条件付きのものであった。

　「ロンドン市民は自由」であり、「如何なる侵略も、ロンドンを奪い取ることはできない」というロンドン市民の矜持はますます強くなった[5]。

　この後、1066年に、いわゆる「ノルマンディーの征服」があった。このときも、ロンドンは抵抗運動の中心となった[6]。ノルマンディーの軍隊を率いたウィリアム（William）も、抵抗の強いロンドンを直接攻撃することはできなかった。他の地域を蹂躙し、ロンドン周辺を押さえつけてから、ロンドンに降伏を持ちかけたが、それも、ロンドンのそれまでの権利をすべて守るという条件を示した上での交渉であった。こういう条件の下に、ロンドンも屈服し、ウィリア

---

[4] A.L.Morton, A People's History of England （鈴木亮・荒川邦彦・浜林正夫訳、『イングランド人民の歴史』、未来社、1972年）51頁。
[5] Edward Rutherfurd, London, p.213.
[6] A.L.Morton, A People's History of England （訳『イングランド人民の歴史』）55頁。

ムをイギリスの国王として承認した。こうしたロンドンの意思決定は、すべてのロンドン"市民（citizen）"が集まる"民会（Folkmoot）"で行われた[7]。

　「ノルマンディー」というのは「北方の国」を意味する。しかし、ウィリアムに率いられてイギリスに攻め入ってきたのは、北方の人々ではなかった。フランスのセーヌ川下流に住む人々であった。これらの人々は、もとともは"ヴァイキング"の一派であったが、フランスのセーヌ川の下流地帯に定着したため、その地域は「ノルマンディー」と呼ばれるようになり、その領主であるウィリアムは"ノルマンディー公"と呼ばれていたのである。このウィリアムがイギリス国王になってからも、フランスの「ノルマンディー」の地域はそのままウィリアム公の領地として残った。というよりも、「ノルマンディー」がウィリアム公の本拠地であり、イギリスはいわゆる"属領"であった。

　しかし、イギリス国内の支配者は、この"ノルマンディー公"（ウィリアム）の征服によって、がらりと交代した。それまでの地付きの貴族、すなわちアングロ・サクソン系の貴族が一掃され、それに代わって、フランスからウィリアムに従ってきた「ノルマンディー」の貴族が土地を与えられ、領主となったのである。そして、それらの貴族の有力者がバロン（諸侯）と呼ばれるようになった。そうしたなかで、ロンドンは、それまでと同じく、市民によって治められた。

## 3　市民が市長（Lord Mayor）を選出

　ウィリアムのイギリス征服から100年ほど経った1154年、「ノ

---

7　Edward Rutherfurd, London, p.229.

ルマンディー」を含む広大な領地をフランスに持つヘンリー2世（Henry Ⅱ）がイギリスの国王に就任した。ヘンリー2世のフランスの領地は、フランス国王よりも、はるかに大きかった。これにより、イギリスはフランスの"属領"としての性格がますます強くなったが、ロンドンは、逆にそれが幸いして、貿易拠点としてますます栄えることとなった。

　ヘンリー2世の後を継いだのは、その次男であるリチャード（Richard）であった。この王は勇猛で獅子の心を持った"獅子王"といわれ、大軍を引き連れて十字軍に参戦したことで有名である。リチャード国王は、1189年に国王に就任すると、直ぐに富裕な反物の商人であったヘンリー（Henry Fitz-Ailwyn）という人物をロンドン市長に任命した。以後、現在（2011年）まで、684代の市長が続いているが、リチャード王が、何故、市長を任命したのか、定かではない。しかし、十字軍の遠征には膨大な資金が必要であり、リチャード国王はこの資金を賄うために、バロン（諸侯）に課税したと同時に、イギリス各地の都市にも課税した。さらに、多くの都市に"自治権"を付与する見返りに、お金を出させるということもした[8]。このことを考えれば、ロンドンに市長を任命したのも資金獲得の方策だったと推測できる。事実、ロンドンの商人は、国王に納める税金がどんどんと高くなっていくために、国民には非常に人気のあるリチャード国王に批判的だったといわれている[9]。

　しかし、リチャード国王の死後、王位を継承したジョン（John；在位1199～1216年）は、ロンドンの商人にとって、もっとひどい国王であった。国王に就任した直後に、ジョン国王は、フランスの領地をめぐって、フランス国王と戦争をはじめた。そして、その経

---

8　A.L.Morton, A People's History of England　（訳『イングランド人民の歴史』）71頁。この自治権の授与は、チャーター（Charter；特許状）を交付するという形で認めたという。
9　たとえば、Edward Rutherfurd, London, pp.369-429 は、この頃のロンドン商人たちの税金に対する不平不満を生き生きと描写している。

費を賄うために、バロン（諸侯）から、さらには、ロンドンから、法外な額の税金を徴収するようになった。その上、この戦争で、ジョン国王は敗北に次ぐ敗北を重ねた。次々と、フランスの所領を奪われ、ついには、最初の領地であった「ノルマンディー」さえも、フランス国王に奪われてしまった。この結果、イギリスの多くのバロン（諸侯）は、先祖から引き継いできたフランスの所領を失ってしまった。諸侯（バロン）は、必然的に、国王に不満を抱くようになったが、ロンドン市民もこれらのバロン（諸侯）に同調して、国王に公然と反抗するようになった。そして、1215年6月15日、ジョン国王は、あの有名なマグナ・カルタ（大憲章）に調印させられたのであった。

このマグナ・カルタは、伝統的なバロン（領主）の自治権や都市の自治権を改めて確認するというものであった。たとえば、ロンドンの自治権については、第13条で「ロンドンは古からの自由と自治の慣習をもつことを保証する」[10]と明示していた。そして、ロンドン市長とバロン（領主）の代表、総勢25人の委員会を設置して、国王を監視するとしていた。また、国王がマグナ・カルタに従わない場合には、国王を罷免する権限が、この委員会にあると定められた（第61条）。これらの委員はバロン（領主）のなかから選ばれることとされたが、ロンドン市長だけは例外的に常に委員になることとされた[11]。

もっとも、国王ジョンは、このマグナ・カルタに署名したものの、

---

10　このマグナ・カルタ第13条の原文は 'The city of London shall have all its ancient liberties and free customs, as well by land as by water' である。また、これに続いて、'furthermore, we decree and grant that all other cities, boroughs, towns, and ports shall have all their liberties and free customs.' とあるように、他の都市も、自治権や自由を享有していたことが分かる。
11　Edward Rutherfurd, London, pp.431-2 は、この25人の委員会の設置はロンドンの統治の仕方をモデルとしたものだという。市長がロンドンの商人組合や職人組合の代表（アルダーマン；Aldermen）に監視されるように、24人のバロン（領主）と市長が委員となる委員会が国王を監視するようにしたというのである。

それに従おうという気持ちはなかったといわれている。しかも、翌1216年には、ジョン国王が病死してしまった。この結果、バロン（諸侯）と抗争する相手方が消えてしまったこともあって、マグナ・カルタが現実に実施されるということはなかった。それが部分的に甦ったのは、17世紀以降になってからである。

しかし、ロンドンの場合は、マグナ・カルタによって確認された自治権を、現実に行使した。それだけではなかった。マグナ・カルタと同じ年の1215年、ジョン国王に対して、ロンドン固有のチャーター（特許状）の交付を迫り、ロンドンの自治権をさらに強化したのであった。これにより、国王に任命されていたロンドン市長が、市民自身の手によって選ばれることとなった。こうして、ロンドンでは、昔からロンドンを自主的に運営していた商人や職人が代表として数人のアルダーマン（参事会員；aldermen）を選び、それらのアルダーマンが、自分たちのなかから、市長（Lord Mayor）を選ぶようになった[12]。

このようなロンドンの自治は、国王の配下にある中央政府にとって、もちろん、歓迎すべきことではなかった。そして、現実に、中央政府は、その後、何度も何度も、市長任命権の奪還を試みた。1284年には、その奪還に成功するということもあった。しかし、国王が市長を任命できたのはわずか13年間に過ぎなかった。1298年には、再び、市民が市長の選出権を取り戻し、以後、今日まで、700年以上にわたって、市民が代表を選び、その代表が選ぶという形で、市長が選出されてきた。

なぜ、国王はロンドン市民にこういう特権的な自治権を認めたのであろうか。理由は簡単である。国王配下の中央政府は戦争などのために常に財源に困っており、そのために、ロンドン市民に対して"もみ手"をして、お金をもらうか、借りるかする必要があったた

---

[12] A.N.Wilson, London ; A Short History, p.23.

めである[13]。

　ロンドンの市長は公選で選ばれてきたといっても、もちろん、すべての住民が選挙権を持っていたわけではなかった。また、ロンドンの運営に関係していたわけでもなかった。実際に、ロンドンの運営を仕切っていたのは、商人組合や職員組合の代表であるアルダーマンによって構成される合議体であった。この合議体は「参事会（Court of Aldermen）」と呼ばれ、はじめの頃は、アルダーマンだけが集まって会議を開いていた。しかし、次第に、"博識で思慮のある"市民を、ロンドン市内の各地区から、相談役として招集するようになった。1285年には、ロンドン市全体に影響があるような事柄を決定する場合には、こういう"博識で思慮のある"市民が、各地区から1～4人、全部で40人が集められていたという。

　それから、100年近くが経過し、1376年になると、アルダーマンではない市民も定期的に招集されるようになった。この会合は、「参事会」から独立して開かれ、"市民議会（Court of Common Council）"と命名された。この"市民議会"が次第にロンドン市の中心的な意思決定機関となり、それに対応して、「参事会」で決定される事柄が少なくなっていった[14]。こうした形態は、21世紀の今でも同じである。ただし、この中世の頃のロンドン市は、現在、一般にロンドンと呼ばれている「大ロンドン市（Greater London Authority）」とは違う。いまのロンドン、すなわち「大ロンドン市」の中心部のごく狭い区域がこの中世のロンドンである。いまでも、「ロンドン市（city of London）」といえば、この小さな区域のことである。ロンドンの人々は、通常、この「ロンドン市」のことを"シティ"と呼んでいる。

---

13　Ibid.,
14　City of London Corporation, Development of local government、http://www.cityoflondon.gov.uk

## 4　ロンドン市内の裁判と市長の権限

　12世紀のはじめ頃までは、ロンドンは、国王が任命するシェリフ（sheriff）によって治められていた。行政権はもちろん、司法権もシェリフの管轄下にあり、また、市民の税額を決めるのも、税取り立ての強制執行をするのもシェリフの権限であった。市民の間のもめ事や、商取引の紛争を処理する裁判官の役割も、シェリフが担っていた。もちろん、1人のシェリフでこれらの業務をこなせていたわけではない。その配下には、多くのスタッフがいた。とくに、裁判は、過去の判例を参照して、また、商取引の慣習にもとづいて行われていたため、シェリフの配下には、経験が豊富な法律家が数多くいた。

　しかし、12世紀の中頃から、こうした状況は大きく変貌するようになった。ロンドンが自治権を獲得しはじめるのに対応して、シェリフも国王の任命ではなくなり、ロンドン自身で選ぶようになったのである[15]。どのようにしてシェリフを選出していたのか。12-3世紀の頃については明らかではないが、少なくとも14世紀の頃には、ロンドン商人の代表者が一堂に集まり、拍手喝采で選出するようになっていた。

　1189年には、前述したように、市長が置かれるようになった。この市長の登場に対応して、シェリフの立場は必然的に弱くなった。また、ロンドン市では、10世紀の中頃から、「ロンドン市裁判所（Court of Justice）」が裁判機能を担うようになっていた。その一方では、国王の裁判所として位置づけることのできる巡回裁判所

---

15　1141年に King Stephen（1135-1154 在位）がロンドン市に認めた特権（Charter）のなかに規定されている。参照；'Sheriffs of the City of London', Wikipedia, the free encyclopedia）, http://en.wikipedia.org/wiki/Sheriff of the City of London

第1章　ロンドンの歴史

もあった。この結果、13・14世紀の頃のロンドンは、裁判権がどこにあるかということで、混乱していた。全体の趨勢で言えば、とくにロンドン市民の間では、国王の裁判権から脱却しようという動きが強かった。

　たとえば、1258年、国王の裁判所である巡回裁判がロンドン市役所にやってきて、すべての告訴事件を扱おうとした。しかし、告訴人である市民達は、ロンドン市内の犯罪事件を扱うのはシェリフであると申し立て、強く抵抗した[16]。市民達は、自分たちの代表に裁判してもらうことを望んだのである。

　12世紀後半頃から、シェリフに裁判を求めるというよりも、「ロンドン市裁判所」に訴える市民が増えるようになっていた。が、この裁判所は毎週月曜日にしか開かれなかった。延長することはあるとしても、せいぜいのところ、火曜日までであった。このため、市民の訴えに迅速に対応できなかったが、これは、とくに外国商人にとっては、深刻な問題であった。取引をめぐって、ロンドン商人と争いが生じた場合、裁判でけりをつけるためには、月曜日まで待たなければならならなかったからである。しかも、さらに次の月曜日まで待たなければならないということもあったが、これは、短期間しかロンドンに滞在しない外国商人にとって耐えられないことであった。

　こうして、次第に、簡略な裁判が行われるようになっていった。「ロンドン市裁判所」は、公式には、市長とアルダーマン全員、そしてシェリフが裁判官となって裁判することになっていたが、外国商人との紛争の裁判では、市長が2・3人のアルダーマンを集めるだけで、シェリフに参加を求め、市長のリードのもとに裁判が開かれるようになっていったのである。その後、この簡易な裁判は"市長法廷（Mayor's Court）"として整備され、それまで国王の巡回裁判の管

---

16　'Calendar of early mayor's court rolls 1298-1307', British History Online, http://www.british-history.ac.uk/report.aspx?compid=31965

轄であった窃盗事件や殺人罪などについても、裁判するようになっていった。1327年には、国王もこの"市長法廷"を正式に承認した[17]。

13世紀末の"市長法廷"での裁判事件を見ると、酒場でのケンカ、脅迫、窃盗、ばくち、詐欺、債権債務、不法侵入など、様々な事件を扱うようになっている。これらの事件は、商取引の慣習に違反するということで事件となったものであったが、それだけではなく、ロンドン市の条例・規則に違反しているということで、裁判になったものもあった。しかも、その数はかなり多かった。"市長法廷"は、ロンドン市の独自の立法に対応する形で、裁判をするようになっていたのである。

"市長法廷"の審理に参加するのは、公式には、市長、アルダーマン、シェリフというように、「ロンドン市裁判所」と同じメンバーであった。しかし、実際に、裁判官の役割を果たしていたのは、市長と2・3人のアルダーマンだけであり、シェリフはいわゆる事務局として参加していただけであった。"市長法廷"での裁判は、実質的には、シェリフという法律の専門家ではなく、市民を代表する人々が裁判するようになったということを意味した。

とはいっても、すべての訴訟が市長法廷の裁判になったわけではなかった。シェリフも、多くの市民の訴えを処理していた。が、シェリフには、関税や城壁税など、当時のロンドン市民や外国商人から、税金を徴収するという任務もあった。具体的な税金の額を定めたのもシェリフであった。そして、この税金の額に不満を持つ市民が裁判で救済を求めることが少なくなかった。

---

17 1327年3月、エドワード3世がロンドン市に認めた特権（Charter）のなかで、ロンドン市長の裁判を承認した。これをフランスの歴史家は、次のように描写している。「エドワード3世は、ロンドン市民に、どの国の国王も認めたことのない特権、すなわち、市長が市役所で裁判官になるという特権を与えた」。(H.T.Riley, 'Chronicles of Old London', The French Chronicle of London, Camden Society; 1844, P.59) (A.H.Thomas, ed., 'Calendar of early mayor's court rolls ; 1298-1307', 1924, British History Online, http://www.british-history.ac.uk/report.aspx?compid=31965 より引用)。

このような裁判は「ロンドン市裁判所」の管轄になっていたが、実際には、"市長法廷"に訴えるのが一般的であった。この結果、シェリフは"市長法廷"で"被告"の立場に立つことが多くなり、それに伴い、シェリフの力はますます弱くなっていった。市長の補助的な存在になってしまったといわれるくらいである[18]。

市長を選出したのはロンドンの「市民議会（Court of Common Council）」であった。そして、現職の市長がこの「市民議会」を開催し、挙手で市長を選ぶというのが長い間の慣習であった。が、1384年、シェリフの経験者から市長を選ぶことになった。シェリフも、12世紀の中頃から、国王の任命ではなく、ロンドン商人によって選ばれるようになっていたが、この年（1384年）に、「市民議会」で選ばれることとされた。その数も2人となった。

市長は、また、1435年以後は、シェリフの資格に加えて、アルダーマンの中から選出されることになった。完全に、ロンドン市民の一員となってしまったわけである。アルダーマンは25選挙区から各1人ずつ、合計25人選ばれ、任期は終身とされた。

こうした選出の仕方は、現在のロンドン市（City of London）に引き継がれているが、アルダーマンに関しては、形式的には、終身職であるものの、実際には、6年ごとに選挙で選出されている。多くは、無投票である。また、市長の裁判官としての機能は、現在でも続いているが、実質的には、その機能は非常に弱くなったといわなければなるまい。

---

18　Ibid.

## 5　百年戦争と人頭税
　　―ロンドン商人の働き？―

　1339年、いわゆる百年戦争（Hundred Years' War）といわれる戦争が、フランスとの間ではじまった。この戦争は、形式的には、イギリス国王エドワード3世（Edward Ⅲ）がフランスの王位継承権を主張してはじまった戦争であった。しかし、イギリス軍が実際に攻撃したのは、当時のヨーロッパの毛織物工業の中心地であったフランドル（Flandre）地方[19]であり、また、ぶどう酒と塩の主要供給地であったガスコーニュ[20]（Gascogne）などであった。これらの地方をイギリスが領有することになれば、イギリスには大きな経済的繁栄がもたらされることが期待された。その意味では、この戦争は、単なる王位継承のための戦争ではなく、いわば、"貿易戦争"でもあった。ロンドンの商人の立場から言えば、都合の良い戦争であったが、それでも、ロンドンの商人は戦争に協力的ではなかった。

　しかし、フランスとの戦争を遂行するには莫大な資金が必要であった。それを工面するには、ロンドンの商人に支持してもらうことが不可欠であった。このため、イギリス国王（および政府）は、フランドル地方への羊毛の輸出を禁止するという強硬手段をとって、ロンドンの商人を圧迫した。禁止を解除して欲しければ、戦争を支持しろというわけであった。これにより、ロンドン商人も渋々戦争資金を出すようになったが[21]、少なくとも羊毛貿易に携わっている商人は途中から積極的に戦争を支持するようになった。

---

19　オランダ南部、ベルギー西部、フランス北部にかけての地域。中世に毛織物工業を中心に、商業、経済が発達し、ヨーロッパの先進地域であった。
20　フランス南西部の地方。この当時はぶどう酒、塩の供給地として、また、鉄の輸入基地として有名であったという。
21　A.L.Morton, A People's History of England　（訳『イングランド人民の歴史』）94－97頁。

戦争がはじまってから約40年が経過した1377年、イギリス国王エドワード3世が老衰で亡くなった。孫にあたるリチャード2世（Richard Ⅱ）が即位した。しかし、この新国王は10歳とあまりにも幼く、実際に、新政権の切り盛りをしたのは、国王の叔父に当たるジョン・オブ・ゴーント（John of Gaunt）であった。
　この政権は、莫大な戦費を賄うために、1377年、1379年、1381年と3度にわたり、ポール・タックス（poll tax；人頭税）を課税した。所得や資産に関係なく、住民の頭割りで課税したのであるが、なかでも、1381年のポール・タックスは過酷であった[22]。そして、前代未聞といわれる規模の「農民一揆（Peasants' Revolt）」を誘発した。
　この「一揆（反乱）」の発端は、イギリス南東部のある村で、村人が徴税人を追い返すという些細な事件の発生であった。国王側は、この状況を調べさせるために裁判官を派遣したが、村人がこれに反発し、武器を持って抵抗した。近隣の村々の住民もこれに同調し、一揆（反乱）は瞬くうちに周辺に広がっていった。これらの反乱集団は、事件の発端から数日後には、煉瓦工とも屋根職人ともいわれるワット・タイラー（Wat Tyler）によって指揮されるようになった。そして、国王との面会を求めて、ロンドンを目指して進んでいった。当時、ロンドンに入るには、ロンドンブリッジなどの関門を通らなければならなかった。反乱集団がロンドンに到着する頃には、これらの関門はしまっているはずであった。ところが、門は開かれていた。反乱集団は勢いにのってロンドンになだれ込み、ロンドンを占拠してしまった。
　門が開いていたのは、ロンドン商人のなかに、反乱集団に同調する者がいたためだったといわれている。この頃のロンドン商人は、ジョン・オブ・ゴーントの中央政権の"支持派"と、それに反発す

---

[22] 'Poll Tax', Wikipedia; The Free Encyclopedia, http://en.whikipedia.org/wiki/poll. ポール・タックスは、この600年後の20世紀末にサッチャー首相によって導入されたが、これにより、サッチャー政権が崩壊した。参照：竹下譲・佐々木敦朗『イギリスの地方税―中央政府と自治体の葛藤―』梓出版、1997年。

る"反対派"に分裂し、激しい勢力争いをしていた。その"反対派"が反乱集団に同調し、ロンドンの門を開放したというのである[23]。

反乱集団はジョン・オブ・ゴーントのサヴォイ宮殿を焼き払い、また、ポール・タックスの責任者と目されていた財務長官（カンタベリー大法官）を処刑する・・・といった数々の騒動を引き起こした。その後で、国王エドワード3世と会見した。国王との会見は2度にわたって行われたが、2度目の会見の際、国王の側にいたロンドン市長（William Walworth）が反乱集団の指導者ワット・タイラーを斬り殺してしまった[24]。この市長は国王に多額のお金を貸していたことで有名であるが、ジョン・オブ・ゴーント政権の強力な支持者であった[25]。いわば、一揆の集団は、"反対派"のロンドン商人のお陰でロンドンに侵入することができたものの、今度は、"支持派"のロンドン商人によって指導者が殺されてしまったのであった。

指導者がいなくなると、反乱集団は、ほとんどのものが故郷に帰っていった。しかし、しばらくすると、国王側は反撃を開始し、何百人という人々を捕らえて処刑した。

「農民一揆」は結局は失敗に終わったわけであるが、しかし、この一揆があったため、1382年にポール・タックスは修正され、土地所有者にのみ課税されるようになった[26]。人頭税（ポール・タックス）ではなくなったのである。その意味では、この農民一揆は成功したということもできた。

百年戦争は、百年間、いつも、戦争が行われていたというわけで

---

23 A.L.Morton, A People's History of England （訳『イングランド人民の歴史』）108頁。なお、反乱集団がロンドンに侵入したときのロンドン商人の対応については、Edward Rutherfurd, London, pp.495-626 が生き生きと描写している
24 'Peasant Revolt', Wikipedia; The Free Encyclopedia, http://en.whikipedia.org.wiki/
25 'William Walworth', Wikipedia; The Free Encyclopedia, http://en.whikipedia.org.wiki/
26 A.L.Morton, A People's History of England （訳『イングランド人民の歴史』）109頁。

はない。思い出したように始まる"間欠的"な戦争、それが百年戦争であった。そして、1415年に戦争が再開された。

　この戦争では、最初は、イギリス軍が圧倒的に優勢であった。1429年には、フランス軍を追い詰め、最後の砦であるオルレアンの要塞を取り囲むというところまでいった。しかし、そこに、神の教示を受けた女性・ジャンヌ・ダルク（Jeanne Darc）が突如として現れ、彼女の指揮の下に、フランス軍は劇的にイギリス軍の包囲網を打ち破った[27]。以後、フランス軍は勢いを取り戻し、イギリス軍の占領地を次から次と奪還していった。1453年には、最後の占領地であったボルドー（Bordeau）からもイギリス軍を追い払った。これにより、さしもの百年戦争も終息したが、結局、戦争は117年にわたって行われたのであった。

　この戦争の過程で、もちろん、フランスも変わったであろうが、イギリスは大きく変貌した。たとえば、この戦争は形式的には国王の王位継承権をめぐる争いであった。しかし、戦争を続けるなかで、イギリス人とフランス人の戦争と意識されるようになり、その結果として、イギリス国民という意識が人々の間で高まるようになった。もっとも、多くのイギリス国民は、海を渡って戦争に行くことを嫌い、そのために、イギリスの兵隊は有給となった。これも、大きな変化であった[28]。また、国王は戦費を調達するために国民から多額の税金を集めなければならず、しかも、これを平和的に行う必要から、国会で税額を決定するようになったという変化もあった。その結果として、国会が大きな力をふるうようになったのはいうまでもない。

　国会が国王を廃位し、新しい国王を指名するということもあった。

---

[27] 英語ではジャンヌ・ダルクのことを Joan of Arc というが、神の教示を受けてこのオルレアン要塞に入城し、包囲軍（イギリス軍）を陥落させたと言われている。'Hundred Years' War', Wikipedia; The Free Encyclopedia, http://en.wikipedia.org.wiki/

[28] 'Hundred Years' War', Wikipedia; The Free Encyclopedia,

その上、国会には、バロン（領主）などの貴族だけではなく、ロンドン商人などの庶民も参加するようになった。むしろ、これらの庶民の議員のほうが大きな力をふるうようになっていた[29]。とりわけ、力があったのはロンドンの商人であった。

こういう大きな変貌がイギリスにあったが、しかし、ロンドンにとっての大きな変貌は、イギリスが織物工業の国になったことであった。百年戦争の最初のねらいは、ヨーロッパの織物工業の中心地・フランドル地方の獲得にあった。しかし、これに失敗したため、イギリス中央政府は、フランドル人の技術者にイギリスに移住してもらおうという政策を採用した。これが見事に成功し、百年戦争が終わる頃には、フランドル産と互角に張り合えるイギリス産の織物を生産するようになっていた。単なる羊毛の輸出国ではなく、その加工品である織物を輸出できる国になっていたのである。これが、ロンドン商人をますます富ませることとなり、それに伴い、ロンドン商人は貴族と匹敵する力を持つようになった[30]。

## 6 「共和制」時代のロンドン

イギリスは、立憲君主制の王国として有名である。しかし、共和制が実施された時期もあった。17世紀の後半のことであるが、国王と国会が争い、激しい内戦の末、最終的に、国王が処刑され、共和制が実施されたのである。

国王と国会の対立は、チャールズ（Charles）1世が国王になったことから、日常的に見られるようになった。チャールズ1世が国王に就任したのは1625年のことである。チャールズ1世は浪費が

---

29 この頃のイギリス国会については、たとえば中村英勝『イギリス議会史』(新版)、(有斐閣双書、1981年、35-50頁) を参照。
30 A.L.Morton, A People's History of England（訳『イングランド人民の歴史』）115-130頁。

第1章　ロンドンの歴史

激しく、その上、身勝手な行動をする国王であった。そのため、国会は、国王の行為を常に批判していたが、1628年には、遂に、『権利の請願（Petition of Right）』をつきつけるというところまでいった。

　課税をするには国会の同意を得ること、不法な逮捕や投獄をしないこと、軍法裁判を乱用しないこと、等々を、『請願』という形で国王に要請したのである。チャールズ国王は、ひとまずは国会に屈服し、この『請願』を受け入れた。しかし、翌年になると、国会と対立するようになり、国会を解散。以後11年間、国会抜きの国王親政、別の表現でいえば、"専制政治"を展開した。

　国会を開かない以上、国王は自前の収入で経費を賄う必要があった。王領地からの収入、官職の売買などの収入で資金の調達をしなければならなかったわけであるが、これらの収入だけで国王の経費を賄うのは、実際には、不可能であった。このため、国王はロンドン商人から個人的に借金をしていた。この当時の利息は年10％というのが相場であった。そして、借金の担保として、輸入品に課税する権限、すなわち関税権をロンドン商人に与えることが多かった。関税は26％の課税であり、これが、国王にお金を貸したロンドン商人の懐にまるまる入ったのであるから、ロンドン商人が得た利益は莫大であった。しかも、国会が開かれなかったため、これらのロンドン商人は税金を払う必要がなかった。ロンドン商人の資産は急速に増えていった。

　しかし、こうしたチャールズ国王の財政上のやりくりは長くは続かなかった。チャールズ国王は、イングランド国王に加えて、1633年に、スコットランドの国王にも就任していた。そして、このスコットランドに多額の税を課した。その結果、スコットランドがチャールズ国王に反旗を翻すこととなったが、しかし、反旗を翻した直接的な動機は宗教問題であった。

　イングランドでは、1530年代に、ヘンリー（Henry）8世によっ

27

て「英国国教会（Anglican Church）」が創設されていた。その後、1588年に即位したエリザベス女王（1世；Elizabeth I）のもとで、この「英国国教会」の勢力が強くなり、"国教"としての地位を盤石のものとしていた。

　しかし、スコットランドの状況は違った。16世紀の中頃から、宗教改革の提唱者カルヴィン（Calvin）系の宗派である「長老派（Presbyterianism）」がスコットランド人の間に浸透し、チャールズ1世がスコットランド国王に就任した頃には、この「長老派」がスコットランドの"国教"になっていた。そのスコットランド教会に、チャールズ国王が「英国国教会」の祈祷書の使用を強制した。1637年のことであった。スコットランド人は、この国王の暴挙に強く抵抗し、1639年には、遂に、国王と国民の間で戦争が始まってしまった。当時、チャールズ国王は常備軍を持っていなかった。戦争をするためには、武器はもちろんのこと、軍人をも俸給を払って集める必要があった。これには莫大な資金が必要であり、このため、チャールズ国王は、イングランドの国民からどうしても税金を集めなければならなくなった。イングランドで税金を集めるには国会の承認が必要であった。そこで、チャールズ国王は、1640年に、"やむを得ず"、11年ぶりに国会を開催した。

　国会は国王の期待に応えることはなかった。それどころか、「国会を解散するには、国会の同意を必要とする」とか、「国王の大権で裁判することを禁じる」というような、国王の専制に歯止めをかける法律を次から次へと制定した。

　翌年の1641年には、アイルランドでカトリック教徒の反乱が起こり、「英国国教会」系のイギリス人を多数虐殺するという事件がおこった。このニュースはイングランド国民の反カトリック感情に火をつけた。そして、反カトリックの姿勢を明確に示さないチャールズ国王に強い批判の目を向け、国会の支配権を大きくしようという急進的な勢力が急速に台頭した。国王の宗教権や軍事権をも、国

会が掌握するようにしようとしたのであった。

　一方では、こうした国会の動きに疑問を抱き、国王にもっと協力すべきだという考えの人々もいた。とくに国会議員に多く、国会議員の半数近くは、そのような考え方の議員であった。ロンドン市長もそうした考えを持っていた。さらに、この頃は、アルダーマン、すなわち、商人や職人の同業組合（ギルド）の代表者がロンドンの運営にかなり大きな影響力を持っていたが、これらのアルダーマンのなかにも、国王に好意を持つものが多かった。

　国会がこのような状況であったため、国王の要請を無下に否定することはなく、ロンドンの市民軍を招集することには合意していた。とはいえ、ロンドンで働いている若者や職人は一般に国王に批判的であった。国王に反対して、過激な行動、たとえば暴動などを引き起こすものもあった。これらの過激派は頭を刈り上げていたことから、"坊主頭（Roundheads）"と呼ばれることが多かった。

　また、ほとんどの過激派は、宗教的には、国教会からの離脱を主張するグループに所属していた。このグループは、謹厳なキリスト教の信仰を貫こうという考えが強かった。このため、一般的には、"ピューリタン（puritan；厳格な人々）"と呼ばれていた。「英国国教会」からの分離を目指す人々であるということから、"分離派（separatist）"と呼ばれることもあった。イングランドの英国国教徒も、穏健な国教徒と過激派のピューリタンに分かれていたのである[31]。国会ではピューリタンに同調する急進的な人々がリーダー

---

31　この頃のイングランドは、宗教的には、カトリック信者と国教徒が争っていた。しかも、この争いは根深いものであり、過激な争いでもあった。たとえば、英国国教会をつくったヘンリー 8 世の治世の時は、カトリックの修道院が閉鎖させられたり、強制的に解散させられたりした。しかし、カトリックの信者であったメアリ 1 世（在位 1553 − 58 年）が女王となると、カトリックが"国教"だとされ、今度は、英国国教会の国教徒が数百人火刑に処せられなど、厳しく弾圧された。こうした争いを鎮圧し、カトリック信者と国教徒が共存できるようにしたのがエリザベス 1 世（在位 1558 − 1603 年）であった。とはいうものの、お互いの不信感は消えてしまったわけではなく、その後も、国教徒とカトリックの紛争は続いた。全般的には、エリザベス女王以後、ほぼ一貫して英国国教会側が優勢であっ

シップを握っていた。しかし、過激派を嫌う人々、穏健な国教徒も次第に力を得つつあった。そして、これらの国教徒はチャールズ国王に同調する動きを見せていた。

ところが、1642年、チャールズ国王が武装した従者を引き連れて国会に乗り込むという無謀な行動に出てしまった。急進的なリーダーを逮捕しようとしたのである。これは、見事に失敗した。それどころか、国会の強い反発、さらには、ロンドン市の強い反発を招くことになってしまった。

チャールズ国王はイングランド北部にあるヨークに退き、戦闘の準備にとりかかった。その国王のもとに、国会下院の3分の1の議員、貴族院の3分の2の議員が馳せ参じた[32]。国王に味方したのは、当時のイングランドではいわゆる後進地域であった西部・北部を勢力基盤とする貴族や地方の有力者（地主階層でジェントリーと呼ばれていた）であった。それに従った農民も国王の傘下に入った。宗教的には、若干のカトリック教徒もいたが、ほとんどは国教徒であった。

この国王に対してロンドンに残った国会が対抗した。国会側はロンドンを中心とする先進的な東部・南部を勢力範囲とし、ロンドンの商工業者を中心に、貴族やジェントリーの一部も加わっていたようである。宗教の面では、穏健な国教徒が多かったが、ピューリタンの勢力も大きかった。そして、ロンドン市民が"市民軍"を結成し、国王の軍隊に対抗した。

戦争の火蓋は1642年7月に切られた。これと同時に、それまでの穏健な国教徒のロンドン市長が国会の圧力で退陣させら

---

たが、その国教会の内部で、ラディカルな改革を目指すピューリタンと、穏健な改善を目指す国教徒が次第に対立するようになった。チャールズ1世（在位1625－1649年）は英国国教会の「信仰の守護者」（実質的には宗主）であったが、フランス国王の娘で熱心なカトリック信者であったマリアと結婚するなど、カトリックにも理解を示していた。もちろんピューリタンには反対であった。

32　A.L.Morton, A People's History of England（訳『イングランド人民の歴史』）199頁

れ、代わって、過激派のピューリタンであったペニントン（Issac Penington）が市長に就任した[33]。その後の市長は、ピューリタン系の人物が多かった。たとえば、1649年に市長になったアンデリューズ（Tomas Andrews）は王位の廃止を宣言し、それに抗議したアルダーマンを解雇した。1656年に市長になったティッチボーン（Robert Tichborne）はロンドン市民議会（Common Council of London）でピューリタン派の議員のリーダーとして活躍した人物であった[34]。

　このいわゆる「議会派」と「王党派」の戦争は、最初は、「王党派」が優勢であった。しかし、「議会派」のなかに、一般の市民軍とは異質の部隊があった。クロムウエル（Oliver Cromwell）が組織した"坊主頭（Roundheads）"の軍隊であった。この軍隊は訓練が行き届き、規律も正しかった。"坊主頭"すなわちピューリタンの兵士たちは、自分たちを"聖徒（saints）"であると考えていた。キリスト教の正義を実現するために戦っていたのである。このクロムウエル軍は勇猛果敢であったため、次第に「議会派」の中心になっていった。それとともに、戦局も変わった。そして、最終的には、「王党派」が敗れ、1649年、チャールズ国王は処刑されてしまった。君主制も廃止された。貴族院も廃止となり、ここに、イギリスは共和制（commonwealth）の国となった。

---

[33] Issac Penington はワインと織物の貿易で財をなした富裕なロンドン商人で、ロンドンのアルダーマンやシェリフを務めた後、1640年に国会議員（ロンドン代表）となり、1642年8月にロンドン市長となった。国会議員と兼務であった。ロンドン市長を1643年8月まで務め、その後、1649年にチャールズ国王の裁判に判事として加わった。1660年の王政復古により、反逆罪で有罪となり、ロンドン塔に幽閉され、そこで1661年末に死亡したとされている。Wikipedia, the free encyclopedia

[34] Robert Tichborne は、「議会派」の軍隊（市民軍）の擁護者として有名であり、1649年の国王の裁判では、死刑執行の署名者にもなっている。1653年には、クロムウエルの共和制政府の幹部になり、その後、ロンドン市長になった。1660年の王政復古後は、国王殺害者として死刑の判決を受けたが、クロムウエルの時代に「王党派」の死刑囚を除名したという理由で、死刑を執行されず、ロンドンタワーに幽閉され、1682年にそこで死亡した。Wikipedia, the free encyclopedia

この共和制の最高意思決定機関となったのは、最初は、一院制の国会であった。そして、真面目で尊敬すべきピューリタンがその議員に指名された[35]。これらの議員は、"聖徒の統治"を目指す人々であった。しかし、あまりにも過激に過ぎた。結局は、クロムウエルによって解散させられ、1654年、今度は選挙で新たな議員が選出された。今度の国会は保守的な色合いが強く、はじめから国会の権限拡充を要求した。また、信仰の自由を求め、軍隊の削減を求めた。この結果、クロムウエルと対立することとなり、国会は、またまたクロムウエルによって、1655年に、つぶされてしまった。以後、クロムウエルの軍隊が「議会なき政治」を行うようになった。

　この共和制政治のもとで、ロンドン人は"きまじめ"な生活を送るように強制された。シェークスピアの「ハムレット」や「リヤ王」などの上映で賑わっていた劇場は閉鎖された。華やかな服装をする市民もどんどん姿を消していった。日曜日にスポーツをするのは"とんでもない"ことであった。散歩すらできなかった。日曜日は安息日であり、人々は、教会に行って祈りを捧げなければならなかったのである。このときの服装も過度に地味なものであった。道徳の遵守も強制された。人をののしっただけで、罰金が科せられるということもあった。

　しかし、その一方では、ロンドン商人にとって都合のよい政策も実施された。1651年の「航海法（Navigation Act）」の制定は、その代表的なものであった。イギリスの貿易はイギリスの船で運送しなければならないという内容の法律であり、ヨーロッパの貿易を実質的に取り仕切っていたオランダ商人を牽制しようというねらいがあった[36]。そして、この法律がきっかけとなり、オランダとイギリ

---

35　共和制の最初の国会議員は、軍の将校会議で選ばれたが、この国会は内部分裂で直ぐに解散し、次いで、ピューリタンの教会の牧師と信者の集まりで140人の議員が選ばれた。

36　John Paige というロンドン貿易商の記録によると、この法律の内容は、ロンドンの商人によってつくられたと解説している。参照、The Letters of John Paige,

スの戦争がはじまった。しかし、イギリス軍が勝利を収め、1654年、オランダがこの「航海法」を認めるということで決着をみた。ロンドン商人の望みが叶ったわけであるが、実際には、それほどの成果を上げることがなかった。1656年にはスペインとも戦争を始めたため、イギリスの商品をスペインやオランダに売りにくくなると同時に、ワインやアメリカの産物をスペインから輸入しにくくなったからである。その貿易に使う船も戦争のために、武装する必要があり、その経費もロンドン商人の大きな負担となった。こうして、ロンドン商人の共和制政府に対する期待は次第に薄れていった[37]。

　1658年の秋、クロムウエルが病没すると、共和制政府の統制がとれなくなり、あっけなく崩壊してしまった。そして、1660年、亡命していたチャールズ1世の遺子（チャールズ2世）がイギリスに凱旋し、王政が復活した。

##  7　王政復古とロンドン　—ペストの流行—

　1660年にチャールズ2世がイギリスに帰ってきたとき、ロンドンの市民は歓呼の声で国王を迎え入れた。その先頭に立っていたのは、市長のトーマス・アレン（Thomas Alleyn）であった。

　このアレン市長の経歴は定かではない。しかし、1652年から1660年にかけてロンドンのアルダーマン（Alderman）になり、1654年にシェリフ（Sheriff of London）に就任していることから見て、成功した商工業者であったことは疑いない。

　また、1650年代のロンドン市長は、クロムウエルの共和制政府との関連で、積極的なピューリタンであることが多かった。という

---

　　London Merchant, 1648-58（British History Online）。
37　A.L.Morton, A People's History of England（訳『イングランド人民の歴史』）224-8頁。The Letters of John Paige, London Merchant, 1648-58 ; British History Online

ことからいえば、ピューリタンでなかったにしても、ピューリタンに敵対していなかったことは確かだといえる。それはともかく、このトーマス・アレンは国王を出迎えた功で准男爵（Baronet）に任ぜられ、市長を退陣してからは下院議員になった。

一方、共和制時代に活躍したロンドン市長のなかには、たとえば1656年に市長になったティッチボーン[38]のように、王政復古後に、反逆罪に問われ、死刑の宣告を受けるものもいた。共和制の実現に貢献したペニントン市長（1642年当時の市長）も死刑の宣告を受けた。

王政復古により、共和制の時代に抑圧されていた国教徒の復讐がはじまった。チャールズ2世自身は宗教の寛容を主張していたが、1661年5月に召集された国会では、公務に就くものは国教徒に限るという法律が制定され、1662年には、イングランドの聖職者はすべて英国国教会の祈祷書を用いなければならないという法律が制定された。「礼拝統一法（Act of Uniformity）」という法律である。この法律に抵抗して国教会の祈祷書を用いなかった2,000人以上の聖職者は、すべて職を奪われた。

この頃のロンドン市は、市長（Lord Mayor）と20数カ所の選挙区から1人ずつ選出されたアルダーマン（aldermen）、そして、「市民議会（Court of Common Council）」によって治められていた。「市民議会」のメンバーは、各選挙区から数人ずつ選出される代表者であった。

また、各選挙区にはそれぞれ議会（council）が設置されており、その議会の下に、教会を中心とするコミュニティ（地域社会）があった。このコミュニティは、地区の教会を中心としていた。そのため、パリッシュ（parish；教区）と呼ばれるのが普通であった。そして、これらのパリッシュが、自発的に、親のいない子供の面倒を見たり、

---

38　注 (34) を参照。

失業者の仕事を探したり、ホームレスに住宅を提供したり、病人の世話をしたり、道路の管理者を決めたり・・・等々の仕事をしていた。なかには、警察官（constable）をもち、地域を守っているパリッシュもあった。このパリッシュを仕切っていたのは、アルダーマンや選挙区の議会の議員などの地区の有力者であった。パリッシュに貢献度の高い紳士も、パリッシュ議会の会議に参加した。この会議では、コミュニティをどのように運営していくか、そのために、住民からどれだけの税金を徴収するかが相談され、決められていた。現在流の表現でいえば、地区の"政府"の役割を果たしていたわけである。この有力者の会議は、教会のベストリー（Vestry；祈祷室）で開かれるのが原則であった。このため、"ベストリー"と呼ばれていた[39]。

このベストリーでは、教会の牧師（聖職者）が議長になることが多かった[40]。聖職者が、住民の日常生活の面でも、リーダーとして、大きな影響力を持っていたわけである。したがって、1662年の「礼拝統一法」により、イングランドで2,000人以上の聖職者が職を奪われたのは、ロンドンの住民にとっても大変な出来事であった。

しかし、ロンドンの住民の生活は、王政復古により、明るくなった。劇場は再開され、新しい劇場もいくつかできた。日曜日（安息日）にスポーツを楽しむこともできるようになった。着飾って、街に出かけられるようにもなった[41]。

ロンドンの商人も、王政が復古してから、急激に発展するようになった。きっかけになったのは、新しい航海法（Navigation Act）の制定であった。共和制政府のもとで制定された1651年の航海法は、王政復古により廃止され、それと同じ名前の航海法が改めて制

---

[39] Peter G Richard, The Reformed Local Government System, rev.3d ed., London: George Allen & Unwin, 1978, pp.12-3.
[40] K. B. Smeillie, A History of Local Government (London: George Allen % Unwin, 1946), p.12.
[41] A. N. Wilson, London; A short History , London: Phoenix, 2004, p.37

定されたのである。新しい航海法は、アメリカのイギリス植民地に輸出する場合は、ヨーロッパのどの国の船であっても、まずイギリスに立ち寄り、商品の関税を支払わなければならないと定めたのであった。同じように、アメリカからヨーロッパに輸入する場合も、イギリスに立ち寄って税金を支払わなければならないと定めていた。この法律が施行された結果、ロンドンの港に立ち寄る船は大幅に増え、ロンドンの街の繁栄につながっていった。また、ロンドンの商人も、アメリカの植民地との貿易で裕福になっていった。

たとえば、ペイジ（John Paige）という1627年生まれのロンドンの貿易商が、多数の手紙を残しているが、その手紙を分析したものを見ると、ペイジは1650年代の共和制時代の航海法のもとでは非常に苦労したという。しかし、王政復古後の新航海法のもとで、1660年・70年代には、アメリカのイギリス植民地との貿易で大きな利益をあげることができるようになった。彼の知り合いの商人達も同じように繁栄した[42]。

とはいうものの、王政が復古した1660年代には、ロンドンの市民はさんざんな目にあった。まず、1665年の春から夏にかけ、ペストが大流行した。国王一家はオックスフォードに逃避し、裕福な商人も続々とロンドンを離れた。医者もほとんどが田舎に逃げてしまった。ロンドンの日常の活動は機能麻痺に陥り、"死の街"のようになってしまった。

しかし、ロンドン市長やアルダーマンは、このロンドンに踏みとどまった。数人の医者や薬剤師もロンドンに残り、治療に専念した。が、当時、ペストは原因の分からない病気であり、手の施しようがなかった。それでも、様々な試みをした。たとえば、空気伝染すると考えられ、空気を浄化するために、市長の命令で夜も昼も火が燃

---

[42] G. F. Steckley ed., The Letters of John Paige, London Merchant (British History Online, 1984)　http://www.british-history.ac.uk/report.aspx?compid=63981　なお、このJohn Paigeは1687年にはロンドンのアルダーマンに選出された。

やされ続けた。ペストが周辺に広がらないように、ペスト患者が出た家を40日間封鎖し、その家族の外出を禁止した。実際には、家族は脱出したようであるが・・・。また、市長はロンドンを封鎖し、健康だという証明書がない限り、ロンドンから出られないようにした。このため、証明書を偽造する市場がはやったという[43]。

1665年6月の頃は、このペストによる死亡者は、週1,000人ほどであった。それが、すぐに、週2,000人となり、9月には週7,000人になってしまった。これがピークであった。それ以後、死者数は徐々に減少し、1666年2月には、国王一家もロンドンに戻ってきた。富裕な商人もロンドンに戻り、貿易などの商業活動も再開された[44]。

このペストの流行によって、ロンドンでどれだけの人が亡くなったのか明確ではない。7万人とも、10万人ともいわれている。この頃のロンドンの人口は、一般にロンドンといわれていた地域、すなわちロンドン市とその周辺を併せた地域の合計人口で、1660年代に50万人に達したといわれていた。この人口数からいえば、ペストによる死者数は大変な数であった。

## ◆8 ロンドンの大火事

それから半年後。ロンドン市民には、再度の惨事が待ちかまえていた。今度は、大火事であった。この頃のロンドンは、2階建て、3階建ての木造住宅がお互いに支え合うような形で密集していた。狭い道路の上に、軒がはみ出している木造住宅も多かった。火事の危険性が十分にある都市であった。

が、消防活動は、それぞれのパリッシュで、住民が自主的に行っ

---

43 Britain Express, The London Plague of 1665, http://www.britainexpress.com/History/plague.htm
44 Great Plague of London, From Wikipedia, the free encyclopedia, http://en.wikipedia.org/wiki/Great_Plague_of_London

ていた。火事を発見した人が教会の鐘を打ち鳴らし、人々が集まって、動物の皮でできたバケツを使って水をかけ、また、手動の消防ポンプの水で、火を消していた。火の勢いが強いときには、火が燃え広がるのを防ぐために、周辺の住宅を破壊する。これが、この頃の消防活動であった。このため、パリッシュの教会には、長いハシゴや皮のバケツ、手動ポンプ、住宅を壊すための斧や鳶口などが備えられていた。教会のなかには、住宅を破壊するために、火薬を備えているところもあった（図1参照）。

**図1）17世紀の消火活動のイメージ**

注) Great Fire of London; the free encyclopedia による

このロンドンの大火の時も、同じような消火活動が行われた。1666年9月2日深夜、パン屋から火が出たといわれているが、すぐに周辺の人が駆けつけ、バケツなどを使って、消火活動に入った。しかし、火は消えないどころか、燃え広がりはじめ、パリッシュの有力者は、周辺の住宅を打ち壊す必要があると判断した。しかし、住宅の所有者たちは打ち壊しに同意しなかった。所有者の反対を押

し切って住宅の打ち壊しを命令できるのは、ロンドン市長だけであった。そのため、急遽、市長が呼ばれたが、市長が到着したときには、火災区域は広がっており、大々的に周辺の住宅・建物を打ち壊す必要があった。ところが、所有者達は住宅・建物の打ち壊しに強く反対し、その所有者たちの勢いに押されて、市長は打ち壊しを命令することができなかった。そうこうするうちに、火はますます燃え広がり、1日近く経過した9月3日の夕方には、城壁で囲まれたロンドン市内は、半分近くが燃えているという状態になった。こうなると、国王も黙っていることができず、市長に対して、軍隊を使って建物を打ち壊せという指示をした。しかし、市長はそれにも従わなかった。結局、国王自らが建物の打ち壊しを指令するということになった。が、そのときには、火は住宅をなめつくし、しかも、ただでさえ狭い道路が逃げまどう人でごった返していた。このため、国王の"破壊隊"は目的地に行くことができなかった。その結果、火は9月5日まで4日間にわたって燃え続け、最終的には、ロンドンの城壁（city wall）に囲まれた地域（ロンドン市）は大部分が焼き尽くされてしまった。

　この頃、一般にロンドンと考えられていた地域（現在の大ロンドンの中心部）の人口は50万人ほどであった。そのうち約8万人が城壁内（ロンドン市）に住んでいた。そのほとんどが、住まいをなくしてしまった。ロンドン塔は奇跡的に無事であったが、セント・ポール大聖堂やギルドホールなど、有名な建物や施設も、この火事で燃えてしまった。

　火事は、ロンドンの城壁（city wall）のなかで、かなり長い時間、押さえ込まれていた。城壁が"防火壁"の役割を果たしていたのである。しかし、最終的には、（図2）に見るように、火はこの城壁（city wall）を飛び越えて燃え広がった。国王の宮殿があるウエストミンスター地区は類焼を免れたが・・・。

　この大火により、700,000戸の住宅が火災にあった。87のパリッ

シュ（地域社会）が消滅した。以後、復活したパリッシュもあるが、そのまま、消えてしまったパリッシュも少なくなかった。ただ、死者の数は非常に少なかったというのが一般的な解説である。が、これは、亡くなった人々が完全に焼け尽くされてしまい、死者数を記録することができなかったからだと、分析するものも多い[45]。いずれにしても、法外な被害であった。

　しかし、この大火によって、ロンドンは生まれ変わった。道路は広くなり、テムズ川の堤みも広げられた。埠頭も広くなった。道路も均整のとれたレンガで舗装された。住宅は、レンガと石で造られるようになった。建物は、大火前と同じ場所に再建されたが、中世のゴシック様式の建物から、大火の頃の最新の様式であったバロック様式の建物まで、バライアティに富む建物が造られるようになった。しかも、これらの建物は、全体的にみて、調和がとれ、統一性があった。その上、ひとつひとつの建物は、それぞれ個性があり、美しいものになった。とくに、レン（Christopher Wren）がデザインした数多くの教会、たとえば、セント・ポール大聖堂をはじめとする51の教会は、ロンドンの美しさを象徴する建物となった。劇場など、文化的な施設はもちろん、市役所（ギルド・ホール）などの公的施設、さらには、公園なども再建された[46]。

　また、それまで、くすぶっていたペストも、この大火後の再建で、完全に絶滅した。以後、ロンドンの街は活気あるビジネスや貿易の中心地として確実に発展していった。

---

45　Great Fire of London, From Wikipidea, the free encyclopedia.
46　A. N. Wilson, London ; A Short History, pp.32-9.

第1章　ロンドンの歴史

**図2）ロンドンの大火**

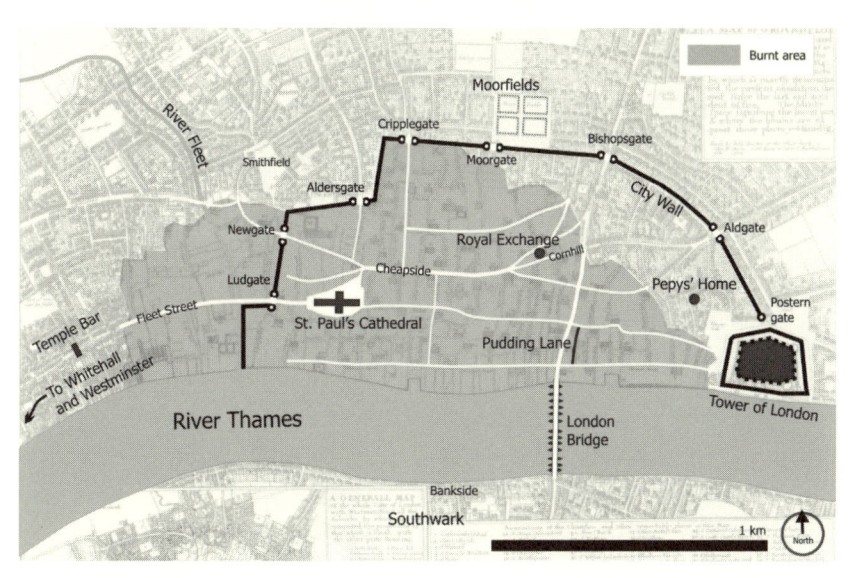

注）黒線は城壁（City Wall）で、この中がロンドン市であったが、実際にはCity Wallの外側にも人口があふれ出ており、これらの人々が住む地域がロンドンと意識されていた。塗り潰された部分が消失した市街地である。

# 第2章
# 警察の創設

## 1 人口の増加とロンドン市街地の拡大

　現在、ロンドンと一般にいわれている地域は、ロンドンの中心にあるロンドン市（City of London）の市街地が膨張してできた都市である。日本では、都市が膨張すると、元々の都市はその膨張した大都市に吸収されてしまい、実質的にその大都市の一部になってしまう。元々の都市の名前も消えてしまうことが多い。しかし、ロンドンの場合は、"ロンドン市"が"ロンドン"という大都市の一部になってしまったにもかかわらず、いまだに、元の"ロンドン市"が"自治体"として残っている。"ロンドン市（City of London）"という名前もそのままである。その首長も、昔からの"ロンドン市長（Mayor of the City of London）"[47]という名称をそのまま続けている。一方、大都市ロンドンの市長も、日本語で言えば、"ロンドン市長（Mayor of London）"である。英文では、「ロンドン市市長」と「ロンドン市長」という区別をしているが・・・。

　とはいうものの、ロンドン市は、現在の日常生活のなかでは、"ロンドン市（City of London）"と呼ばれることはあまりない。一般には、"スクエアー・マイル（Square Mile）"と呼ばれているようである。これは、ロンドン市が一辺1マイル（約1.6km）の4角形

---

[47] ロンドン市の市長は、通常の"Mayor"ではなく、格の高い"Lord Mayor"という称号が特別に与えられている。ほかに、"Lord Mayor"という称号が与えられているのは、ウインチェスター市とヨーク市の市長だけである。

42

の区域であるからである。また、City of London の City をもじって、"シティ（city）"と呼ばれることも多い。本書でも、こうした呼び名に倣って、以下、ロンドン市のことを"シティ"と呼ぶことにする。

　"シティ"の膨張は、とくに 18 世紀から 19 世紀を通じて、激しかった。「人口」で見ると、18 世紀初めの頃、面積が 2.6km²しかないシティ[48]に 20 万人を超す人々が住み、シティを取り囲む周辺の市街地には 40 万人近い人々が住んでいたという。ところが、1801 年の国勢調査の結果を見ると、シティに住む人々は 12 万 8 千人と減っているのに対し、それを取り巻く市街地の人口は 80 万人もあった。シティの 6 倍以上の人々が、シティを取り巻く周辺部に住んでいたのである。18 世紀のロンドン市街地の膨張が如何に激しいものであったか、想像できる。この膨張は、人口の分布から推測する限り、19 世紀にはいると、ますます大きくなった。1801 年から 90 年後の 1891 年には、ロンドンの人口は約 423 万人に膨れあがり、しかも、その 99％はシティの外に住むようになっていたのである（表 1 参照）。

表1）　19世紀のロンドンの人口

| 国勢調査年 | シティ<br>(City of London) | ロンドン<br>(実質のロンドン) |
|---|---|---|
| 1801 年 | 128,000 | 959,000 |
| 1811 年 | 120,000 | 1,139,000 |
| 1821 年 | 124,000 | 1,380,000 |
| 1831 年 | 122,000 | 1,656,000 |
| 1841 年 | 124,000 | 1,949,000 |
| 1851 年 | 128,000 | 2,363,000 |
| 1861 年 | 112,000 | 2,808,000 |
| 1871 年 | 75,000 | 2,261,000 |
| 1881 年 | 51,000 | 3,830,000 |
| 1891 年 | 38,000 | 4,228,000 |

資料）Ken Young and Partial L. Garside, Metropolitan London, (London, Edward Arnold, 1982), p.15 and p.342 より作成

---

48　このシティ（ロンドン市）の面積（2.6km²）は、東京の中心区である千代田区（面積 11.64km²）と比較しても、非常に狭いことがイメージできよう。

こうしたロンドンの急激な膨張は、工業化によって、すなわち産業革命によってもたらされたものであった。たとえば、シティの東側に隣接したところにベスナル・グリーン（Bethnal Green）というパリッシュがあった。この地区は、もともとは、木綿を織物にする、いわゆる機織りが集まって発展してきた地区であった。しかし、1820年代の中頃から、靴や家具、帽子などの製造業者が急増し、それに対応して、住民の数は、1801年から1830年の間に、3倍になった[49]。

　このような人口の急増により、ロンドン周辺地区の住民の生活環境は急速に悪くなった。当時、これらの地区の治安は、それぞれのパリッシュ（教区）によって守られていた。それぞれの地区の有力者が教会に集まって自主的に地区のルールを定め、治安を維持していたのであったが、こういうボランティア的な体制では、とても治安を維持できないような無法地帯になってしまった。

## ◆2　ドックの建設とスラム街

　当時のロンドンには、アメリカやアジア、アフリカから大量の産物が船で運び込まれていた。これらの船荷の積み降ろしには多くの日数が必要であった。テムズ川の流域沿いに設けられていた埠頭に、まず船荷が降ろされ、そこから、人々が担いだり、手押し車を使ったりして、かなり離れたところにある倉庫まで、船荷を運んでいたからである。350トンの船荷を降ろすのに、冬場では14日、夏場

---

49　ベスナル・グリーンは、倉庫が建ち並んでいたこともあって、その後、絹織物の市場として特色づけられるようになったが、19世紀末は、ロンドンでもっと貧困なスラム街のひとつであったという。（参照： Bethnal Green － Wikipedia, the free encyclopedia, http://en.wokipedia/wiki）。　現在は、ケンブリッジなどに行く鉄道のターミナルであるリバプール駅が直ぐ近くにある区域であり、また、セントラル線（地下鉄）が走り、ベスナル・グリーンという駅もある。

## 第2章　警察の創設

でも8日間は必要であったという。そして、この作業中に、荷物が盗まれることが多かった。

　このため、1802年にウエスト・インディア・ドック（West India Docks）が建設されるなど、次々と、ドックがつくられるようになった。テムズ川に沿った陸地の中に、池のような広いドックをつくり、そこに川の水を引き込んで、船が荷を積んだまま入れるようにしたのである。しかも、船が停泊する埠頭の目の前に、それぞれの船の専用の倉庫を建てられるようになった。この結果、盗難はなくなり、船荷の積み下ろしも短時間で済むようになった。250トンの船の船荷の積み降ろしは、平均12時間で済んだ。大型の500トンの船でも2日もあれば、十分であった。この結果、荷を運び込む船の数が急増した。1830年代には、ロンドンは世界最大の富の集積地といわれるようになった。

　ロンドン塔の隣に建設されたセント・キャサリン・ドック（St Katharine Dock）は1828年にオープンしたが、ここには、インドや中国から輸入される紅茶専用のレンガ造りの倉庫が何棟も造られた。象牙専用の象牙館（Ivory House）、染料や香水、ベッコウ、真珠貝、羽毛、陶器などの高級輸入用品の倉庫も何棟か造られた[50]。

　これらのドックの建設には、広大なスペースが必要であった。そのため、ドックの建設に先だって、テムズ川のほとりが買い占められた。とくに、地価が安い地域は買いあさられた。その地域に建っていた、何百、何千という住宅が打ち壊され、それらの住宅を賃借していた人々は、わずかな移転料をもらって、放り出されてしまった。これらの人々は、行き先はなかった。ほとんどの人々はホーム

---

50　History of Dockland - 19th Century Innovations, htto://www.bardaglea.org.uk/bridges/docklands
　　このセント・キャサリン・ドックは、第2次世界大戦で、ドイツ軍の攻撃によって、壊滅的なダメージを受けた。とはいうものの、その後、復旧され、輸入品の倉庫の集積地としての機能を若干は果たしていたが、船舶の大型化に対応できず、結局、1968年、ドックは閉鎖された。1970年代に、マリーナとして再開発され、現在は、静かな憩いの場として、"知る人ぞ知る"という場所になっている。

レスになり、隣接する地域に移っていった。こうして、ロンドン東部の地域には、スラム（貧民街）が各地に生み出されることになった[51]。セント・キャサリン・ドックがつくられたときには、11,300人の人々がホームレスになり、隣接市街地のステップニイ（Stepney：現在の Tower Hamlets 区の一地区）に移り住んだ[52]。

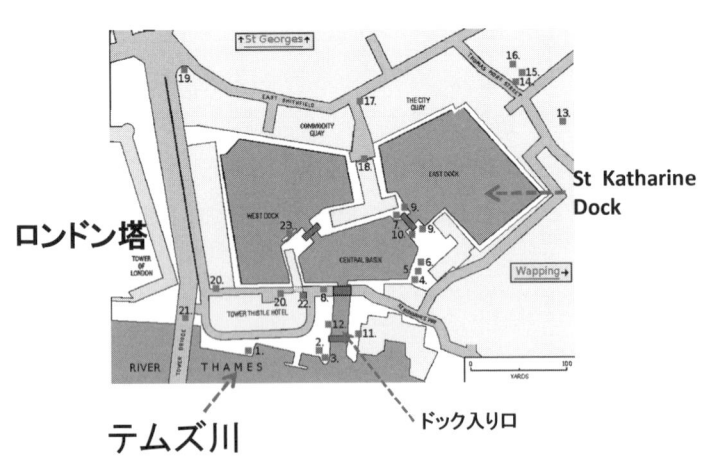

図3）建設時のセントキャサリン（St katharine）ドック

ロンドンでは、ドック建設に続いて、鉄道も建設されるようになった。鉄道を建設しようとする会社は多かった。しかも、ほとんどの会社はロンドンのドックの近くにターミナルを建設しようと考えていた。ドックに運び込まれた輸入品を各地に運ぶための拠点にしようとしたのである。このターミナルの建設、そして、線路の敷設には、ドックほどではないにしても、広大な土地が必要であった。このため、これらの会社は土地の値段が安い地域を買い占め、ドック建設と同じように、多くの人々を追い出し、ホームレスにした。

ドックや鉄道の建設がはじまると、多くの労働者がロンドンの東

---

51 これらの貧民街が 1820 年代に "スラム (slum)" と呼ばれるようになったという。
参照；John Wilkes, The London Police in the Nineteenth Century, Cambridge University Press, 1937, p.7
52 Ibid.

部に集まってきた。これらの労働者の賃金は非常に安かった。ほとんどの労働者は、6人とか8人で一部屋を借りるということが多かった。この地域の市街地の道路は非常に狭く、曲がりくねっていた。ほとんどの住宅には、水道もついていなかった。店舗などはなく、人々は露天商から食品や中古の衣類を手に入れていた。家にいても、快適とはほど遠い状態であった。人々は毎晩、パブでビールを飲み、お金のないときは、ぼんやりと外で過ごしていた。子供達も、夜遅くまで使い走り、道路掃除、靴磨きなどをしているものが多かった。義務教育がはじまったのは1870年である。それまでは、学校に行く子供はあまりいなかった。親も、子供達が稼ぐ小銭を当てにしていた。このようなロンドンの東部では、様々な事件が発生した。酔っぱらいによる騒動、こそ泥や詐欺などの事件は、日常茶飯事の出来事であった。子供達の中には、スリの名人もいた。街には、売春婦があふれていた。恐喝や強盗も多かった[53]。

当時、「ロンドン」という詩の中で
「もしこの街で夜歩きをするなら、死を覚悟したまえ。
外で食事をとるなら、その前に遺書を書きたまえ。」[54]
と歌われていたというが、これは、まさにロンドン東部の状況だった。

## 3  警察に対する"不信"

一方、シティ（ロンドン市）ではこうした犯罪は見られなかった。シティの外でも、たとえばロンドン西部は、住んでいる人々が、国王をはじめ、裕福な人々であったため、治安は保たれていた。
セント・キャサリン・ドックなどのドックが建設され、外国から

---

53　Ibid., pp.8-9.
54　小池滋『ロンドン』、昭和53年、72頁。

大量の商品が運び込まれるようになると、シティやロンドン西部はますます栄えるようになった。銀行には金貨があふれ、毎夜のように、街のあちこちで、晩餐会が開かれるようになった。そこでは、ダイヤモンドで光り輝いた貴婦人達が美を競いあっていた。高級なワインも満ちあふれていた。こうなると、時折ではあったが、集団で窃盗事件を起こす輩が出現するようになった。嫉妬心が原因だといわれたが、暴動もごく稀に発生した。

こうした状況のもとで、中央政府はロンドンでの警察の設立を検討するようになった。しかし、ロンドン市民は伝統的に警察の設置に反対であった。中央政府は、犯罪者の逮捕に警察を使うだけではなく、市民の弾圧にも警察を使うに違いない、というのが、ロンドン市民の伝統的な発想であった。言い換えれば、中央政府の圧政よりも、多少の犯罪を我慢する方がましだと、市民は考えていた[55]。

このため、1820年代の後半まで警察は設置されなかった。しかし、1820年代に入ってから、ロンドンでの犯罪の数があまりにも増えたために、1829年、遂に、「首都警察（the Metropolitan Police）」が設立された[56]。この警察は、後に、"ロンドン警視庁"あるいは"スコットランド・ヤード"の名称のもとに、世界的に名をとどろかせることになった。

国会でこの"ロンドン警視庁"を設立する法案が審議されたとき、発案者のロバート・ピール（Sir Robert Peel）内務大臣は、「警察は人々の自由を奪う」という反対意見に対して、次のように答えていた。

「ギャング団や窃盗団に襲われるところに、自由は存在しない。

---

[55] John Wilkes, The London Police in the Nineteenth Century, pp.10-11.
[56] 警察の設置に国会で議員が賛成したのは、犯罪が多発するようになったためだけではなく、フランス革命の余波がイギリスにも来るのではないかと恐れられたためだと言われている。事実、スラム地域では革命を目指す動きもあったようであり、それを鎮圧するために、国会議員および富裕な市民は、警察の設置に賛同したというのである。(ibid., p.11)

夜になると、飲んだくれや浮浪者に道路が占拠されるようなロンドンに、人々の自由があるとはいえない」[57]。

## 4 シティの抵抗？ ―ロンドン市警―

　シティはロンドンの中心にある。しかも、一辺が1マイル（1.6km）の小さな四角い街である。その上、ロンドンは、シティの市街地が拡大・膨張してできあがってきた街である。いわば、ロンドンは一体的な街であり、ロンドンに警察を設置する場合、常識的にいえば、シティもその管轄区域に含めるのが自然である。"ロンドン警視庁"の創設者であるロバート・ピール内務大臣も、それを、当然のこととしていた。

図4）シティの区域（ロンドンの区域との比較）

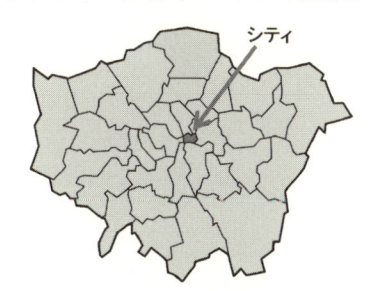

　注）これは、現在の"大ロンドン"の区域と"シティ"の区域の比較であるが、シティが如何に狭い区域かということが理解できよう。

　しかし、シティは特別の街であった。数世紀も前から、市長（Lord Mayor）やアルダーマン（Aldermen）から成る独自の"自治体政府"をもっていた。住民には銀行の経営者や貿易商が多く、その財力は莫大で、影響力は大きかった。下院、上院を問わず、国会議員

---

57　Ibid., p.12.

の多くは、シティの住民の影響下にあり、その意向に逆らうことはできなかった。シティの住民にとって、シティの自由を抑制するような法案を抑えることは簡単であった。そして、当時のシティの住民は、警察の設立はシティの自由を抑制する可能性があると考えていた。結局、ロバート・ピールは、シティを除外した上で、首都警察の設置を考えざるを得なくなった。そして、"ロンドン警視庁"は、シティを除く、ロンドンの警察として設立された。

　ところが、"ロンドン警視庁"が設置されると、犯罪者はシティに逃げ込むようになった。しかも、その数がどんどん増えていった。シティとしても、犯罪者の増大に、対処せざるを得なくなった。そして、"警視庁"が創設されてから10年後の1839年に、シティも、シティ独自の"ロンドン市警"を設置した。

　"ロンドン市警"は、当初は500人の警官でスタートした。警察官が3,300人いた"警視庁"と比べて、非常に小さな警察であった。しかし、"警視庁"と同じように運営された。制服もほとんど同じであり、"警視庁"と協働することが多かった。ただし、"ロンドン警視庁"は、内務大臣の管轄にあり、"国家警察"としての色合いが強かった。一方、"ロンドン市警"はシティ（ロンドン市）の"自治体警察"であるというように、根本的な違いがあった[58]。

## 5　"ロンドン警視庁"（首都警察）の機能

　ロバート・ピール内務大臣が構想した警察は、"制服警官（unformed men）"の警察であった。そして、制服を着た警察官が街の中をパトロールすることを、第1の任務として位置づけた。警察官の姿が目につけば、犯罪者が悪事を働くことに躊躇するに違

---

58　Ibid., p.13.

ない、そして、正直な人々は、自分たちが守られていると感じるに違いないと考えたのである。

　このため、警察官は、人目を引く制服を身につけ、それぞれの担当区域を毎日パトロールするのを、基本的な任務とした。その任務は、毎日、8人の警察官が一列縦隊で、15分ほどパレードするということからはじまった。それから持ち場に行進し、後は、何時間も持ち場のなかを行ったり来たり。これは「パトロール」といわれたが、人混みの多い市街地では持ち場が小さく、住民は10分も立っていれば、パトロール中の警察官に出あったとのことであった[59]。

**図5）1850年代の警察官の漫画**

注）実際は、少し違うが、特色はうかがえる。

　一方、郊外でのパトロールは、持ち場が広く、大変な仕事であった。警察官は、どんなに寒い日でも、一晩で合計20マイル（32km）ほどは決まったコースをパトロールしなければならなかった。しかも、1900年までは、休憩することができず、パトロールの途中で暖かいものを飲んで一息つくなどというのは、とんでもない話であった。また、郊外のパトロールは、警察官が一人きりということ

---

59　Metropolitan Police Home Page, Beat Patrol, http://www.met.police.uk/history/beat_patrol.htm

が多かった。非常に危険であり、そのため、短剣を身につけていた。1870年から数十年間は、希望する警察官にはピストルも貸与された[60]。しかし、20世紀に入ってからは、パトロールでピストルを装備することはなくなった。

　"ロンドン警視庁"の警察官には、もちろん、犯罪者を捜索し、逮捕するという任務もあった。そして、この任務を果たすには、仰々しい服装、目立った服装は不利であった。このため、犯罪者の捜索や逮捕を担当する警察官は、普通の人と変わらない服装をしていた。しかし、こうした警察官に対して、住民は、自分たちを見張っているのではないかという不信の目でみることが多かった。その結果、犯罪捜査に従事する警察官の数は限られていた。"警視庁"がロンドン市民の信頼を勝ちとることができたのは、1840年代に入ってからであった。そして、住民の信頼の獲得とともに、警察官の数が増えていった。

表2) 19世紀のロンドン警視庁の警察官数

| 1829年 | 3,300人 |
| --- | --- |
| 1862年 | 7,800人 |
| 1882年 | 11,700人 |
| 1888年 | 14,200人 |
| 1900年 | 16,000人 |

資料) John Wilkes, The London Police in the Nineteenth Century, Cambridge University press, 1936, p.47.

## 6　"ロンドン警視庁"（首都警察）の特色

　"ロンドン警視庁"が設置された頃のロンドンには、ロンドンに住む人々の生活をどうするかという問題が山積していた。住まいの

---

60　Metropolitan Police Home Page, Beat Patrol, http://www.met.police.uk/history/beat_patrol.htm　なお、参照；John Wilkes, The London Police in the Nineteenth Century, pp.18-21.

## 第2章 警察の創設

ない人々をどうするか、人々の飲み水をどうするか、ゴミをどうするか、住民の排出物をどうするか、病人をどうするか、さらには、道路をどのように整備するか、等々、問題は多種多様で、様々なものがあった。"警視庁"は、そうした問題のひとつである犯罪行為の多発という問題を処理するために、設置されたものであった。言い換えれば、治安の維持という単一の行政機能を処理するための行政機関であった。

このように、特定の問題に焦点を絞って、それを処理する行政機関はアド・ホック機関（ad hoc body）と呼ばれているが、ロンドンでは、この"ロンドン警視庁"がきっかけとなって、それ以後、首都障害者保護委員会（1867年）、首都水道庁（1902年）など、次々と、アド・ホックの行政機関が設立されるようになった。もちろん、これらの行政機関は、別々の機関であった。

いまの日本人は、行政機関といえば、恐らく、市役所や都庁・県庁などを思い浮かべるに違いない。こういう役所は多種多様な行政問題を扱う、"総合行政機関"である。そして、日本では、こういう"総合機関"が行政機関の伝統的なタイプであるといえるが、この頃のロンドンでは、そうした"総合機関"ではなく、"アド・ホック機関"が次々と設置された。そして、以後、イギリスでは"アド・ホック機関"の設置がポピュラーになり、いまでも、これが伝統的な行政処理方法になっている。もちろん、日本の市役所や県庁・都庁のような"総合機関"も設置されているが、法的には、これらの役所がたとえば、"教育担当機関"として、あるいは、"計画担当機関"として、法律で特別に指定されていることが多い。いわば、"総合機関"が"アド・ホック機関"としても法律で指定されているのである。いわば、教育行政を担当しているのは、アド・ホック機関である"教育担当機関"であるが、それがたまたま県庁や市役所になっていると位置づけられているわけである。

首都警察には、このほかに、2つの際立った特色があった。ひと

つは、首都警察が内務大臣の管轄下に置かれたという特色である。これは、"ロンドン警視庁"が"国家警察"であるということを意味する。事実、20世紀後半に、「007は二度死ぬ」などのシリーズで世界中の人々に愛されたイギリスのスパイ映画の主人公（ジェームス・ボンド）は、"ロンドン警視庁"のなかに設置されたスパイ機関に所属していた[61]。

　"ロンドン警視庁"のいまひとつの特色は、ロンドンの"核（core）"ともいえるシティ（ロンドン市）がその管轄区域から除外されたという特色である。

　この2つの特色は、その後、ロンドン改革を検討される際には、必ずといってよいほど問題とされてきたが、とりわけ後者の特色は、19世紀末あるいは20世紀におけるロンドン改革の紛争のもとになったという点で重要といわなければならない。

---

[61] ロンドン以外の地域においては、このような"国家警察"を設置するということはなかった。例外的に、19世紀の半ばに、バーミンガム（Birmingham）、マンチェスター（Manchester）、ボールトン（Bolton）に"国家警察"が置かれたことがあったが、この場合も直ぐに地方自治体の警察となった。今日においては、警察は、実質的にはすべて県（county councils）の管轄下に置かれている。これに対し、「ロンドン警視庁（首都警察）」のみは、地方自治体の管轄下に置くべきであるという考え方が幾度か提示されたにもかかわらず、首都の特殊性あるいは首都警察の任務の特殊性ということから、20世紀の間は、"国家警察"としての性質を維持し続けてきた。ところが、21世紀に入ってから、大ロンドン市（GLA）が設置されたことに伴い、内務大臣の権限が首都警察委員会（Metropolitan Police Authority）に移されることとなった。この首都警察委員会は、実質的に、公選の大ロンドン市長の影響下にあることは確かである。このことからいえば、「ロンドン警視庁」も"自治体警察"になったというべきかもしれない。しかし、そのトップである警視総監（Commissioner）は女王陛下によって任命されている。もちろん、内務大臣の助言に従って・・・。となると、"警視庁"は"国家警察"なのか、"自治体警察"なのか、分類しにくいところであるが、ロンドン以外の地域の警察とは違うことは確かである。

　参　照：T. A. Critchley, A History of Police in England and Wales 1900-1966, London Constable,1967, pp.74-87 および Gerald Rohdes & S. K. Buck, The Government of Greater London, London George Allen & Unwin, 1970, pp.146-153.

　また、現在の首都警察については、本書の第7章を参照。また、竹下譲（監著）『世界の地方自治制度』、イマジン出版、2008年、76－81頁を参照。

# 第3章
## 18世紀・19世紀のロンドンの自治体

### 1　自治体は"パリッシュ"

　シティ（ロンドン市）の場合、前述したように[62]、14世紀後半頃から、市長と「市民議会（Court of Common Council）」によって、市全体が統一的に治められていた。シティ（ロンドン市）をどのように運営するかは、シティ自身で決めていたのである。

　中央政府（国王政府）には立法機関として国会が設置されており、シティ（ロンドン市）といえども、この国会が定める法律には従わなければならなかった。しかし、シティ（ロンドン市）の有力者たちは、その圧倒的な財力を背景に、国会議員に大きな影響力をもっていた。国会を牛耳るということも多かった。国王に対しても大きな影響力をもっていた。国王がシティと異なる意向を示す場合には、国王に逆らうこともしばしばあった。15世紀頃から19世紀頃にかけてのシティ（ロンドン市）は、現在の日本などで見られる一般的な自治体よりも、はるかに大きな自治権を持つ"自治体"であった。

　とはいえ、これは、シティ（ロンドン市）だけの話であった。シティを取り巻くロンドンの地域には、市長もいなければ「市民議会」もなかった。国王の宮殿や国会があるウエストミンスター市（City of Westminster）にも、市長がいなかった。

　これらの地域で"自治体"といえる働きをしていたのは"パリッ

---

62　本書、8頁、12頁参照。

シュ（parish）"であった。パリッシュというのは、本来は、教会を中心とする"教区"のことである。当時のロンドンでは、英国国教会（Anglican Church）の教会ごとに、それぞれの教会の区域が定められていた。その区域に住む人々は、その決められた教会に礼拝に行かなければならなかったのである。そして、それらの区域がパリッシュと呼ばれていた。その意味では、パリッシュはまさに"教区"であり、教会の管理をどうするか、墓地の管理をどうするか等々が、その区域に住む人々の任務であった。ところが、15・16世紀頃になると、日常的な住民の生活の面倒も見るなど、次第に、"自治体"としての性格を併せ持つようになっていた。16世紀末頃には、公式に"自治体"として認められているところもあった[63]。

ロンドンでは、16世紀以後、人口の増加に伴い、英国国教会の教会が増え、それに対応して、"教区"も増えていった。しかし、これらの新しい"教区"がすべてパリッシュとして認められるということではなかった。それどころか、パリッシュとなるのはかなり難しいことであった。

まず、パリッシュになるには、国会で承認される必要があった。さらに、それまでのパリッシュに、パリッシュの分割を認めてもらう必要があった。そのため、実際にパリッシュになるには、その"教区"に住む住民の経済力など、国会議員に対する影響力がなければならなかった。また、時間がかかるため、粘り強く交渉することも必要であった。たとえば、パリッシュの地位を獲得したコベント・ガーデン（Covent Garden）というひとつの区域がどのようにしてパリッシュになったかをみてみると、次のように、数十年かかっていた。

コベント・ガーデンというのは、ロンドンの中心部にある区域で

---

[63] たとえば、ロンドンの郊外に位置するハクニー（Hackney）というパリッシュの記録を見ると、16世紀末には、法的に"自治体"として位置づけられるようになったと記録されている。http://www.nationalarchives.gov.uk/education/tudorhackney/default.asp , The National Archives, Tudor Hackney

ある。シティ（ロンドン市）に隣接する地区であり、21世紀のいまでも、有名なショッピング・センターとして知られている。このコベント・ガーデンには、"俳優の教会（actors' church）" という別名を持つ教会がある。正式には、セント・ポール教会（St. Paul's Church）という名前の教会である。ここには、多くの俳優や芸術家が埋葬され、また、喜劇俳優のチャップリンなど、多くの有名人のメモリアルがある。この教会は17世紀前半に建てられた教会で、教会ができた直後から、コベント・ガーデンの住民は "パリッシュ" になることを望み、国会に認めてもらうように、国会議員に働きかけていた。当時のコベント・ガーデンの住民には有力商人も多く、国会議員に対する影響力も強かった。それにもかかわらず、国会の審議は、遅々として進まなかった。それまで、コベント・ガーデンの地区を管轄してきたセント・マーティン教会（St. Martin-in-the-Fields）が強く反対したためであった。コベント・ガーデンの住民の10数年にわたる粘り強い交渉の結果、国会は、最終的には、その要請を受け入れ、"パリッシュ" として承認したが、それでも、コベント・ガーデンが実際に "パリッシュ" となったわけではなかった。

**図6）セント・ポール教会**

教会の正面　　　教会の裏庭

国会の承認があってからも、従来のパリッシュの教会であるセント・マーティン教会が、コベント・ガーデンの分離を認めなかったのである。コベント・ガーデンが実際に独自の"自治体"としての自立した地位を獲得できたのは、国会で認められてから20年後の1666年のことであった。教会の設立からは、30年も経過していた[64]。

## 2　パリッシュの"自治体"としての機能

### 1)　コベント・ガーデンのパリッシュの機能

　このようなパリッシュは、"自治体"として、どのような仕事をしていたのだろうか。前述のコベント・ガーデンのパリッシュの記録を見ると・・・[65]。

　早くからパリッシュの仕事として位置づけられていたのは、道路の舗装や清掃である。街灯の設置もパリッシュの仕事であった。病人の世話をどうするか、親がいなくなった子供をどのように面倒をみるかも、パリッシュの関心事であり、このために、数人の看護師を雇用していた。パリッシュとして機能し始めてから、数十年経ったコベント・ガーデンの大きな悩みは、貧しい人々が増え続けるということであった。その結果、18世紀後半になってからであるが、パリッシュで救貧院（workhouse）を建設し、そこに数百人の貧困者を収容するようになっていた。この救貧院は、貧困者に住まいや

---

[64]　コベント・ガーデンの"パリッシュ"の名称は、教会の名前から、セント・ポール・パリッシュ（St. Paul Parish）であった。なお、このセント・ポール教会の直ぐ近くに、1981年にチャールズ皇太子とダイアナ元妃が結婚式を挙げたことでも有名なセント・ポール大聖堂（St. Paul Cathedral）があるが、この大聖堂が位置するのはシティ（ロンドン市）である。F. H. W. Sheppard ed., The Parish and Vestry of St. Paul, British History Online, 　http://www.british-history.ac.uk

[65]　F. H. W. Sheppard ed., The Parish and Vestry of St. Paul, British History Online, 　http://www.british-history.ac.uk

食べ物、あるいは生活資材を与えるだけではなく、"仕事"を与える施設でもあった。収容された人々は、紡績工場などで働くことを義務づけられていたという。

コベント・ガーデンのパリッシュは、学校さらには幼稚園も経営していた。この学校に通っていた子供の数は時代により違うが、19世紀の中頃には、300人を超える生徒がいた。たとえば、1840年には383人の生徒がいたが、隣に「牛小屋」ができ、その臭いがあまりにも強かったために、1849年には200人まで減ってしまった。この結果、新しい校舎が、住民の寄付金などによって1860年に建設され、この新しい学校には340人の生徒が通うようになった。なお、この学校は、19世紀末に設置されたロンドン教育委員会(London School Board：ロンドンの教育を司る役所)に移管された。

このほかにも、コベント・ガーデンのパリッシュは、墓地の管理や集会所の運営など雑多な仕事をしていたが、18世紀中頃の時点で、パリッシュの仕事として最も重視されていたのは、治安の維持であった。当時、コベント・ガーデンは酒場や飲食店、さらには売春宿も多く、いわゆる歓楽街であったため、治安はとりわけ悪かった。それでも、パリッシュとしては、住民の生活を守るために、治安を守らなければならず、18世紀の半ば頃は、20人のガードマンを採用していたという。そして、このための、特別の税金を住民に課税していた。しかし、これでも、治安を守ることができず、19世紀になると、ロンドン全体の治安維持を任務とする"ロンドン警視庁"が設置されたことは、第2章で説明したとおりである。

【なお、コベント・ガーデンは、現在は、女王陛下の宮殿や国会議事堂、首相官邸などが位置するウエストミンスター市（City of Westminster）の一部になっている。】

2) 郊外のパリッシュの機能は？

現在、シティ（ロンドン市）の北側に、ハクニー（Hackney）というロンドン区があるが、この中心部には、昔、ハクニーというパ

リッシュがあった（図7、図8参照）。

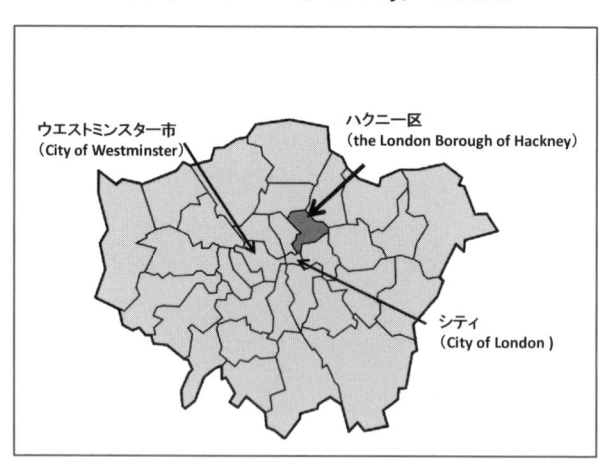

図7）　ハクニー（Hackney）の所在地

このハクニーは16世紀の頃から、自治体として、機能し、消防活動や治安の維持に力を注いでいた。また、ハクニー・パリッシュにビールの鑑定人（ale tasters）が2人いたという興味深い記録も残されている[66]。ハクニーでは、昔から、ビール（エール）が地域ぐるみで大事にされていたのであろうか？

学校の経営や道路そして墓地の管理も、ハクニー・パリッシュの早くからの業務であった。福祉の面では、父親のいない子どもについては面倒を見ていたものの、貧困者の救済については、最初の頃は、あまり積極的ではなかった。それどころか、浮浪者や乞食については、逆に、罰することもあった[67]。1657年には、貧困者が増えないようにするための役人が、パリッシュによって、任命されたほどであった。その後、職を求めて多くの転入者が入ってくるようになると、この役人の数が2人に、そして3人に増え、取り締まりも

---

66　T. F. Baker ed., A History of the County of Middlesex, Volume10, British History Online, http://www.british-history.ac.uk
67　The National archives, Tudor Hackney、Local Government and the Poor, http://www.nationalarchives.gov.uk/education/tudorhackney/default.asp

厳しくなった。

　しかし、18世紀の中頃になると、貧しい人々の面倒を積極的に見るようになっていた。救貧院も設置した。また、パリッシュで医師を雇用するなど、住民の健康面にも注意を払うようになった。1730年にはパリッシュが産婆を雇用したという記録もある。街灯の設置もパリッシュの責任となり、下水道もパリッシュが敷設するようになった[68]。18世紀になると、中央政府は、貧しい人々を保護するための税金、いわゆる救貧税を国民に課税するようになっていたが、ハクニーで、この税金の額を具体的に定め、住民から徴収したのは、パリッシュであった。このため、1764年に5人の徴税人を任命していた。

　19世紀になると、ハクニーの人口は急増した。その結果、治安の維持が非常に大きな課題となり、多くの警官（constables）を雇用するようになった。貧困者の数も急増し、住民の40％近くが貧困者であったという記録も残されている。道路の管理、街灯の管理も大変な仕事となった。

図8）16世紀のハクニー村（Hackney Village）[69]

---

68　T. F. Baker ed., A History of the County of Middlesex, Volume10, British History Online
69　The National archives, Tudor Hackney　より引用。

このようなパリッシュが、19世紀の中頃、前述の"ロンドン警視庁"が設置されたロンドンの地域に、300以上あったという[70]。

## ❸ パリッシュの運営機関は"ベストリー"

この"自治体"としてのパリッシュを取り仕切っていたのは、住民のなかの有力者であった。そして、これらの有力者は教会の祈祷会などを開く部屋（ベストリー；vestry）で会議を開くことが多かったため、"自治体"としてのパリッシュは、一般に、"ベストリー"と呼ばれていた。

この"ベストリー"に住民が集まって、自治体としての意思決定をするという形態は、17世紀の頃には、イングランド全体に広がっていたが、これは、法律によって強制されたものではなかった。いわば、自然発生的に、イングランド全体に広まったものであった。そのため、"ベストリー"がどのように運営されるかは、それぞれのパリッシュの「しきたり」によって決まっていた。そうしたベストリーのなかには、一戸を構えている住民であれば、誰でも参加できる"議会"を設置し、そこで地域の運営の仕方を決めるというところもあった[71]。これは、もっぱら人口の少ないパリッシュの形態であり、農村部に多く見られた。しかし、ロンドンのような都市部では、そうした"ベストリー"は、ほとんどなかった。一般的に見られたのは、特定の人々が執行部となって地域の意思決定をするという"ベストリー"であった。これらのベストリーは、一般住民の参加を閉ざし、特定の任命された人々がベストリーを取り仕切って

---

70　The Times、20 March 1855.
71　このようなパリッシュは地方圏の農村部に多かった。K. P. Poole & Bryan Keith-Lucas, Parish Government 1894-1994,（London: The National Association of Local Councils,1994）, p.19.

いたため、「任命教区会（select vestry）」と呼ばれていた[72]。

　前述のコベント・ガーデン（Covent Garden）の"ベストリー"も、当初は、司祭（rector）と数人の教区委員（church wardens）、それに32人の住民が"ベストリー"に集まって、パリッシュを仕切っていた。まさに、「任命教区会」であった。この32人の住民は住民によって選ばれた人々であったが、数人の教区委員も、パリッシュの住民から選ばれていた。それらは英国国教会の信徒でもあった。そして、これらの"ベストリー"の構成メンバーは、いずれも、思慮分別のある住民であると、コベント・ガーデンのセント・ポール教会によって認証してもらう必要があった[73]。

　ハクニー（Hackney）の"ベストリー"も、原則的には、「任命教区会」であった。1613年の記録によれば、司祭（rector）、教区牧師（vicar）、副牧師（assistant curate）、数人の教区委員、そして、指名された32人の住民が"ベストリー"の会議に出席していた。すべてが、教会によって指名された人々であった。コベント・ガーデンと同じような構成であったが、しかし、ハクニーには、このほかに、住民が自由に集まる住民会議があった。二つの会議が併存していたのである。パリッシュのことを定める公式の権限は、もちろん、"ベストリー"にあった。しかし、"ベストリー"は定期的にこの住民会議と協議会を開き、重要な案件については、住民会議の了承をもらっていた[74]。

　18世紀にはいると、ハクニーでは、"ベストリー"の会議そのものに、一般の住民も参加するようになった。しかし、議事録には、

---

[72] 18・19世紀のベストリー（教区会）のタイプについては、竹下譲『パリッシュに見る自治の機能』、イマジン出版、2000年、21-49頁参照。

[73] この統治者の選定は1827年に改革者によって問題とされたようであるが、慣習上のこととして乗り切ったという記録が残っている。参照；F. H. W. Sheppard ed., The Parish and Vestry of St. Paul, British History Online, http://www.british-history.ac.uk

[74] T. F. Baker ed., A History of the County of Middlesex, Volume10, British History Online

"ベストリー"の出席者として、住民の名前は記載されなかった。"その他の住民"として記載されただけであった。

　これらの一般住民と、"ベストリー"の正式メンバーの面々が、時には、対立することもあった。たとえば、1723年に学校の先生を誰にするかを決める審議をしていたが、"ベストリー"のメンバーの意見が一般住民と合致せず、一般住民の意見を無視して、先生の人事を決めるということがあった。決定権は正式の"ベストリー"のメンバーにあると主張したのである。しかし、一般住民はそれに唯々諾々と従うことはなかった。自分たちの意見にこだわり、裁判で決着をつけるところまで、事態は進行した。そして、最終的には、"ベストリー"の面々が、裁判所の勧めに従って、一般住民の意見を受け入れるという結末になった。これは明らかに"ベストリー"側の負けであった。

　その後も、ハクニーでは、一般住民と"ベストリー"のメンバーは、時折、対立するということがあったが、次第に、納税者であれば、住民は誰でも自分の意見を"ベストリー"の会議で表明できるという慣例が確立されていった。そして、19世紀に入ると、"ベストリー"の会議と、それに併存する形で開かれていた住民会議が統合された。「任命教区会」ではなくなったわけである。以後、納税者であれば、誰でも、"ベストリー"の会議の正式のメンバーとして、パリッシュの意思決定に参加できるようになった[75]。

　このような変遷は、コベント・ガーデンのパリッシュでも同じように見ることができた。19世紀に入ると、コベント・ガーデンの住民の間で、住民参加を求めて、"ベストリー"の機構改革を要請するようになったのである。これに対して、"ベストリー"側は激しく対抗したが、結局は、1827年に、「任命教区会」は廃止された。そして、納税者は誰でも自由に"ベストリー"の会議に参加できる

---

75　Ibid.

ようになった。

　人口の多い都市部で、住民がパリッシュの意思決定に自由に参加できるということになれば、大勢の人々の参加があったということも想像できる。とくに、税額を定める際には、関心を持つ住民が増えたに違いない。そういう多くの住民の参加のもとに、審議をどのように進めたのであろうか。大いに興味がそそられるが、残念ながら、それを明らかにする資料は見あたらない。

　しかし、コベント・ガーデンの場合、たとえば1828年の会議で事務局責任者の仕事ぶりが問題になり、激しい言い争いがあったという記録はある。最終的には、486対301で、辞めさせることに決定したと記録されている。これを見る限り、大変な数の住民が参加していたことは確かである。また、それらの住民の多くが、議事録を見る限りでは、発言している。とはいうものの、これだけの住民が一堂に集まって実質的な審議や議論ができたのかどうか、疑問ではある。

## ◆4　"ベストリー"の退廃

　「任命教区会」では、メンバーの空席が生じた場合、残ったメンバーで適切な人を選び、空席を埋めていた。このため、"ベストリー"のメンバーが固定し、運営が惰性的になっていった。その結果、"ベストリー"の業務に従事する人が腐敗していくという傾向も生まれてきた[76]。コベント・ガーデンでも、1770年の頃から、税の徴税人が集めた税金を着服したという記録が残されるようになった。学校

---

76　「執行部は悪党の集団になっていくことが多かった」。そして「ひとたび腐敗すると、もとの健全な形に戻ることはなかった。悪党の集団は、後継者に悪党の集団を選ぶのが常であった」と説明しているものもある。参照；K. B. Smellie, A History of Local Government, (London : George Allen & Unwin, 1946), p.13.

の校長が公金を使い込んだという記録もある[77]。

　19世紀に入り、ドックや鉄道の建設などによって、ロンドンに人口が集中するようになってくると、パリッシュが"自治体"としての役割を果たすこと自体が困難になってきた。住民が互いに顔見知りであれば、税金を集めたり、病人の世話をしたりすることはそれほど難しい仕事ではない。しかし、人口が急増し、住民が互いに顔みしりでなくなると、税金は集めにくくなり、病人の面倒を見る親切心も消えていった。"ベストリー"の警察官に任命されて、治安を維持するという仕事も、過酷な仕事というだけではなく、危険な仕事になった。このため、警察官や"ベストリー"の役職者になるのを嫌う人が増えていった。

　そうしたなかで、多くの住民は、次第に、"ベストリー"の活動に関心を持たなくなった。その一方では、住民の無関心を利用し、自己の利益をはかるために、"ベストリー"の役職者を引き受けるという人も出現しはじめた。こうした役職者は、あの手この手で、パリッシュの税金を食い物にした[78]。

　コベント・ガーデンのパリッシュでも、19世紀にはいると、"ベストリー"の役職者の犯罪行為が悪質になっていった。1835年には、住民から集めた税金を、徴税人がごっそり持ち逃げしたという事件も発生した。また、役職者の"浪費があまりにもひどい"という批判が、住民の間で、噴出するようになった。それが"ベストリー"の改革に結びついていった[79]。

　ハクニーのパリッシュの場合は、ベストリーの退廃ぶりを直接的に記録した文書は見あたらない。しかし、人口の急増（表3参照）のなかで、"自治体"としてのベストリーの維持に苦しむようになっ

---

77　F. H. W. Sheppard ed., The Parish and Vestry of St. Paul, British History Online.
78　K. B. Smellie, A History of Local Government, p.14.
79　T F. H. W. Sheppard ed., The Parish and Vestry of St. Paul, British History Online.

ていったことは確かである[80]。

　このように、"自治体" としてのパリッシュが機能麻痺の状態に陥ったこともあって、ロンドンの犯罪は目に余るものとなってきた。そして、それに対処するために、1829年、前述のように "ロンドン警視庁" が誕生した。しかし、これだけでロンドンに住む人々の生活が安定したわけではなかった。警察以外の分野での "自治体"の機能麻痺を修復する必要があった。また、"ロンドン警視庁" は、シティ（ロンドン市）を管轄区域からはずしていた。これはシティがロンドンの中核であることからいって、きわめて不自然であった。そのため、ロンドン全域を "自治体" として整備するべきか、シティ（ロンドン市）を特別のものとして、他のロンドン地域とは別の "自治体" にすべきかどうかが論議されることとなった。

表3）ハクニー（Hackney）パリッシュの人口（人）

| 1801年 | 12,730 |
| --- | --- |
| 1811年 | 16,771 |
| 1821年 | 22,494 |
| 1831年 | 31,047 |
| 1841年 | 37,771 |
| 1851年 | 53,589 |
| 1861年 | 76,687 |
| 1871年 | 115,110 |
| 1881年 | 163,681 |
| 1891年 | 198,606 |
| 1901年 | 219,272 |

資料）Hackney（parish），Wikipedia, the free encyclopedia

---

80　T. F. Baker ed., A History of the County of Middlesex, Volume10, British History Online

## 5 単一都市か？　複合都市か？

　1830年代に、都市の自治体としての整備をどうするかを検討するための委員会が、中央政府によって設置された。この委員会はロンドンを他の都市から区分して検討することとした。そして、最初に、ロンドン以外の都市をどのように整備するべきかの検討をし、都市を総合的な"自治体"にするという結論を出してから[81]、ロンドンの検討に入った。

　ロンドンに関して最初に検討したのは、シティを他のロンドンの区域から分離するべきか否かであった。そして、「シティの分離は異常だ」[82]という判断の下に、分離論を一蹴した。当時、ロンドンの多くのパリッシュ、すなわち、"ベストリー"は、ロンドンをいくつかの"都市自治体"に分割するという見解をもっていた。しかし、この見解についても、中央政府の委員会は、「悪弊を増殖させる」[83]という論法のもとに、採用しなかった。委員会が到達した結論は、シティと300以上もあるベストリーをすべて統合し、「ロンドンを単一の自治体にする」[84]というものであった。この結論は、1837年に、勧告という形で首相に提出された。

　シティ（ロンドン市）はこの勧告に猛烈に反発した。この影響のもとに、首相をはじめとする内閣の閣僚は「ロンドンを単一の自治体にする」という勧告を無視し続けた。そして、勧告は"お蔵入り"になってしまった。とはいうものの、この勧告は、ロンドンの改革

---

81　この委員会の報告にもとづき、1835年に「都市自治体法（Municipal Corporations Act）」が制定され、ロンドン以外の地域の都市は総合的な"自治体"となった。これにより、パリッシュの自治体としての機能はなくなったわけである。
82　Ken Young and Patricia L. Garside, Metropolitan London ; Politics and Urban Change 1837-1981（London: Edward Arnold, 1982）p.23.
83　Ibid.
84　Ibid.

第3章　18世紀・19世紀のロンドンの自治体

の争点を明確にしたという点で大きな効果があった。以後、ロンドン全域にわたる単一の自治体を創設するべきか、それとも、いくつかの自治体をつくり、それらの自治体の複合体としてロンドンを整備するべきかが、ロンドン改革の争点となったのである。

　ロンドンを単一の自治体にするという論点は、この委員会の報告以後は、チャドウィック（Sir Edwin Chadwick）によって主張された。チャドウィック（1800-1890年）は19世紀末の救貧行政や衛生行政の最高権威者として有名な人物であった。ロンドンに関しては、ロンドン全域にわたる権限を単一の自治体に集中するべきであると論じていた。その意味で、「中央主義（centralism）」の見解であると一般に理解されていたが、チャドウィック自身は、この単一自治体への権限集中を、デモクラシー実現のためのものであると主張していた。

　デモクラシーの実現と広域自治体への権限集中は矛盾するようにも見える。しかし、チャドウィックは、デモクラシーを多数国民の支配であると理解し、ベストリーの寡頭政治を改善するためには、広域の自治体を設立し、そこに権限を集中する必要があると判断したのであった[85]。チャドウィックは、当時のロンドンの自治体であったベストリーを「これほど無責任な公共団体はない」と徹底的に否定していた[86]。

　これに対して、自治体の複合体としてロンドンを整備するべきであるという意見は、シティと同じような自治体を多数つくろうというものであった。その意味では、まさに「地方主義（localism）」の見解ということができた。この見解は、シティをはじめとして、ベストリー（教区会）よって全面的に支持されたが、その理論的な指導者となったのは、弁護士のツールミン・スミス（Joshua

---

[85] Dilys M. Hill, Democratic Theory and Local Government（London: George Allen & Unwin, 197）, p.26. K. P. Poole & Bryan Keith-Lucas, Parish Government 1894-1994, p.22.
[86] K. P. Poole & Bryan Keith-Lucas, Parish Government 1894-1994, p.22.

Toulmin Smith）[87]であった。

## 6　2層制の"自治体"の発足

　このように、「中央主義」と「地方主義」の意見が対立する状況のもとで、ロンドンの改革の検討が本格的に始められることになった。1852年、「シティに関する王立委員会」が設置され、この委員会のもとで、改革の検討が始まった。

　王立委員会は、種々の検討の結果、ロンドンをひとつの自治体に統合することは不可能だという結論に達し、シティには手をつけるべきではないと結論した。しかし、ロンドン全体で取り組まなければならないこともあるという点では委員の意見が一致し、まず、既存の自治体であるパリッシュ、すなわち"ベストリー"を7つの自治体に統合するという構想を示した。そして、この7つの自治体とシティの協力によって、ロンドン全域にわたる事業を管轄する広域の行政機関を創設するべきであるという勧告をした。2層制のシステムにすることを勧告したのである。

　中央政府は、シティが反対しなかったこともあって、この勧告を直ぐに受け入れ、1855年、"ベストリー"の統合に取りかかった。ロンドンの改革区域を、当時、ロンドンとして一括的に呼ばれていた区域よりも若干小さめに限定し、そのなかの"ベストリー"を7つに統合することにした。しかし、200を超す"ベストリー"を7つに統合するのは不可能であった。それでも、政府は、統合に努力し、その結果、ロンドンの"ベストリー"を39に統合した（図6参照）。

　コベント・ガーデンの"ベストリー"は周辺の5つの"ベストリー"

---

[87]　Joshua Toulmin Smith（1816-1869）は、後に述べる19世紀末のロンドン改革に関与したグラッドストーン首相に大きな影響を及ぼしたという。また、1851年に Self-Government and Centralisation、1854年に The parish and its Obligation and Powers という本を出版している。

## 第3章　18世紀・19世紀のロンドンの自治体

と統合され、ストランド・ディストリクト（Strand District）という自治体になった。名前が、"ベストリー（Vestry）"や"パリッシュ（parish）"ではなく、ディストリクト（District）になったのである。

　ハクニーも隣のベストリーと一緒になり、ハクニー・ディストリクトという名称の自治体になった。このようにコベント・ガーデンやハクニーは、1855年の統合後、"ディストリクト"という自治体になったが、"ベストリー"という名称が続いた自治体も多かった（図6参照）。

　ロンドンの自治体は、昔ながらの"ベストリー"という名称を用いた自治体と、"ディストリクト"という新しい名前を用いた自治体の2種類に区分されたのである。ただし、この区分の理由については明らかでない。両者の位置づけは同じであり、権限にも違いはなかったということからいえば、実質的には、同じ自治体だったと考えてよいようである。

　この改革によって出現した新しい自治体（ベストリーもしくはディストリクト）は、それまでの"ベストリー"とは異なり、住民が代表者を選出し、その代表者がタウンホールに集まって、自治体の意思を決定するようになった。もっとも、代表者の数や選挙の方法はそれぞれの自治体でバラバラであった。

　ハクニー・ディストリクトの場合は、選挙区を14にわけ、そこから合計51人の代表者を選出することとされていた。そして、これらの代表者が会計委員会や道路委員会、保険委員会などの委員会に分かれ、会計委員会が税金の徴収や財政管理に責任を持つというように、自治体の業務を分担した。

　シティは、この改革の対象とならなかった。そのまま"シティ（ロンドン市）"として存続した。市長と市民議会によって運営されていたことはもちろんである。

### 図 9) 1855 年のロンドンの "自治体"

1, City of London　　2, Bermondsey Vestry
3, Bethnal Green Vestry
4, Caqmberwell Vestry　5, Chelsea Vestry
6, Clerkeswell Vestry,　7, Fulham District
8, Greenwich District　9, Hackney District
10, Hampstead Vestry　11, Holborn District
12, Islington Cestry　13, Kensington Vestry
14, Lambeth Vestry　15, Lewisham District
16, Limehouse District
17, Mile and Old Town Vestry
18, Newington Vestry　19, Paddington Vestry
20, Plumstead District　21, Poplar District
22, Rotherhithe Vestry
23, St George Hanover Square Vestry
24, St George in the East Vestry
25, St Giles District
26, St Luke Middesex Vestry
27, St Marthin in the Fields Vestry
28, St Marylebone Vestry
29, St Olave District　30, St Pancras Vestry
31, St Saviourrs District
32, Shoreditch Vestry
33, Southwark St George the Martyr Vestry
34, Strand District　35, Wandsworth District
36, Westminster District
37, Westminster St James Vestry
38, Whitechapel District　39, Woolwich Vestry

注）地図に 5a とか 15a とあるのは「飛び地」を指す。
また、下線を引いてあるのは文章の中で説明している自治体である。

## 7　首都建設委員会の設置

　これらの、いわば基礎的な自治体を包括する "広域の自治体" として、1855 年に、「首都建設委員会（Metropolitan Board of Works）」が設置された。その構成メンバーである委員は、住民の直接選挙ではなく、基礎的な自治体であるシティやベストリー、ディストリクトから送り込まれた。シティから 3 人、人口の多い自治体からは 2 人ずつ、普通の自治体からは 1 人ずつ、合計で 45 人の委員がそのメンバーとなった。

その最も重要な仕事は下水道の整備であった。当時、ロンドンのゴミのほとんどはテムズ川に捨てられ、テムズ川の悪臭はひどいものとなっていた。これを解消するために、下水道を敷設するということになり、それが首都建設委員会の最大の仕事となったのである。また、馬車などによる道路の混雑がひどかった。このため、道路の整備や橋の整備も、首都建設委員会の仕事とされた。

　「首都建設委員会」は、多くの道路も建設するなど[88]、それなりの成果を上げた。しかし、「首都建設委員会」は市民によって直接選ばれた機関でなかったためであろうか。市民はその活動に注意を払うことはほとんどなかった。委員達も市民に対してあまり責任感を持っていなかったようである。その上、道路の建設には、巨額のお金が動いたため、早くからスキャンダルが問題になった。1880年代には、汚職事件が相次いで発生した。

　こうして、「首都建設委員会」の設置のような、いわば小手先の改革ではどうにもならないということになり、もっと本格的にロンドンの改革を検討するべきであるという考えが浮上してきた。もっとも、1855年のベストリーの統合が「地方主義」を実現するものでなかった。そのため、「地方主義」を擁護する人々は、首都建設委員会の設置当初から、ロンドン改革を主張し続けていた。

---

88　首都建設委員会によって整備された道路には、たとえばCharing Cross Road, Garrick Street, Northumberland Avenue, Shaftesbury Avenue, Southwark Streetなどがあるが、これらの道路は、現在のロンドン中心部の幹線道路になっている。

# 第4章
# ロンドン県（LCC）の創設

## 1　1880年代初めの改革の動き

　1855年のロンドン改革は、シティについては、何の手も加えなかった。これは、シティの要求に合致するものであり、その意味では、シティの勝利であった。

　また、"ベストリー"についても、統合されるという変化があり、名称が、"ベストリー"から"ディストリクト"に変わったところもあったが、統治機構には何ら変更がなかった。これは、"ベストリー"の利権に絡む人々にとっては、非常に好都合な改革であった。

　このような改革は、ツールミン・スミスの理論を支持する「地方主義」者たちにとっては、とうてい、満足できるものではなかった。「地方主義」者のねらいは、既存の自治体を、また、その権限を、そのまま残すところにあったわけではなかった。「地方主義」者は、"ベストリー"をシティと同等の地位と権限を持つ自治体にすることをねらっていたのである。

　そのため、"ベストリー"の統合によって、新しいベストリーやディストリクトが創設された時から、新たな改革を要求していた。「地方主義」者の多くは、これらの自治体に関係する人々であった。そして、1865年には、「首都自治体協会（Metropolitan Municipalities Association：MMA）」を設立し、ツールミン・スミスの「地方主義」に基づいた改革を本格的に求めるようになった。

　「首都自治体協会（MMA）」が採用した戦法は、ロンドン改革を

内容とした法案を国会に提出することであった。そして、1860年代の後半から1870年代にかけて、実際に、数々の法案を国会に提出した。これらの法案は、当時、国会議員であったジョン・ステュアート・ミル（John Stuart Mill）[89]などによって支持され、ある程度の審議は行われたようであるが、しかし、最終的には、すべて失敗に終わってしまった[90]。

　1875年、「首都自治体協会（MMA）」の会長にエルコー卿（Lord Elcho）[91]が就任し、同協会の"最後の法案"といわれる法案を提出した。ところが、当時の政権を握っていた保守党のディズレーリ首相（Benjamin Disraeli）は、この法案の検討に際して、「中央主義」のチャドウィックの意見を聴取した。チャドウィックがこの法案を非難したのはいうまでもない。結局、ディズレーリ内閣は、チャドウィックの「行政の不統一を助長する」という反対意見を根拠にして、「首都自治体協会（MMA）」の法案をはねつけてしまった[92]。

　ディズレーリ首相は、法案を拒絶するために、チャドウィックの意見を聞いたと解説する者も少なくないが、それはともかくとして、エルコー卿の法案が拒絶されてから後の「首都自治体協会（MMA）」は、自治体の権限強化を積極的に主張することがなくなった。

　それどころか、「中央主義」的な要請をするようになった。1855年に設置された「首都建設委員会（Metropolitan Board of Works）」を廃止し、それに代えて、直接公選の単一の"広域行政体"を創設するべきであると主張するようになったのである。

　これは、エルコー卿が「法案」を提案した際に受けた非難、すなわち、「行政的不統一を助長する」というディズレーリ内閣の非難

---

89　J. S. ミルは、明治時代の日本に、その「自由論」で非常に大きな影響を与えた人物であるが、1865年から1868年にかけて、ロンドンのウエストミンスター（Westminster District）から選出された国会（下院）議員であった。
90　Ken Young, 'The Politics of London Government 1880-1899', Public Administration, Winter, 1973, p.93.
91　Lord Elcho (1818-1914), 自由党の国会（下院）議員。
92　Ibid., p.93.

を回避するための戦略転換であった。しかし、この戦略の転換に伴って、自治体関係者（ベストリーやディストリクトの人々）が「首都自治体協会（MMA）」を離れるようになり、同協会は急速に衰退していった[93]。

「首都自治体協会（MMA）」に代わって勢力を得るようになったのは、国会議員のファース（Joseph Firth Bottomley Firth）やロイド（john Lloyd）[94]を中心に、1881年に結成された「ロンドン都市改革連盟(London Municipal Reform League: LMRL)」であった。この「ロンドン都市改革連盟（LMRL）」は、シティ（ロンドン市）の独特の地位を徹底して非難し、ロンドンをひとつの自治体に統合するべきだと主張していた[95]。

「地方主義」を信奉する勢力が衰退し、「中央主義」の勢力が浮上してきたわけである。しかも、この勢力の浮上は急激であった。たとえば、「ロンドン都市改革連盟（LMRL）」が発足した1881年時点では、その会員は200人であったが、1884年には、それが1,000人になっていた[96]。

## 2　自由党の改革法案

　1880年の総選挙（下院議員の選挙）で、保守党（Conservative party）は敗北した。保守党に代わって、政権を獲得したのはグラッドストーン（William Ewart Gladstone）が党首の自由党（Liberal

---

93　Ken Young, 'The Politics of London Government 1880-1899', p.93.
94　創設したのは、正確には、ロイド（John Lloyd）であるが、1882年にはファース（1842-1889）が会長に就任している。この当時、ファースは国会議員であった。ロンドン県が1889年に発足した時には、ロンドン県議となり、初代の副議長となったが、若くして急逝した。
95　Ken Young, 'The Politics of London Government 1880-1899', p.94.
96　John Davis, Reforming London ; The London Government Reform 1855-1900, Oxford University Press,1998,p.71.

## 第4章　ロンドン県（LCC）の創設

Party）であった。このグラッドストーン自由党内閣で、ハーコート（William Harcourt）[97]が内務大臣となった。このハーコート大臣は、ロンドンの混乱状況を深刻にとらえ、「これ以上、改革を遅らせることはできない」と焦っていた[98]。そのため、内務大臣に就任すると、直ぐに、ロンドンを改革するための法案の準備にとりかかった。そして、早くも翌1981年に、改革案を内閣に示したが、その内容は、「都市改革連盟（LMRL）」と基本的に同じ立場に立つものであった。ロンドンをひとつの自治体にまとめることをねらいとした改革案だったのである。具体的には、「首都庁（Metropolitan Council）」の創設を打ち出し、シティ（ロンドン市）もその行政区域の一部として位置づけるというものであった。シティの独自の権限を消してしまおうという法案だったわけである。

　この法案は、その後、ハーコート法案といわれるようになったが、グラッドストーン内閣は、3年間にわたる検討の後、1884年に、それを閣議で承認し、国会に提出した。「都市改革連盟（LMRL）」がこれを強く支持したのは言うまでもない。

　その一方では、これも当然であるが、シティ（ロンドン市）が強く反発し、法案反対のキャンペーンを展開した。しかも、シティには、周到に根回しする時間があった。ハーコート法案は内閣で3年間も審議されていたからである。

　「都市改革連盟（LMRL）」の創設者で法案の成立を願っていたロイド（John Lloyd）下院議員は、このときの状況を、次のようにコメントしていた。

　「ロンドンには2つの大きな陣営があった。ひとつは、シティとそのお金を当てにする人たち（hireling）の陣営であり、もう一つは、住民とそのリーダーの陣営である。・・・そうしたなかで、シティ

---

[97] Sir William Harcourt（1827-1904）自由党の国会（下院）議員。
[98] Ken Young and Patricia L. Garside, Metropolitan London ; Politics and Urban Change 1837-1981, p.29.

の陣営は、シティを守るための成果を着実にあげている」[99]。

このロイド議員の説明にはもちろん誇張があろうが、しかし、法案をめぐって、シティと「都市改革連盟（LMRL）」の間に、強い対立があったことは確かである。そして、シティ側の反対運動が成果をあげ、野党の保守党議員はこぞって法案に反対した。さらには、法案を提示した自由党の議員のなかにも、法案を支持しないものが出てくるようになった。結局、自由党政権は法案を撤回し、国会で審議されることはなかった[100]。

こうして、自由党内閣ひいては「都市改革連盟（LMRL）」のロンドン改革案は日の目を見ずに埋もれてしまったが、しかし、この時の経緯は、政治的に、大きな意味をもつことになった。自由党がチャドウィック流の「中央主義」を意識して支持するようになったからである。一方、保守党は、「中央主義」を「地方自治の死滅を伴う」ものとして否定し、ツールミン・スミス流の「地方主義」の発想を意識的に採用することになった。

これ以後、ロンドンをひとつの自治体にするか、シティをどうするかという問題は、保守党と自由党という政党の間で争われることになったのである[101]。

## 3　保守党政権の改革構想

ハーコート法案が国会で審議されるかどうかが危ぶまれていた頃の自由党は、結束力があまり強い政党ではなくなっていた。自由党のなかで常に意見が分かれるという状況であり、ハーコート法案が

---

99　Ibid., p.50.
100　Ken Young, 'The Politics of London Government 1880-1899', p.95.
101　Ken Young, Local Politics and the Rise of Party ; The London Municipal Society and the Conservative Intervention in Local Elections 1894-1963, （Leister University Press, 1975）, p.37.

## 第4章　ロンドン県（LCC）の創設

廃棄された直後にも、一部の国会議員が自由党を飛び出すという内紛があった。このため、グラッドストーン内閣は1885年6月初めに総辞職し、反対党の党首であったソールズベリー（Marquess of Salisbury）を首相とする保守党政権が出現した。少数与党の政権であった。

当時、ロンドンをどうするかは非常に重要な課題であったが、こういう基盤の弱い保守党政権に、ロンドンの改革に取り組む"力"はなかった。そうしたこともあって、ソールズベリー保守党政権は、半年後の1885年11月に、総選挙に打って出た。しかし、残念ながら、勝つことはできなかった。一方、自由党も過半数に達しなかった（表4参照）。このため、ソールズベリー保守党政権はそのまま続いた。とはいうものの、国会の運営がままならず、結局は、2ヶ月ほどで、自由党に奪取された。首相となったのは、グラッドストーンであった。

表4）1885年の総選挙の結果（投票日 1885.11.24～12.18）

| 政　　党 | 候補者<br>（人） | 当選者<br>（人） | 投票者数<br>（人） |
| --- | --- | --- | --- |
| 自　由　党<br>（Liberal） | 575 | 319 | 2,199,198 |
| 保　守　党<br>（Conservative） | 597 | 247 | 2,020,927 |
| アイルランド党<br>（Irish parliamentary） | 91 | 86 | 310,608 |
| そ　の　他 | 75 | 18 | 107,378 |
| 総　　計 | 1,338 | 670 | ※ 4,530,733 |

※）このときの投票総数は、4,638,235票と記録されている。数が合わないのは、無効票を意味するものと推測できる。
資料）Wikipedia, the here encyclopedia,
　　http://en.wikipedia.org/wiki/List_of_United_Kingdom_general_elections

このグラッドストーン自由党政権も、野党議員のほうが多いという状態で、国会の運営がままならず、ロンドンの改革に取り組む余

裕はなかった。結局は、5ヶ月後の1886年7月、再度の総選挙に打って出せざるを得なかった。選挙の結果は、自由党にとって、壊滅的な惨敗であった。何と144議席も、減らしてしまったのである。政権を取ったのは保守党と自由統一党（Liberal Unionist）の連合政権であり、この連合政権の基盤となった議席は合わせて393議席もあった[102]（表5参照）。

**表5) 1886年の総選挙の結果（投票日1886.7.1～27）**

| 政　　党 | 候補者（人） | 当選者（人） | 投票者数（人） |
|---|---|---|---|
| 自　由　党（Liberal） | 451 | 192 | 1,244,683 |
| 保守党＆自由統一党（Conservative & Liberal Unionist） | 563 | 393 | 1,520,886 |
| アイルランド党（Irish parliamentary） | 98 | 85 | 97,905 |
| そ　の　他 | 3 | 0 | 1,247 |
| 総　　計 | 1,115 | 670 | 2,864,721 |

資料) Wikipedia, the here encyclopedia,
http://en.wikipedia.org/wiki/List_of_United_Kingdom_general_elections

　こういう大勢力のもとで、ソールズベリーが首相に返り咲き、その首相のもとで、連合政権はロンドンの改革に取り組むことになった。改革担当の内務大臣にはリッチー（Chaeles Ritchie）[103]が就任した。
　しかし、このリッチー内相には、農村地域の整備が何よりも重要であるという認識があった。都市部については、ロンドンは別であるが、他の都市部は1835年に制定された「都市自治体法（Municipal

---

102　自由統一党（Liberal Unionist）は、1886年に、アイルランドの自治をめぐって、自由党の一部が脱党して結成した政党である。
103　C. T. Ritchie（1838-1906）, ロンドン選出の国会（下院）議員。後に、大蔵大臣。このリッチー内相は、1880年代初めの自由党のロンドン改革法案（ハーコート法案）に、「地方の民主主義を破壊するもの」と強く反対した人物である。

## 第4章 ロンドン県（LCC）の創設

Corporation Act)」のもとで、それなりに安定していたからである。そして、農村圏の行政をどうするかという検討のもとに、リッチー内相は"県（county council)"の創設という構想を打ち出し、ロンドンの改革もこの一部として取り込もうと考えたのであった。

しかし、これは農村部の構想であり、それをそのまま大都市ロンドンに適用するということには問題があった。また、"県"の構想は、既存の基礎自治体である"ベストリー"（あるいは"パリッシュ"）に統治能力がないという認識のもとに、広域的な自治体を創り、そこに強力な権限を与えるというものであった。もし、それをロンドンにそのまま適用するとすれば、自由党政権のハーコート法案と同じ内容になってしまうという問題もあった。

そこで、リッチー内相は、ロンドンについては、特別の扱いをするという工夫を凝らした。"県"の創設と同時に、"ディストリクト（市）"を創設することにしたのである。言い換えれば、ロンドンには、県―市という2層の自治体制度を整備しようとしたわけである。そして、リッチーの主張は、ロンドンについては、むしろ"ディストリクト（市）"の創設に重点が置かれていた[104]。

リッチー大臣には、野党議員の時に、ハーコート法案を「地方の民主主義を破壊するもの」だと非難していたという過去があった。そういうリッチー内務大臣にとって、"県"という広域自治体を創設し、ロンドンをひとつに統合するというのは、明らかに自己矛盾であった。"県"の創設と同時に、ロンドンをいくつかの"ディストリクト（市）"に区分し、2層制にする必要がどうしてもあったのである。

また、他の保守党議員を説得するためにも、"ディストリクト（市）"の創設を訴えることが必要であった。多数の保守党議員は、「地方主義」を標榜し、リッチー内務大臣の構想が内閣で検討されている

---

104　Ken Young, 'The Politics of London Government 1880-1899', p.37.

最中にも、もっと徹底したロンドン分割の法案を提出していたからである。この保守党議員の構想は、ロンドン全域を管轄する首都庁（Metropolitan Municipal Council）を設置するものの、その権限を極めて小さなものとし、実質的な権限は、シティ（ロンドン市）と新設する13のロンドン区（boroughs）に与えるというものであった[105]。

ところが、保守党政権のパートナーであった自由統一党は、保守党と連携した時点から、「ロンドンを分割する可能性のある計画については、如何なるものであれ、反対する」という姿勢を貫いていた。この自由統一党にとって、リッチー内務大臣のロンドン改革の構想は受け入れがたいものであった。

そのため、保守党は、政権を維持するために、"ディストリクト（市）"を創設するという構想を引っ込めざるを得なくなった。こうして、リッチー内務大臣のロンドン改革案も、また、日の目を見ずに終わってしまった。多数の保守党議員が提案していた法案、もっと徹底してロンドンを分割するという法案も、政府の圧力で取り下げられてしまった。いわば、この段階で、保守党のロンドン改革案は実質的に消えてしまったわけである。

しかし、一方では、ロンドンの改革を延長できないという状況があった。1855年に設置されてから、わずか10年ほどしか経っていないにもかかわらず、「首都建設委員会」の腐敗が進み、それが世間の注目を集めていた。連合政権としては、「首都建設委員会」を早急に廃止しなければならなかった。それに代わって、ロンドンにもっと健全な行政機構を設立しなければならなかったのである[106]。

結局、ロンドンについても、他の農村地域と同じように、"県"のみを創設するという構想が連合政権の法案となって、国会に提出

---

105　Ibid.,
106　Percy Harris, London and its Government,（London ; J. M. Dent and Sons Ltd. 1933）p.44.

された。これは、政敵である自由党が前に示した構想とほとんど同じであった。自由党としても、反対する理由はなかった。反対したかったのは、むしろ、提案者のリッチー内務大臣のほうであった。事実、リッチーは国会で次のように説明し、自らを慰めていた。

「われわれは、ロンドンの問題を完全に解決できるものとして、これを提案するわけではありません。われわれには別の提案があり、いつの日か、これを実現したいと考えています。それは、既存のベストリーやディストリクトを融合する形で、いくつかのロンドン区を創り、そこに多くの重要な権限を付与しようという提案です。しかし、この提案を今回の法案に含めるのは、負担をかけすぎだと判断しました・・・」[107]。

こうして、この法案は1888年に地方自治法（Local Government Act）として成立した。それにもとづいて、1889年、ロンドン県（London County Council：LCC）が設立された。評判の悪かった首都建設委員会が廃止されたのはいうまでもない。

また、シティ（ロンドン市）はそのままの姿で残り、ベストリー（パリッシュ）も自治体としての役割を続けることになった。

## 4 ロンドン県（LCC）の発足

ロンドン県が設置されたということは、それまで小さな弱小の自治体によって、バラバラに治められていたロンドンが、"ロンドン県（London County Council）"というひとつの統治機関によって治められるようになったということを意味した。

したがって、"県"は行政機関として位置づけられた。しかし、その行政の責任者とされたのは、住民の直接選挙で選ばれる"議会

---

[107] House of Commons Debates, 3rd series, vol.323, 19 March 1888, col.1664.

(council)"であった。言い換えれば、"議会（council)"は、意思決定機関であると同時に、行政機関としての責任も担うこととされたのである。そのため、ロンドン県には、"ロンドン議会（London County Council：LCC)"という名前がつけられた。当時の新聞も、このロンドン県の性格を、次のように、説明していた。

「ロンドン県（LCC）は、巨大な行政体であるだけではなく、正真正銘の議会あるいは自治立法機関でもあるという点に注目しなければならない」[108]。

この議会は、選挙で選ばれる、いわゆる公選議員と、アルダーマン（Aldermen）の2種類のメンバーで構成された。公選議員の数は118人で、当初は、ひとつの選挙区で2人ずつ選出された。ただし、シティ（ロンドン市）には4人の議員を選出できるという特権が付与された。その後、1948年に各選挙区で3人の議員を選出するということになり、このシティの特権は廃止となった。

議員の任期は3年で、この3年という任期は、ロンドン県が消滅する1960年代まで続いたが、第1次世界大戦、第2次世界大戦の時は選挙が行われなかった。議員の任期が延長されたのである。

もうひとつの種類の議員（アルダーマン）は、選挙直後に開かれる議会で、議員6人に1人の割合で、議員によって選ばれた。任期は6年であった。

ロンドン県（LCC）が設置されたときには、選挙で選ばれる議員も、そしてアルダーマンも、政党に所属するべきではなく、すべて無所属議員であるべきだと主張するものが多かった[109]。しかし、実際は、1889年の最初の選挙の時から、候補者が政党を表面に出し、選挙戦は、政党の間で闘われた。アルダーマンも、政党によって選ばれた。

---

108　Reynold' Newspaper, 13 January 1889（P. J. Waller, Town, City and Nation : England 1850-1914, Oxford University Press, 1983, p.92 より再引用）。
109　London County Council , Wikipedia ; The Free Encyclopedia, http://en.wikipedia.org/wiki/London_County_Council

## 第4章 ロンドン県（LCC）の創設

　最初の選挙が行われた1889年当時、ロンドンで選出されていた国会議員の大半は保守党の議員であった。それにもにもかかわらず、ロンドン県（LCC）の選挙では、『進歩党（Progressive Party）』の看板を掲げた自由党が勝利しそうだとマスコミで予測されていた。当時のソールズベリー首相（保守党）も、保守党の敗北を予想し、次のような"負け惜しみ（？）"を言っていたという。

　「私は、この選挙で敗北することによって、結果的に、選挙民がわれわれ保守党の味方になると・・・・考えています。ロンドン県（LCC）の政府は、最初は、とてつもない"大失策（blunders）"をするに違いないと考えられるからです。その大失策をするのは、幸いなことに、最初に政権を握る進歩党（自由党）であり、進歩党（自由党）の責任が追及されるようになるに違いないと考えられます」[110]。

　1889年初めの選挙では、保守党は予定通り（？）敗北した。が、それにより、結果的に、保守党が有利になるということはなかった。ロンドン県（LCC）が"大失策"をしなかったからである。そのためかどうか、1892年の第2回目の選挙でも、保守党系の「穏和党（Moderate party）」は勝つことができなかった。

　それどころか、この選挙で、ロンドン県（LCC）での「進歩党（自由党）」の支配が確立されたといっても言い過ぎではなかった。それほどの「進歩党」の大勝であった。

　19世紀を通じて、保守党は、国会議員の選挙では、ロンドンで常に勝利した。にもかかわらず、ロンドン県議会（LCC）の選挙では、保守党は、一度も勝つことができなかった（表6参照）[111]。

　ロンドン県（LCC）の選挙でどうしても勝つことができないという状況が続くにしたがい、保守党の内部で、何か対策を講じるべきであるという声が充満するようになり、その結果として、もう一

---

110　P. J. Waller, Town, City and Nation : England 1850-1914、p.60.
111　1895年の選挙では、穏和党（保守党）が1人上回ったが、進歩党（自由党）系の議員が1人当選しており、結果的に、進歩党（自由党）が政権を維持した。

度、ロンドンの改革をするべきだという声が強くなってきた。こうして、1894年、ロンドンの改革を検討するという目的のもとに、ロンドンの保守党の議員を中心にして、「ロンドン市政協会（London Municipal Society：LMS）」が設立された。保守党は、この協会を中心に、ロンドン改革を進めるようになったのである。また、「ロンドン市政協会（LMS）」は、これ以後、ロンドン県（LCC）が消滅する1963年まで、69年間にわたって、ロンドンでの保守党の政策と選挙戦をリードし、保守党を代弁するようになった。

「ロンドン市政協会（LMS）」が、ロンドン改革ということで、最初に示した内容は、ロンドンに基礎自治体としての"ディストリクト（市）"を創設するというものであった。「地方主義」を進めることにより、ロンドン県（LCC）の力を弱め、同時に、シティやベストリーの支持を得ようとしたのである[112]。

一方、自由党の側にも、このロンドン県（LCC）の創設には大きな不満があった。ロンドン県（LCC）の機能が、現実には、首都建設委員会の機能をそのまま引き継いだものに過ぎないという不満であった。とくに、都市としてのロンドンの機能は、地方都市に比べても、格段に小さかった。ロンドン大学政治経済大学（London School of Economics and Political Science）の創設に貢献した行政学者のシドニィ・ウエッブ（Sidney Webb）は、ロンドン県の力の小ささを次のように説明していた。

「ロンドン県（LCC）には、街路の舗装、清掃、照明をするという権限がない。水道の設置、ガスの製造供給、市場の運営、電車の路線整備も完全にロンドン県の職分外である。警察は、ロンドン県にとって、完全に"エイリアン"である。課税評価の権限もない。

---

[112] ロンドン市政協会（LMS）は、その綱領の冒頭で「ディストリクト議会もしくはディストリクトを設立する」という宣言を掲げた。もっとも、中央の保守党は「ロンドンの分割を認めない」という自由統一党と連携している関係上、保守党幹部はこのロンドン市政協会の綱領に不安を抱いていたという。参照；Ken Young, 'The Politics of London Government 1880-1899', pp.97-98.

地方税を集めることもできない。衛生業務も担当外である。埋葬機関でもない。有権者の登録という事務ですら職分外である。ロンドン県（LCC）は、実際のところ、治安判事と首都建設委員会を単純にクロスさせたものに過ぎない」[113]。

表6) ロンドン県（LCC）議会議員の選挙（国会との比較）

| （年） | ロンドン県議会（LCC） ||| 国会議員（ロンドン選挙区） |||
|---|---|---|---|---|---|---|
| | 穏和党（保守党） | 進歩党（自由党） | 計 | 保守党 | 自由党 | 計 |
| 1885 | | | | 35 | 24 | 59 |
| 1886 | | | | 47 | 12 | 59 |
| 1889 | 45 | 73 | 118 | | | |
| 1892 | 35 | 83 | 118 | 36 | 23 | 59 |
| 1895 | 59 | 58 | ※118 | 51 | 8 | 59 |
| 1898 | 48 | 70 | 118 | | | |
| 1900 | | | | 51 | 8 | 59 |
| 1901 | 32 | 86 | 118 | | | |

資料）Ken Young, 'The Politics of London Government 1880-1889', Public Administration, Winter, 1973, p.91.
注）ロンドン県（LCC）の議員と国会議員の選挙区は同じである。
ただし、国会議員は当選者が1名であるが、LCC議員は2名である。
※1895年の選挙では、いずれの政党にも属さない議員が1人当選した。

こうした認識のもとに、自由党は、ロンドン県（LCC）の機能拡大をはかるための画策を早くからはじめていた。シティ（ロンドン市）の特権を排除し、ロンドン県（LCC）をロンドンの唯一の行政体にしようとしたのである。「中央主義」の実現をはかったわけであるが、自由党は、1892年の総選挙で第2党であったものの、第3党のアイルランド党の支持を得て中央政府の政権を獲得していた（表7参照）。そして、それ以後、中央政府も直々にその検討をはじめるようになった。スタートは、ロンドン県（LCC）とシティ（ロンドン市）をどのように融合するかを検討するための「王立委員会

---

113 Sidney Webb, The London Programme, 1891 （P. J. Waller, Town, City and Nation: England 1850-1914、p.61 より再引用）。

（Royal Commission）」の任命であった[114]。1893年のことである。

　この委員会の委員長には、コートニィ（Leonard Courtney）が任命されたため、この委員会は、一般に、「コートニィ委員会」と呼ばれることになった。そして、中央政府のこの動きに呼応して、ロンドン県（LCC）の政権を握っていた進歩党（自由党）も、独自の委員会を設置した。コートニィ委員会に資料を提出し、報告が出たときには、その実現を迫るためであった[115]。コートニィ委員会の応援団であったといってもよい。

　しかし、1894年に公表されたコートニィ委員会の報告書は、自由党にとって、あるいはロンドン県の進歩党にとって、必ずしも、期待に添うものではなかった。コートニィ委員会は、報告書の前半部分で、シティとロンドン県（LCC）を融合させ、統合するべきであると勧告したが、その一方、後半部分では、ロンドン県（LCC）のなかに権限の大きな基礎自治体をいくつか設置するべきであると勧告したのである。

　自由党と進歩党の期待は、ロンドン県（LCC）がシティそして"ベストリー"などの自然発生的な自治体を吸収し、ロンドンの唯一の自治体として、大きな権限を持つようにするということにあった。このため、LCCの進歩党（自由党）は、この勧告の前半部分だけを重視し、シティ（ロンドン市）とロンドン県（LCC）の融合をはかるために、中央政府に圧力をかけた。

---

114　正式名は　Royal Commission on the Amalgamation of the City and County of London という。王立委員会というのは、実質的には、内閣直属の審議会だといってよい。
115　London County Council, Minutes of the Special Committee on London Government, 1893-5.

表7) 1892年の総選挙（国会議員）（投票日 1892.7.4 ～ 26）

| 政　　　　党 | 候補者<br>（人） | 当選者<br>（人） | 投票者数<br>（人） |
| --- | --- | --- | --- |
| 自由党<br>（Liberal） | 535 | 272 | 2,088,019 |
| 保守党 ＆ 自由統一党<br>（Conservative ＆<br>Liberal Unionist） | 606 | 313 | 2,159,150 |
| アイルランド党<br>（Irish parliamentary） | 129 | 81 | 309,329 |
| そ　の　他 | 33 | 4 | 40,315 |
| 総　　　　計 | 2,483 | 670 | 4,596,813 |

資料）Wikipedia, the here encyclopedia,
http://en.wikipedia.org/wiki/List_of_United_Kingdom_general_elections

　一方、保守党ならびに「ロンドン市政協会（LMS)」は後半部分を歓迎し、「強力で権威のある自治体を早急に創るべきである」[116]と要請した。

　1895年のロンドン県議会議員の選挙では、この点が大きな争点となった。保守党の「ロンドン市政協会」は選挙集会を500回も開き、市民に450万枚のパンフレットを配布した。この選挙集会やパンフレットで保守党の「ロンドン市政協会（LMS)」が強調したのは、もちろん、基礎的な自治体の整備であった[117]。

　これに対して、進歩党（自由党）は、次のようなリーフレットを配布し、ロンドン県（LCC）の分裂の危機を強調した。

　「穏和党（保守党）はロンドンを、8つ、10、あるいは14の自治体に分裂させようとしています。これは、ロンドン県（LCC）の完全なる破壊を意味します」[118]。

　選挙は保守党と労働党の互角の争いとなり、激しい「デッド・ヒート」が演じられた。そして、最終的には、「ロンドン市政協会（保

---

116　Minutes of the executive committee of the London Municipal Society, 19 October , 14 November. （Ken Young, 'The Politics of London Government 1880-1899'，p.98)。
117　Ken Young, Local Politics and the Rise of Party, p.69.
118　London Reform Union, leaflet no.51, 1895.

守党)」の59議員が当選し、一方の進歩党（自由党）は、58議員が当選した（表6参照）。「ロンドン市政協会（保守党）」のほうが1人だけ多く獲得したわけであるが、しかし、ロンドン県（LCC）には、これらの公選議員のほかに別の議員がいた。19人のアルダーマン（aldermen）であった。そして、1895年のこの選挙の時には、進歩党（自由党）のアルダーマンが絶対多数であった。この結果、「ロンドン市政協会（保守党）」は多数議員を獲得することができず、県局、ロンドン県（LCC）の政権を奪取することができなかった。

　政権を続けることになった進歩党（自由党）は、直ぐに、シティ（ロンドン市）とロンドン県の融合をはかる法案を作成し、国会にかけてもらうために、中央の自由党政府に提案した。

　このときには、中央政府の政権も自由党の手にあった。しかし、首相がグラッドストーンからローズベリ（Earl of Rosebery）に代わっていた。そのローズベリ首相は、前首相のグラッドストーンとは違い、ロンドンの状況にも、ロンドン県（LCC）の強化にも、全く関心を持っていなかった。そのため、ロンドン県の進歩党（自由党）議員に対する反応は冷たく、政府はその法案を国会に提出することはなかった。進歩党に対する中央政府の回答は、次のようであった。

　「今回の国会の会期はもうあまりなく、この時期に新しい法案を出しても、成功の見込みは薄い」[119]。

　こうして、1895年の法案提出の騒動は終結したが、自由党政府には、以後、法案を提出するチャンスはなかった。この直ぐ後に、ローズベリ内閣が失脚し、1895年7月の総選挙で、保守党に政権を奪われてしまったのである。

---

119　Rosebery to Arnord, 23 May 1895, Rosebery papers （Ken Young, 'The Politics of London Government 1880-1899', p.100）

## 5 首都区の創設―保守党の巻き返し―

　1895 年の総選挙で、保守党は、保守党だけで、340 議席も獲得した。その上、連合を組んでいた自由統一党（Liberal Unionist）が 71 議席を獲得した。しかも、この選挙の時には、自由統一党は実質的に、保守党に吸収されてしまっていた。要するに、保守党は、下院の 670 議席のうち 411 議席、実に 60％を超える絶対多数の議席を獲得したのである（表 8 参照）。これを率いて首相となったのがソールズベリー（The Marquess of Salisbury）であった。

　一方、保守党に対抗するはずの自由党は、わずか 177 の議席しか獲得できなかった。ロンドンが、以後、保守党の意向に沿って再編されるようになるのは、必然であった。

　保守党の意向は、すでに 10 年前の 1886 年に、当時の内務大臣であったリッチー（Charles Ritchie）によって示されていた。また、1895 年の初めに、ロンドン県の進歩党（自由党）の議員団が、シティ（ロンドン市）とロンドン県（LCC）の融合を、当時の自由党中央政権に提議したことがあった。このときにも、リッチーは、ロンドン穏和党（保守党）の議員の立場で、シティ（ロンドン市）や基礎自治体を充実させる構想を示していた。1895 年当時、リッチーは、保守党の国会議員であると同時に、ロンドン県の議員（アルダーマンとしての議員）でもあったのである。リッチーはいう。

　「ロンドンのより良き統治は、県のなかの地方自治体（local authorities）を強化することによって、そして、ロンドン県（LCC）が行使している権限をこれらの地方自治体に移譲することによって、実現されるに違いない」[120]。

---

120　Ken Young, 'The Politics of London Government 1880-1899', p.99.

**表 8) 1895 年の総選挙の結果（投票日 1895.7.13～8.7）**

| 政　　党 | 候補者<br>（人） | 当選者<br>（人） | 投票者数<br>（人） |
|---|---|---|---|
| 自　由　党<br>（Liberal） | 445 | 177 | 1,765,266 |
| 保守党＆自由統一党<br>（Conservative &<br>Liberal Unionist） | 589 | 411 | 1,894,772 |
| アイルランド党<br>（Irish parliamentary） | 103 | 82 | 149,530 |
| そ　の　他 | 43 | 0 | 56,714 |
| 総　　　計 | 1,180 | 670 | 3,866,282 |

資料）Wikipedia, the here encyclopedia,
　　　http://en.wikipedia.org/wiki/List_of_United_Kingdom_general_elections

　1895 年当時、ロンドン県は進歩党（自由党）によってとりしきられていた。この進歩党は、ロンドン県（LCC）への権限集中を望み、基礎自治体の設置には反対であった。しかし、国会議員の総選挙で保守党が圧勝し、中央政府の政権を獲得したという状況のもとでは、ロンドンの進歩党（自由党）も、基礎自治体の設置に硬直的に反対するというわけにはいかなかった。そのため、当時のロンドン県内で地方自治体としての機能を細々と果たしていた"ベストリー（パリッシュ）"の代表者を集め、"ベストリー"にどのような権限を移譲するべきかを検討するようになった。会議には、各"ベストリー"の代表者、そしてロンドン県（LCC）の代表者が参加したが、会議での"ベストリー"の意見は、大きく、2 つに分かれた。

　ひとつは、権限の拡大を要望する"ベストリー"の意見であり、この意見を発言したのは富裕な"ベストリー"であった[121]。もう一つの意見は、財政上の観点から、権限移譲を懸念するものであり、多くの貧しい"ベストリー"がこの意見をもっていた。

　この 2 つの意見は強く対立し、平行線をたどるだけで、折り合う

---

121　ベストリーのなかには、他のベストリーとは関係なく、独自に、自治体としての都市になり、ロンドン県から独立しようとしているところもあった。たとえば、Paddington vestry、City of Westminster、Kensington vestry　などが、そうであった。1899 年にこれらは首都区となった。

ことはなかった。そして、貧しい"ベストリー"は次第に審議に参加しなくなり、富裕な"ベストリー"の意見にもとづいて、1896年に、権限移譲の案がまとめられた[122]。シティは、はじめから、この会議に参加していなかった。

こうして、権限移譲案が作成されたため、ロンドン県（LCC）の進歩党（自由党）としても、譲歩せざるを得なくなり、2層制を前提としたロンドン改革を認めることとなった。が、ロンドン進歩党（自由党）の譲歩もそこまでであった。ロンドンの行政の中心的な担い手はあくまでもロンドン県（LCC）であるということを前提として、それを損なわない範囲内で、"ベストリー"に権限を移譲するという点に固執したのである。

1895年に中央政府の政権を奪取した保守党のソールズベリー首相が、ロンドン県（LCC）の穏和党（保守党）の要請を受けて、「現在、LCCが遂行している事務の大部分を、他のもっと小さな自治体に移譲するようにしたい」[123]という意向を表明した。このときには、ロンドン進歩党（自由党）が猛烈に反対したのはもちろんであった。

このソールズベリー首相の意向は、しかし、保守党の意向にもとづいたものではなかった。ロンドンの区域内に、いくつかの基礎的な自治体機能を備えた都市自治体（municipal councils）を設置するという点については、保守党としての合意があったものの、ロンドン全域にそうした新しい自治体を新設するのか、それとも一定の地域では既存のベストリーを存続させるのかという点については、保守党内の意見はまとまっていなかったのである。また、権限の移譲は均一の基準にもとづいて行うのか、それとも規模の大きな自治体や熱心な自治体とそうでない自治体を区別すべきなのかについて

---

122　A. K. Mukhopadhyay, 'The Establishment of the Metropolitan Boroughs；A Note', Public Administration, Summer 1972, pp.207-211.
123　The Times, 17 November 1897.

も、すべて未決定であり、保守党の姿勢は明らかでなかった。

しかし、1898年に行われたロンドン県議会議員の選挙では、ロンドン県（LCC）の進歩党（自由党）はソールズベリー首相の発言を次のように解釈して攻撃した。

「（政府は）首都のなかに、いくつかの強力な自治体、すなわち、それぞれが別々の利害を代表し、異なった意見をもつ自治体をいくつか創設し、それらを対立させることによって、首都の力を弱めようとしている・・・」[124]。

この進歩党（自由党）の攻撃が選挙でどれだけ功を奏したのか明らかではない。しかし、選挙の結果は、穏和党（保守党）の49議席に対して、進歩党（自由党）は70議席を獲得したというように、進歩党（自由党）の圧勝であった。そして、当時の新聞には、中央の保守党政権がロンドン県（LCC）を解体すると宣言した結果、穏和党が惨敗したという解説が多かった[125]。このため、ソールズベリー内閣は、ロンドン県（LCC）の進歩党（自由党）の批判をある程度受け入れる形で、ロンドン県（LCC）の改革案を準備せざるを得なくなった。1898年末には、閣議で次のようなことが問題になっていた。

「ロンドン県（LCC）から新設の自治体に移譲する権限は、1896年のロンドン県（LCC）と"ベストリー"の会議で提案されたものとすべきなのか、それとも、1898年にLCCが手放してもよいと表明したわずかな権限移譲に限定すべきなのか・・・」[126]

この段階では、ロンドン県（LCC）の全域（とはいっても、シティは除かれていた）に自治体を新設すること、そして、それらの自治体に一律に権限を移譲するという点については、保守党政府の意見が固まっていた。しかし、それらの自治体にどの程度の権限を付与

---

124　Progressive pamphlet　No20 1898．
125　Ken Young,'The Politics of London Government 1880-1899', p.103.
126　Ibid., p.104.

第4章　ロンドン県（LCC）の創設

するかについては、意見はまとまっていなかった。

　結局、できあがった法案は、ロンドン県（LCC）の全域に、基礎自治体として、"首都区（Metropolitan Borough Councils）"を新設するが、その首都区の権限は非常に少ないという法案になった。ロンドン県（LCC）が手放してもよいと表明した権限よりも、さらに小さな権限になってしまったのである。そして、この首都区は、ロンドン県（LCC）と同じように、議会が唯一の住民代表機関であり、首都区の意思決定機関であると同時に執行機関でもあるとされた。

　この法案は、内容からいえば、「中央主義」を信奉する進歩党（自由党）にとっても、あまり問題がなかったはずである。むしろ、満足すべきものですらあった。それにもかかわらず、ロンドンの進歩党（自由党）は猛烈に反発した。法案を打ち破るための組織をつくり、その会合で「断固反対（vigorously opposed）」を決議するということもしばしばあった。こうした反対は、必然的に、中央政府レベルの自由党をもまきこんでいった。

　「ロンドン県（LCC）の進歩党は、彼らの冷静なリーダー、すなわち自由党の国会議員を無理矢理引きずり込み、自由党としての反対を表明させようとしていた」[127]。

　これは、当時の保守党の週刊誌の記事であるが、これをみても、ロンドン県の進歩党の議員が如何に強硬に法案に反対していたか、想像できる。

　なぜ、これほど「反対」に執着したのであろうか。首都区が設置されれば、ロンドン県（LCC）における進歩党議員の基盤が弱体化するに違いないと考えていたためだといわれている[128]。

　しかし、この頃は、それまで何とか存続してきたベストリー（パリッシュ）が政治的にも行政的にも、もう「如何ともしがたい」という、異常な混乱に陥っていた。少なくとも、首都区の創設を正面

---

127　London Municipal Notes, 18 March 1899.
128　Ibid.,

から反対できるような状況ではなかった。「ベストリーは絶望的に腐りきっている」というのが、当時の一般的な理解であった[129]。

　この結果、国会審議の最初の段階では、自由党の国会議員が、ロンドン県（LCC）の進歩党の議員の意向を受けて、猛烈に反対していたが、時間が経つにつれて、冷静になっていった。最終的には、法案をおとなしく受け入れた[130]。もっとも、それからしばらく経った1900年代から1910年代になると、新設された首都区に対して、自由党の国会議員およびロンドン県の議員は再び敵意をむき出しにするようになったが。

　一方、この法案は、保守党にとっても、満足できるものではなかった。従来の保守党の主張に比べて、法案は基礎自治体の自治という面で大幅に後退したものであったからである。そのため、保守党議員の多くは法案に反対であった。とりわけ「ロンドン市政協会（LMS）」の面々は強く反対した。「ロンドン市政協会（LMS）」は、進歩党（自由党）のロンドン県（LCC）支配を何とかしようということで設立された保守党の政治団体であった。そのため、この「ロンドン市政協会（LMS）」は、もっと急進的な分権を目論んでいた。具体的には、「新設される基礎自治体をロンドン県（LCC）から実質的に独立させる」ことを考えていたのである。このような「ロンドン市政協会（LMS）」にとって、首都区を新設するものの、その権限を非常に小さなものとするという法案は、とうてい、受け入れられるものではなかった。したがって、国会審議の初めの段階では、自治権拡充の修正案を提示するなど、法案に対して、強硬に反対した。しかし、最終的には、法案を暫定的な措置としてとらえるよう

---

129　B.Keith-Lucas, 'London Government', Public Administration, Summer 1972, p.215.
130　ロンドン進歩党の事務官であったJ. R. Seagerは「1899年法はロンドンにとって有益な法律になる可能性が多分にある」とすら表明していた。(J. R. Seager, The Government of London under the London Government Act 1899 ; Ken Young, 'The Politics of London Government 1880-1899', p.106 より引用)。

## 第4章　ロンドン県（LCC）の創設

になった。将来もっと徹底した分権をはかるということで妥協し、法案に同意したわけである[131]。「ロンドン市政協会（LMS）」のこのような妥協は、ソールズベリー首相の次のよう発言を拠り所にしていた。

「先ず一定の権限を新設する自治体に付与し、将来、反対がなくなったときに、完全な分権をはかりたい」[132]。

　この法案の審議の段階では、首都区は公選の議員だけとし、アルダーマン（議員）を設置するべきではないという意見も出ていた。しかし、最終的には、議員6人にアルダーマン1人という割合で、アルダーマンを置くことになった。また、議長には、区長（メイヤー；Mayor）という称号が与えられることになった[133]。首都区議会は区長と議員、そして、アルダーマンで構成されることとされたわけである。また、法案の段階では、女性が区長・議員・アルダーマンに選ばれてもよいとしていた。既存のベストリーでアルダーマンが区長になることがしばしばあったからであるが、これが、国会で大きな問題となった。当時の新聞報道によると、女性が区長や議員になることに反対した国会議員は、次のような理由を挙げていたという[134]。

「議会の仕事は女性の好みにあわない」。

「選挙や政治の戦線に女性を引き込むのは可哀想だ」。

「首都区の議会の議員に女性がなれるようにすれば、国会議員の選挙権、被選挙権も女性に与えなければならなくなる」等々。

---

131　首都区の権限となったのは、極端に言えば、道路の管理権ぐらいであった。あとは、牛乳の販売の許可や、障害物の除去、木造建築物の許可権などが首都区の権限とされた。もっとも、ほかに、住宅の取り壊しの権限や、水道会社の規制、労働者住宅の供給はLCCと権限を共有することとされた。
132　Ken Young, 'The Politics of London Government 1880-1899', p.103.
133　この当時、メイヤー（Mayor）という称号は、国王から特別にチャーター（特権付与状）を与えられて名乗ることができる称号であったが、首都区については、チャーターなしで、メイヤー（Mayor）の称号を用いることができるものとされた。
134　The Times, April 28,1899.

そして、二転三転の後、結局、女性は区長・議員・アルダーマンになれないこととされた[135]。
　こうした経緯のもとに、1899年、ロンドン行政法（London Government Act）が制定され、それにもとづいて、28の首都区が設立された。ただし、シティ（ロンドン市）については、今回も、全く手が触れられずじまいであった。以後、ロンドンは、ロンドン県と首都区・シティ（ロンドン市）の2層制の地方自治体のもとで、治められることになった。
　前述のコベント・ガーデンのパリッシュは1855年に周辺のパリッシュと一緒にされストランド・ディストリクト（Strand District）となっていたが、さらに、周辺地区と一緒になって、ウエストミンスター（Westminster）という首都区になった。このウエストミンスターは1900年に国王から"市（city）"の称号を与えられた。したがって、それ以後は、"ウエストミンスター市（City of Westminster）"と呼ばれている。が、実態は首都区であり、シティ（ロンドン市）のような特別の地位を持つ自治体ではない。また、前述のハクニー・パリッシュは、周辺のパリッシュとともに、ハクニー首都区となった。
　この首都区の設置により、ロンドンでは、それまでの自治体であった"ベストリー（パリッシュ）"は完全になくなった。

---

135　このときの下院の票決は243対174であったという。The Times, July 7, 1889.

第4章　ロンドン県（LCC）の創設

図10）ロンドンの地方自治体（1889年）

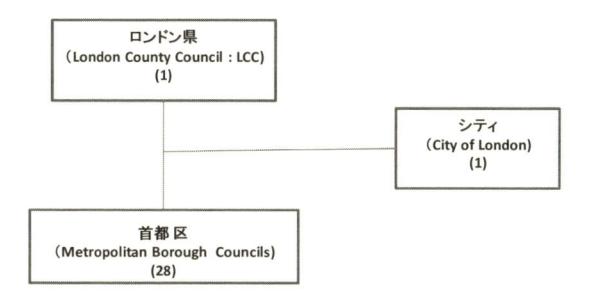

```
        ロンドン県
  (London County Council : LCC)
            (1)
           │
           ├──────────────── シティ
           │              (City of London)
           │                   (1)
           │
        首都区
  (Metropolitan Borough Councils)
           (28)
```

注）（　）内の数字は自治体の数を指す。

図11）ロンドンの首都区　　1900年

1, City of London
2, City of Westminster　3, Holborn
4, Finsbury　5, Shoreditch
6, Bethnal Green　7, stepney
8, Bermondsey　9, Southwark
10, Camberwell　11, Deptford
12, Lewisham　13, Woolwich
14, Greenwich　15, poplar
16, Hackney　17, Stoke Newington
18, Islington　19, St Pancras
20, Hampstead　21, St Marylebone
22, Pddington　23, kensington
24, Hammersmith　25, Fulham
26, Wandsworth　27, Lambeth
28, Battersea　29, Chelsea

## 6　ロブソン教授とルーカス教授の論争？

　この1899年の首都区の創設に関しては、1970年代に、ロンドン大学教授のロブソン（W. A. Robson）とケント大学教授のケイス・

99

ルーカス（B. Keith-Lucas）の間で、有名な論争が行われた[136]。

ロブソン教授は、ソールズベリー首相のロンドン県（LCC）に対する嫌悪と恐れ、すなわち、ロンドン県（LCC）が進歩党（自由党）の支配のもとに強力な団体になるのではないかというソールズベリー保守党首相の恐れを強調し、「首都区は、保守党により、LCCの根元を掘り崩すために創設された」と主張していた。

これに対し、ケイス・ルーカス教授が、「その証拠は何もない」と反論した論争である。ケイス・ルーカス教授はいう。

「当時の自由党が、『1899年のロンドン行政法は、ロンドン県（LCC）にできるだけ多くのダメージを与えるために制定された』と主張していたのは事実である。しかし、そのことから、彼等の主張が正しいとすることはできない。・・・1899年の法案に導入された政策（すなわち、首都区の創設）とほとんど同じものを自由党が提示していたことも明らかである。したがって、保守党の提案に対する自由党の攻撃は、本質的なものではなく、政党政治の通常のやりとりとみなすことができる」[137]。

「旧形態の自治体（ベストリー）が絶望的に腐りきっており、役に立たなくなっていたことも事実である。これらの旧い自治体（ベストリー）をすべて別のものに代える必要があると一般に認められていたことも確かである。・・・・このことから、私が到達する結論は、1899年の法案は純粋にロンドンの統治を改善するために立案、制定されたというものである」[138]。

こうした主張のもとに、ケイス・ルーカス教授は、ロブソン教授の主張を根拠のないもの、すなわち、「保守党を有利にするために

---

136 この論争は、ロブソン教授の The Government and Misgovernment of London, 1939 に対するケイス・ルーカス教授の批判からはじまった。Public Administration, Winter 1970, pp. 471-3, Spring 1972, p.95, Summer, pp.207-211, 213-215 参照。
137 Public Administration, Summer 1872, pp.213-215.
138 Ibid.

第4章 ロンドン県（LCC）の創設

首都区を創設したという根拠はない」としたのであった。

これに対して、ロブソン教授が反論を加えたのはもちろんであるが、この論争をみても、歴史的事実を単一の原因に帰することは難しいといわなければならない。2人の主張のいずれに軍配を挙げるべきか、あるいは、どちらが"より厳格に"因果関係を描写しているか、断言することは、とうてい私（筆者）には無理であるが、1899年法の内容のみから判断する限り、ケイス・ルーカス教授の結論のほうが正しいように思える。しかし、保守党と自由党のロンドン改革案が、それぞれ「地方主義」と「中央主義」という全く違った方向から取り組まれ、結果的には、保守党の方向に沿った形で、いわば、自由党の妥協のほうが大きかったという形で、1899年法が制定されたことは確かである。また、保守党が、首都区の創設により、ロンドン県（LCC）における自由党の圧倒的な強さを弱体化させることを望んでいたということも確かであろう。それらのことからいえば、ロブソン教授の主張も、多少の誇張はあるとしても、正当といわなくてはなるまい。

いずれにしても、19世紀のロンドン改革に関しては、保守党が大きな働きをしたことは重視する必要がある。また、1960年代に入ってからの改革、さらには、1980年代の反動的な改革も、後述するように、保守党の働きの結果であった。1990年代・2000年代の改革は、労働党がもたらしたものであったが。

なお、ロンドン以外の地域では、1888年の地方自治法（Local Government Act）ならびに1894年の地方自治法により、県（county councils）と市町村という2層制の自治体制度が確立されていた。ただし、いくつかの都市は、県と市町村の両方の機能を持つ特別市（county borough councils）として位置づけられていた。1層制だったのである。

後に、1965年の改革により、大ロンドンとされた地域には、こういう特別市が3つもあった。このロンドン以外の地域の自治体制

度を整理してみると、図12のようになる。

　ところで、この特別市の制度は、日本にも大きな影響を及ぼし、第2次世界大戦前の話ではあるが、日本の大都市の間で、府県から独立するための大都市のモデルとされた。特別市運動という形で、それが展開され、そのひとつの結果として、しかも、大都市側にとっては、あまり良くない結果としてつくられたのが、東京都制である。戦後も、特別市運動が続いたが、最終的には、当時日本を占領していたGHQの干渉などもあって、いまの政令指定都市という形で落着した。

**図12）ロンドン県以外のロンドンの地方自治体（後の大ロンドンの区域内）**

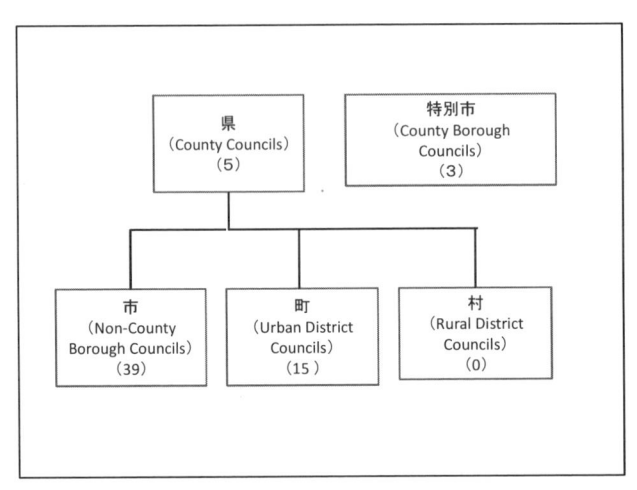

```
        ┌─────────────┐      ┌─────────────┐
        │    県       │      │   特別市     │
        │(County      │      │(County Borough│
        │ Councils)   │      │  Councils)   │
        │    (5)      │      │    (3)      │
        └──────┬──────┘      └─────────────┘
               │
      ┌────────┼────────┐
      │        │        │
  ┌───┴───┐ ┌──┴───┐ ┌──┴────┐
  │  市   │ │  町  │ │  村   │
  │(Non-  │ │(Urban│ │(Rural │
  │County │ │District││District│
  │Borough│ │Councils)││Councils)│
  │Councils)│(15)  │ │  (0)  │
  │ (39)  │ └──────┘ └───────┘
  └───────┘
```

資料）Frank Smalwood ,Greater London ― The Politics of metropolitan Reform, (Londoon, The Bobbs - Meril Company 1965) p.65
注）（　）内の数字は、1965年当時の自治体の数

## 7　首都区議会とロンドン県議会の選挙
　　　―自由党の没落と労働党の台頭―

　1900年、首都区議会の初めての選挙が行われた。穏和党（保守党）が獲得した議席は、28首都区の総議席数1,362のうち、794議

席（58.3％）であった。政権をとった首都区の数でいっても、28区のうち、20区（71.4％）が穏和党の支配下に入った。（表9，表10参照）。

　これにより、保守党は、進歩党（自由党）が絶対的な勢力を誇っているロンドン県（LCC）に対して、首都区から揺さぶりをかけることができるようになった。

　首都区の議会は、意思決定機関であると同時に、行政機関でもあった。というよりも、行政機関としての性格のほうが強いということすらできた。行政機関としての役割を果たしたのは、議会に設置された「委員会」であった。行政部門別に「委員会」が設置され、それらの「委員会」の指示のもとに、職員が首都区の行政を処理していた。日本の現在のシステムとの対比で言えば、各「委員会」はそれぞれの部局の"長"であった。

　こういう統治の仕組みはロンドン県（LCC）でも同じであり、その結果、過半数以上の議員を擁する政党は、首都区の行政やロンドン県の行政を牛耳ることができた。

　もっとも、シティ（ロンドン市）は、首都区と同列の自治体とされたが、実際には、別種の自治体であった。従来通り、普通の市長とは異なる、いわば格上の市長（Lord Mayor）がおり、その下で、シティは独自の行政機能を担っていた。シティには独自の警察もあった。このシティの議員は政党に所属していなかった。全員が無所属の議員であった。このため、進歩党（自由党）も、はたまた穏和党（保守党）も、シティ（ロンドン市）をコントロールすることはできなかった。

　ところで、首都区の1900年の選挙では、穏和党（保守党）は圧勝したが、次の1903年の選挙では、進歩党（自由党）の巻き返しにあった。

　しかし、1906年の第3回目の選挙では、再び、穏和党が勝利を手中にした。しかも、圧倒的な勝利であった。首都区の全議席の

72％に当たる 966 議席を獲得し、24 の首都区議会で多数派となったのである。いわば、首都区を、ほぼ完全に、保守党のコントロール下に置いたということができた。

この 1906 年には、国会の下院議員の選挙、すなわち総選挙が行われ、労働党がはじめて国会での議席、しかも 30 議席を獲得していた。この労働党の勃興に、中央の保守党は危機感を抱いたようである。そして、1907 年の保守党大会で、保守党のリーダーであったバルフォア（Arthur Balfour）が「社会主義は破滅をもたらす」と演説をし[139]、以後、中央の保守党は反社会主義のキャンペーンを張るようになった。

表９）首都区議会の選挙結果（1900 − 1962 年）：当選議員数（政党別）

| 選挙年 | 穏和党・都市改革派（保守党） | 進歩党（自由党） | 労働党 | 無所属 | 共産党 | 議席総数 | 有権者数 | 投票率 |
|---|---|---|---|---|---|---|---|---|
| 1900 | 794 | 472 |  | 96 |  | 1,362 | 684,421 | 45.9 |
| 1903 | 600 | 690 |  | 72 |  | 1,362 | 705,725 | 47.3 |
| 1906 | 996 | 294 |  | 72 |  | 1,362 | 814,952 | 48.2 |
| 1909 | 1,004 | 301 |  | 57 |  | 1,362 | 771,453 | 50.8 |
| 1912 | 1,013 | 296 |  | 53 |  | 1,362 | 777,861 | 47.0 |
| 1919 | 621 | 130 | 573 | 38 |  | 1,362 | 1,684,397 | 27.9 |
| 1922 | 1,093 |  | 262 | 7 |  | 1,362 | 1,825,869 | 36.4 |
| 1925 | 930 | 56 | 362 | 7 | 11 | 1,366 | 1,913,328 | 42.5 |
| 1928 | 888 | 37 | 458 | 2 |  | 1,385 | 1,920,835 | 32.3 |
| 1931 | 1,125 |  | 257 | 3 |  | 1,385 | 2,074,777 | 31.3 |
| 1934 | 657 |  | 729 |  |  | 1,386 | 2,043,399 | 34.3 |
| 1937 | 598 |  | 779 |  |  | 1,377 | 2,030,680 | 35.4 |
| 1945 | 321 |  | 1,040 | 1 | 15 | 1,377 | 2,120,680 | 35.0 |
| 1949 | 616 |  | 742 | 4 | 11 | 1,373 | 2,416,599 | 38.2 |
| 1953 | 479 |  | 876 | 1 |  | 1,356 | 2,442,098 | 39.9 |
| 1956 | 456 |  | 888 | 8 | 4 | 1,356 | 2,379,235 | 30.9 |
| 1959 | 479 |  | 853 | 2 | 2 | 1,336 | 2,248,791 | 32.1 |
| 1962 | 397 |  | 919 | 5 | 3 | 1,336 | 2,206,959 | 32.3 |

資料）Ken Young, Local Politics and the Rise of Party, Leicester University Press, 1974, p.224.

---

139　Arthur Balfour (1848-1930)；保守党の国会議員で、1902-1905 年まで首相。このバルフォアが 1907 年の保守党大会の党首演説のなかで、「社会主義は、資産の所有者にだけではなく、すべてのコミュニティに破滅をもたらす」と警告していた。（参照：Ken Young, Local Politics and the Rise of Party, p.104.）

**表10）首都区議会の政権党（多数派政党）；1900-1962年**

（数字は首都区の数）

| 選挙年 | 穏和党・都市改革派（保守党） | 進歩党（自由党） | 労働党 | その他 |
|---|---|---|---|---|
| 1900 | 20 | 6 | − | 2 |
| 1903 | 11 | 15 | − | 2 |
| 1906 | 24 | 2 | − | 2 |
| 1909 | 24 | 3 | − | 1 |
| 1912 | 24 | 3 | − | 1 |
| 1919 | 12 | 1 | 13 | 2 |
| 1922 | 22 | − | 6 | − |
| 1925 | 20 | − | 8 | − |
| 1928 | 19 | 1 | 8 | − |
| 1931 | 24 | 1 | 3 | − |
| 1934 | 13 | − | 15 | − |
| 1937 | 11 | − | 17 | − |
| 1945 | 5 | − | 23 | − |
| 1949 | 11 | − | 17 | − |
| 1953 | 9 | − | 19 | − |
| 1956 | 7 | − | 21 | − |
| 1959 | 9 | − | 19 | − |
| 1962 | 7 | − | 21 | − |

注）首都区と形式的に同じランクに置かれているシティには政党がないため、この数字には含まれていない。

資料）Ken Young, Local Politics and the Rise of Party, Leicester University Press, 1974, p.225.

　ロンドンの穏和党も、この保守党の動きに同調し、党の名前も、『都市改革派（Municipal Reform）』と変更した。それ以後、社会主義反対のキャンペーンを展開することが、この都市改革派の最も重要な政策となった。しかし、結局は、首都区もロンドン県（LCC）も、労働党に政権を奪われるという未来が待っていた。

　とは言っても、それはまだ先の話で、1906年以後30年間ほどは、ロンドンの保守党である都市改革派は、首都区の大部分を支配下に置き続けた。その上、1907年には、ロンドン県議会（LCC）でも3分の2の議席を獲得した。はじめて、進歩党（自由党）からロンドン県（LCC）の政権を奪取することができたのである。そして、これ以後、しばらくの間、都市改革派（保守党）は、首都区だけではなく、ロンドン県（LCC）においても、黄金時代を謳歌することとなった。

ロンドンの保守党、すなわち都市改革派の選挙戦をリードしたのは「ロンドン市政協会（LMS）」であった。そのことからいえば、この保守党の黄金時代は、「ロンドン市政協会（LMS）」の黄金時代であったといってもよい。

　こうした状況のもとでは、進歩党（自由党）の首都区に対する反発が強くなるのは必然であった。事実、進歩党は、1906年以後、再び、首都区の存在に敵意を示すようになった。しかし、1914年に第一次世界大戦が勃発すると、中央政府レベルと同様、ロンドンにおいても保守党と自由党の協力が要請されるようになり、連立（coalition）政権が樹立された。これとともに、進歩党（自由党）としても、首都区に反対することができなくなり、その反発は自然に消えていった。そして、第一次大戦が終了後、中央政府レベルの自由党の衰退と並行して、ロンドンの進歩党も衰退していった。

　自由党に代わって、保守党のライバルとして登場してきたのが労働党であった。労働党は、1925年のロンドン県（LCC）議会の選挙では、まだ35議席（議席総数の28％）しか獲得できなかったが、それでも、「もはや、脅威というものではなく、闘う相手」だとコメントするものが多かった[140]。

　ロンドン県（LCC）の1925年の選挙が終わった後、ある新聞は、次のように報道していた。

　「この選挙で、これからの選挙は、国会議員の選挙であれ、都市の選挙であれ、保守党と労働党の戦いになるということが、はっきりと示された」[141]。

　しかし、その後10年ほどは、ロンドン県（LCC）の政権は保守党が握り続けた。労働党がロンドン県の政権を奪取することができたのは、1934年の選挙が初めてであった。この労働党の勝利は、労働党のリーダーであったモリソン（Herbert Morrison）にとって

---

140　G. W. Jones, 'Herbert Morrison and Poplarism' Public Law (Spring 1973).
141　Manchester Guardian, 7 March 1925.

## 第4章 ロンドン県（LCC）の創設

も、予想外のことであったといわれている[142]。この労働党の勝利により、ロンドン県（LCC）を率いることになったモリソンが力を注いだのは、スラムの撤去と公営住宅の建設であった。

1934年から36年の3年間で、34,036人の住民をスラムから強制退去させ、公営住宅に収容した。そして、それを手始めに、多くの公営住宅を建設するようになった。いわゆる労働者階級に、快適な住宅を提供するためであった[143]。

モリソンは、「労働党の地盤を固めるために公営住宅を建設し、保守党をロンドンから追い出そうとしている」といわれたほどであった[144]。

これが功を奏したのかどうか不明であるが、それ以後、首都区の議員選挙では、労働党が圧勝し続けることになった。数少ない富裕な首都区を別とすれば、保守党が首都区議会の多数派になるなどということは夢のまた夢という状況であった。それだけ、労働党への投票が圧倒的になってしまった。

ロンドン県（LCC）においても、1934年に労働党が政権を奪取し、LCCのリーダーとなったモリソン政権の下で労働者向けの政策が展開されてから以後は、労働党の圧勝が続いた。結局は、LCCが廃止される1965年まで労働党の政権が続くことになったが、ただ一度だけ、保守党が政権を奪取できるチャンスがあった。1949年の選挙の時がそれであった。当時、ロンドンでの保守党の政策や選挙を取り仕切っていたのは「ロンドン市政協会（LMS）」であった。そして、1949年のロンドン県（LCC）の選挙の時には、労働党の人気が少し陰りはじめていたこともあって、「ロンドン市政協会

---

142　Ken Young, Local Politics and the Rise of Party, p.141.
143　A. N. Wilson, London ; A Short History, (London, Weidenfeld & Nicolson 2004) ,p.89.
144　1980年代に、保守党のサッチャー首相が公営住宅を問題視し、民間への譲渡を決めたが、その遠因が、LCCの労働党の初代リーダーであったモリソンのこの政策にあったといえそうである。

(LMS)」は、本腰を入れて選挙戦に取り組んだ。「ロンドン市政協会（LMS）」自身の組織も大幅に変え、それこそ大々的に選挙キャンペーンを展開したのである。保守党のポスターを各地区にもれなく貼り、候補者の演説内容を統一し、すべての選挙区で、保守党の良さを訴えるというキャンペーンであった。投票者の心に訴えるようなスローガンも作成した。"変革の時（Time for a Change）"というスローガンであった。このスローガンは、ロンドンの至る所で目についたという。

そして、選挙では、保守党が1,523,499票を獲得。労働党は1,405,543票であった。接戦ではあったものの、保守党の勝利であった。が、議席数は同数で、しかも、アルダーマンの議員が労働党のほうが多かったために、保守党は政権を奪取することができなかった。1895年のロンドン県（LCC）の選挙で自由党の政権を覆すことができなかったのに続いて、アルダーマン議員のせいで、ロンドン県の政権を奪取できなかったわけである[145]（表11参照）。

---

145　Ken Young, Local Politics and the Rise of Party, pp.199-201.

第4章 ロンドン県（LCC）の創設

**表 11）ロンドン県（LCC）の議会議員の選挙結果　（1889 － 1961 年）**

| 選挙年 | 穏和党<br>(保守党) | 進歩党<br>(自由党) | 労働党 | 無所属 | 議席数 | 有権者数 | 投票率 |
|---|---|---|---|---|---|---|---|
| 1889 | 45 | 73 | − | − | 118 | 500,000 | 50.0 |
| 1892 | 35 | 83 | − | − | 118 | 541,000 | 50.3 |
| 1895 | 59 | 58 | − | 1 | 118 | 563,000 | 49.2 |
| 1898 | 48 | 70 | − | − | 118 | 597000 | 50.0 |
| 1901 | 32 | 86 | − | − | 118 | 717,575 | 40.8 |
| 1904 | 35 | 82 | − | 1 | 118 | 731,370 | 45.7 |
| 1907 | 79 | 37 | 1 | 1 | 118 | 840,730 | 55.5 |
| 1910 | 60 | 55 | 3 | − | 118 | 797,713 | 50.2 |
| 1913 | 67 | 49 | 2 | − | 118 | 803,715 | 52.0 |
| 1919 | 68 | 40 | 15 | 1 | 124 | 1,611,995 | 16.6 |
| 1922 | 82 | 26 | 16 | − | 124 | 1,817,383 | 36.8 |
| 1925 | 83 | 6 | 35 | − | 124 | 1,914,915 | 30.6 |
| 1928 | 77 | 5 | 42 | − | 124 | 1,945,777 | 35.6 |
| 1931 | 83 | 6 | 35 | − | 124 | 2,106,330 | 27.8 |
| 1934 | 55 | − | 69 | − | 124 | 2,080,323 | 33.5 |
| 1937 | 49 | − | 75 | − | 124 | 2,054,971 | 43.3 |
| 1946 | 30 | 2 | 90 | − | 124 | 2,205,623 | 26.4 |
| 1949 | 64 | 1 | 64 | − | 129 | 2,542,750 | 40.7 |
| 1952 | 37 | − | 92 | − | 129 | 2,458,817 | 43.4 |
| 1955 | 52 | − | 74 | − | 126 | 2,401,261 | 32.4 |
| 1958 | 25 | − | 101 | − | 126 | 2,317,046 | 31.5 |
| 1961 | 42 | − | 84 | − | 126 | 2,221,479 | 36.4 |

資料）Ken Young, Local Politics and the Rise of Party, Leicester University Press, 1974, p.223.

# 第5章
# 大ロンドン都（GLC）の創設

## 1　20世紀初期の改革の動向

### 1）ロンドン市街地の膨張

　1888年のロンドン県（LCC）の創設、1899年の首都区の設置により、ロンドンの政治・行政体制はひとまず確立された。そのなかで、ロンドン県（LCC）は、1899年に路面電車の運行権を取得し、1904年にはロンドン教育委員会（London School Board）が保有していた教育権を引き継ぎ、さらに、1930年には福祉行政を担うようになった・・・等々、多くの権限を獲得し、次第に、強力な自治体に育っていった。1939年になると、ロンドン県（LCC）の権限は、福祉、下水、建築規制、ガス事業、電気事業、食料検査、消防、河川管理、交通規制、等々、あらゆる分野に及ぶようになっていた。

　保守党は、「地方主義」の発想にもとづき、首都区の創設によってロンドン県（LCC）の力を弱めようと期待していたが、保守党のこの思惑は、結果的には、成功しなかった。1960年代初めには、「ロンドン県（LCC）は、いまや、全世界のなかで最も力のある自治体である」[146]といわれるほどになっていたのである。

　しかし、ロンドン県（LCC）には発足当初から大きな問題が内在していた。実質的なロンドンの区域全体を統治するという発想のもとに、ロンドン県が設立されたにもかかわらず、実際には、ロンド

---

146　Report of Royal Commission on Local Government in Greater London, 1957-1960（Cmnd 1164, HMSO 1960）.

# 第5章 大ロンドン都（GLC）の創設

ン全域を包括するものになっていないという問題であった。その上、ロンドン県が発足してから後も、ロンドンの市街地は膨張し続けていた。ロンドン県（LCC）に隣接する区域の人口が1891年から1901年の10年間に約65万人も増え、さらに、次の10年間には約70万人も増えたのである。これに伴い、市街地もすさまじい勢いで膨張した。1921年にはロンドンの隣接地域には300万人以上の人々が住み着いていた。これは、ロンドン県（LCC）の人口の約70％に相当する人口であった。

一方、ロンドンの中心に位置するシティ（ロンドン市）には、面積が2.90平方キロメートルしかないにも拘わらず[147]、19世紀の後半頃までは、12万人を超す人々が住んでいた。しかし、その後は、人口がどんどん減り続け、1950年の頃には、わずか5千人ほどの住民が住んでいるだけであった（表12参照）。

これは、シティ（ロンドン市）がさびれてしまったからではなかった。人々が、シティの外に住み、そこから通勤するようになったために生じた現象であった。シティが世界有数のビジネス街として、金融街として栄えているのは、1950年の頃も同じであり、いまも、

表12）ロンドンの人口推移（1891－1979）　（単位；千人）

| 年 | シティ | LCCの区域 | LCC外周部 | GLCの区域 |
|---|---|---|---|---|
| 1891 | 28 | 4,228 | 1,410 | 5,638 |
| 1901 | 27 | 4,536 | 2,050 | 6,586 |
| 1911 | 20 | 4,522 | 2,734 | 7,256 |
| 1921 | 14 | 4,485 | 3,003 | 7,488 |
| 1931 | 11 | 4,397 | 3,819 | 8,216 |
| 1939 | 9 | 4,013 | 4,715 | 8,728 |
| 1951 | 5 | 3,348 | 5,000 | 8,348 |
| 1961 | 5 | 3,200 | 4,983 | 8,183 |
| 1971 | 4 | 2,772 | 4,680 | 7,452 |
| 1979 | 5 | 2,672 | 4,200 | 6,877 |

資料）Ken young and Patricia L. Garside, Metropolitan London ; Politics and Urban Change 1837-1981　（London, Edward Arnold, 1982) p.342.

---

147　この面積が如何に小さいかは、現在の東京特別区の面積、たとえば、もっとも面積が小さい台東区で10.08平方キロメートル、次いで小さい中央区で10.18平方キロメートルもあるということを見れば、想像できよう。

*111*

このシティの繁栄ぶりに変わりはない。ロンドンの人々は、シティの区域を越えて、さらには、ロンドン県の境域を超えて、居住するようになっただけであった。

こうしたロンドン市街地の膨張という状況のもとで、ロンドン県（LCC）の管轄区域があまりにも狭く、適切な対応が難しいという事態がいろいろな分野で生じるようになってきた。現実に、ロンドン県の機能から分離する行政も現れるようになった。地下鉄や電車などの公共交通機関の設置が、その代表的なものであった。

公共交通の運営が1933年にロンドン県（LCC）の権能から外され、新たに設置された「ロンドン公共交通委員会（London Passenger Transport Board）」に引き継がれたのである。ロンドン県（LCC）の議長がこの「公共交通委員会」の委員長に就任したが、他の4人のメンバーは民間人が任命され、それを中央政府が監督するということになった。そして、図13に見るように、ロンドン県（LCC）の管轄区域をはるかに超える区域を管轄することとされた。

こうした状況のもとに、1910年代には、はやくもロンドン県（LCC）の区域を拡大するべきではないかという論議が展開されるようになっていた。その先鞭をつけたのは、ロンドン進歩党（自由党）であった。これに対して、保守党の「ロンドン市政協会（LMS）」は、ロンドン県（LCC）の拡大に強硬に反対していた。

「ロンドン市政協会（LMS）」は、長い間、ロンドンの保守党をリードする機関として機能してきた団体であった。そして、この頃のロンドン県（LCC）は、保守党議員が多数を占め、保守党政権のもとで運営されていた。このことから言えば、「ロンドン市政協会（LMS）」がロンドン県（LCC）の拡大に反対すれば、それは、即、ロンドン県の保守党議員の反対につながり、その結果、ロンドン県の公式見解として、区域拡大に反対ということになるはずであった。

ところが、ロンドン県の保守党の議員達は、このときは、「ロンドン市政協会（LMS）」の意向にしたがわなかった。ロンドン県の

第5章　大ロンドン都（GLC）の創設

区域拡大が必要だと判断したのである。これは、事務処理の必要から、ロンドン県（LCC）と隣接するいくつかの県を統合する必要があると、ロンドン県の保守党議員が考えたためであった[148]。そして、1919年、ロンドン県の保守党政権は、中央政府に対してロンドン県の区域拡大を公式に要求した。

なお、1913年に創設され、1919年にはLCCの15議席を獲得するところまで成長していたロンドン労働党も、LCCの区域拡大に積極的であった。1922年には、後述のアルスウォーター委員会に対して、「LCCと隣接する諸県を統合し、"広域行政庁（Regional Authority）"を創設するべきである」と提言していた[149]。

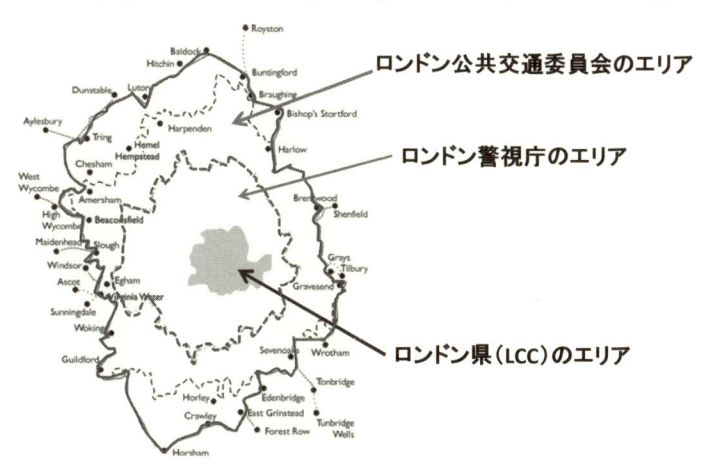

図13）「ロンドン公共交通委員会」のエリア（1933～1947年）

当時の中央政府は保守党と自由党の連立政権であったが、このようなロンドン県（LCC）の強い要請を受け、中央政府としても何らかの対応をせざるを得なくなった。そして、1921年、アル

---

148 Ken young and Patricia L. Garside, Metropolitan London ; Politics and Urban Change 1837-1981（London, Edward Arnold, 1982）pp.117-132.
149 Frank Smallwood, Greater London ; The politics of Metropolitan Reform,（London, The Bobbs-merrill Company Inc. 1965）pp.131-132.

スウォーター (V. Ullswater) を委員長とする王立委員会 (Royal Commission on London Government) を設置し、LCC の区域拡大の検討を指示した。この委員会の具体的な任務は、ロンドンの実質的な市街地を包含する"広域行政庁"をどのように整備するかの検討であった。

ところが、隣接諸県の自治体 (県・特別市・市町村) には、"広域行政体"の設置に反対するところが多かった。というよりも、ほとんどが反対であった。そして、アルスウォーター委員会の委員になかには、これらの自治体に同調して、"広域行政庁"の設置に反対するものが多く含まれていた。もちろん、その一方では、"広域行政庁"の創設に固執する委員もあった。とくに、進歩党系・労働党系の色合いの強い委員はそうであった。結局、アルスウォーター委員会は意見の統一をはかることができず、2年間にわたる審議の後、多数意見に少数意見を併記するという形で答申した。1923年のことである。そして、多数意見は「如何なる区域変更も必要でない」[150]というものであった。

こうして、ロンドンの地方自治体は、また地方制度は、1920—1930年代を通じて、何らの変更もないまま、推移した。制度変更の検討すらなされなかった[151]。

## 2) 特別市問題

1940年代にはいると、ロンドン県 (LCC) の周辺部で、いわゆる「特別市問題」といわれた問題が起こってきた。当時のロンドン周辺は、

---

150　Ken young and Patricia L. Garside, Metropolitan London ; Politics and Urban Change 1837-1981, p.138. なお、少数意見のひとつとして、市長を直接公選で選ぶ大ロンドン市 (Greater London Authority) を設置するべきであるという意見も付記された。この意見を主張したのは進歩党 (自由党) の Robert Donald および労働党の国会議員であった Stephen Walsh の2人であった。この意見と同じ名称の大ロンドン市が後述するように2000年に設置され、市長も公選となったのは興味深い。

151　Gerald Rhodes & S. K. Ruck, The Government of Greater London, (London , George Allen & Unwin Ltd. 1970) p.22.

## 第5章　大ロンドン都（GLC）の創設

県‐市町村の2層制の自治体制度が採用されていたが、例外的に、県と対等の権能をもつ"特別市（county borough）"という自治体が設置されていた。一般的には、人口規模の大きい都市が特別市に指定されるということが多かった。ロンドンの周辺では、この特別市が3つあった。クロイドン（Croydon；1961年人口25万人）、イーストハム（East Ham；11万人）、ウェストハム（West Ham；16万人）の3都市であった。

ところが、1940年代の中頃になると、特別市となるに十分な人口を擁する都市が増え、実際に、特別市昇格を目指して運動する都市が出てくるようになってきた。しかも、その数が多かった。

特別市に昇格するということは、県から独立するということを意味した。したがって、特別市を望む都市が多いということは、県にとっては、悩みの種であった。

たとえば、ロンドン県に隣接するミドルセックス県（Middlesex County Council）の場合、1940年の時点で、県内の26市町村のうち、10市が特別市となるのに十分な人口を擁していた。このため、特別市昇格を認めれば、県そのものが崩壊しかねない状態にあった[152]。こういう状況のもとで、特別市への昇格を望んでいる都市に対して如何に対応するかということが、"特別市問題"として、政治的に大きな問題となったのである。しかし、第2次世界大戦が勃発したため、それどころではなくなり、"特別市問題"は棚上げされてしまった。

戦争が終わると、ロンドン周辺の都市は再び特別市への昇格を要求するようになったが、戦後最初の総選挙（1945年）で政権を獲得した労働党政府は何ら対応策を講じなかった。

もっとも、労働党は、一貫して、実質的なロンドンを一体化する

---

152　Frank Smallwood, Greater London ; The politics of Metropolitan Reform, p.71. なお、特別市になる人口基準は1888年の地方自治法（Local Government Act）のもとでは5万人であったが、1925年に7万5千人に改められていた。

という方針をとってきた。1922年の時点でも、"広域行政庁"の創設を提言していたし、1944年の声明文「地方自治の前途」のなかでも、「ロンドン圏内にはあまりにも多くの地方自治体が乱立している」という認識のもとに、"広域行政庁"の創設を主張していた[153]。

このことからいえば、労働党政府は、ロンドン周辺の都市を特別市とすることには明らかに反対であった。しかし、それにもかかわらず、労働党政権は"広域行政庁"の創設を正面から打ち出すことはしなかった。

何故であろうか。ロンドン労働党が、1934年以来、ロンドン県（LCC）の政権を握り続けていたためだといわれている。"広域行政庁"の創設はロンドン県（LCC）の廃止を意味するが、これは、ロンドン県（LCC）の労働党を窮地に追い込むことになり、その反発を受けるのは必然である。そういう政策提案を労働党の中央政権としてできるはずがないというのである[154]。

かくして、"特別市問題"は、何らの解決も見ないまま、1950年の総選挙で政権を奪還した保守党政権に引き継がれた。この中央の保守党政権は、少なくとも考え方としては、"広域行政庁"の創設に反対であった。たとえば1945年の時点で、次のように、保守党の姿勢を表明していた。

「地方自治体は、地方的なものであるべきであり、また、地方の政府（government）でなければならないというのが、保守党の支配原理である。地方自治体は、第1に、住民の手の届く規模のものでなければならず、第2に、適切な独自の執行権限をもたなければならない‥‥。このように、われわれ保守党の見解は、社会主

---

153 The Future of Local Government, (London, The labour Party, Transport House, 1944), p.11.
154 このほかに、労働党の声明文「地方自治の前途」自体、大論争の末に採用されたものであったという点も、理由としてあげられることが多い。要するに、"広域行政庁"に関しては、労働内の反対も強く、労働党政府としては、思い切った行動がとれなかったようである。(参照；Frank Smallwood, Greater London；The politics of Metropolitan Reform, pp.133-134.

義者の見解とは完全に異なっている」[155]。

　保守党の伝統的な主張である「地方主義」が根強く残っていたといえるが、このような見解からいえば、"特別市問題"はそれぞれの都市の意向にしたがって「特別市」になることを認めるというのが、保守党の自然の動きだといえた。しかし、多くの都市が特別市になることを認めれば、「県」の存在そのものを危うくすることになりかねない。したがって、「地方主義」を安易に実践することは不可能であった。このため、保守党政府も、当初は、特別市への昇格を否定するだけで、何ら、積極的な解決策を打ち出さなかった。しかし、都市の反発が過激になり、そうした消極的な対応では通用しなくなってきた。

## 2　本格的な改革の始動（1950・60年代）

### 1）ハーバート委員会の発足

　このような"特別市問題"の深刻化に対応して、保守党政府は、王立委員会を設置した。実質的にロンドンと見られる地域にどのような行政機構を整備するべきかを検討してもらうためであった。1957年7月、当時の地方行政担当大臣であったブルック（Henry Brooke）は、国会で、次のように、政府の決断を表明した。

　「（ロンドンに隣接する）ミドルセックス県の行政機構をどうするべきか。これは大ロンドン全体との関連を抜きにして決定することはできない。大ロンドンは一体的なものとして検討することが必要である。・・・大ロンドンの地域にどのような行政機構を整備するべきかを検討するために、王立委員会を設置したいという首相の要

---

155　Local Government Election Handbook（London, Conservative and Unionist Central Office, Spring 1949）, p.2.

請を、女王陛下は快く認めてくれた。ここに、それを報告する」[156]。

1957年12月、この王立委員会のメンバーが任命された。委員長に指名されたのはハーバート（Edwin Herbert）であった。総勢で7人の委員であったが、いずれの委員も地方行政の直接の経験者ではなかった。これが、このハーバート委員会のひとつの特色であった。ちなみに、委員を列挙してみると、つぎのような顔ぶれであった。

Sir Edwin Herbert；
　弁護士、銀行や企業の社長・副社長を歴任、上院議員
Sir Charles R. Morris；
　リーズ大学副総長、元オックスフォード市議
Mr. Paul S. Cadbury；
　キャドベリー会社副社長
Mr. William H. Lawson；
　公認会計士、前会計士協会長
Miss Alice Johnson；
　国会援護委員会委員、前ボナール法律学校教官。
Prof. W. J. Mackenzie；
　ヴィクトリア大学行政学教授。
Sir John C. Wrigley；
　元保健省事務次官

このハーバート委員会に関しては、保守党の政治的意見をそのまま受け入れる委員会だという批判があったそうであるが、しかし、7人の委員のうち、少なくとも2人は、はっきりとした労働党の支持者であったのに対し、保守党の影響下にあった委員はわずか1人であった。しかも、この1人も、保守党が設立した法律学校の教官だったという経歴から、そのように類推されただけであり、保守党の意見の代弁者として、行動していたわけではなかった。残り

---

156　Hansard, House of Commons, DLXXIV（29 July 1957），pp910-926.

# 第5章　大ロンドン都（GLC）の創設

の4人についても、保守的な意見を持つ人物とはいえないというのが、その後の学者の見解である。たとえば、ハーバート委員会の詳細な調査をしたアメリカの政治学者、スモールウッド（Frank Smallwood）はいう。

「委員の誰をとっても、保守党の利益を代表する人物として任命された、いわゆる"政治の代弁者"と見ることはできない」[157]。

また、ハーバート委員会の答申は、後述するように、ロンドン大学の「ロンドン・グループ」の意見にもとづいて作成されたと見るものが少なくない。少なくとも、「ロンドン・グループ」の意見に大きく影響されたことは、誰もが認めている。しかも、特定の委員の意見が突出していたというわけではなく、それこそ、委員全員の合意によって答申が作成されたといわれている。こうしたことからいえば、ハーバート委員会は不偏不党の委員会であったというべきである。また、これは、ハーバート委員会の非常に大きな特色だったといわなければならない。当時のイギリスでは、この種の委員会は、政権党の意見をそのまま表明するような委員構成になっているのが、一般的であったからである。

ハーバート委員会に与えられたミッション（使命）は・・・

「大ロンドン地域における地方自治体の現行の制度ならびに働きを検討すること」、具体的には、「効果的かつ適切な地方統治を確保するという観点から・・・地方行政機構の改革が必要かどうか、必要があるとすれば、どのように改革すべきかを勧告すること」[158]であった。

このミッションを果たすために、ハーバート委員会は、地方自治体、中央各省、政党、各種団体、学者等々、多くの機関やグループから、意見を聴取した。ほとんどの時間をこれらの意見聴取に費や

---

[157] Frank Smallwood, Greater London ; The politics of Metropolitan Reform, p.16.
[158] Report of the Royal Commission on Local Government in Greater London 1957-1960 (Cmnd. 1164, HMSO,1960), p.1.

したといえるほどであった。なかでも重視したのは、地方自治体からのヒアリングであった。総計で114回の会議を開いたが、このうち60回近くは、自治体の意見聴取だったのである。しかも、それに加えて、ハーバート委員会は、自治体を幾度も訪問し、いわば非公式のヒアリングをした。これらの自治体の意見を整理してみると、次のようなものであった。

大ロンドンの地域内には、6つの県（county councils）があったが、それらの県は、すべて、地方制度を変える必要はないとしていた。とりわけ、労働党の政権下にあったロンドン県（LCC）は「改革は全く必要でない」[159]という意見であった。特別市のクロイドン（Croydon）、イーストハム（East Ham）、ウェストハム（West Ham）の3市も、改革を否定していた。

市町村の意見も、大部分は、本質的には、現状維持であった。その意味では、県や特別市と異なるところがなかった。とはいうものの、実際には、県の意見と対立するものが多かった。県の意見が文字通りの現状維持であったのに対し、市町村は制度のみの現状維持を目指していた。分かりやすくいえば、制度をそのまま維持し、特別市に昇格したいというものであった。

もっとも、第2層の自治体である首都区のなかには、制度改革を主張しているところもあった。ウエストミンスター市（City of Westminster）やフルハム区（Fulham）など5つの首都区がそうであった。ほかに、普通の市の1市が制度改革を主張していた。この6つの自治体の意見には、2つの共通点があった。

ひとつは、首都区や市町村を統合・拡張・強化し、この新しい自治体に、県の事務をできるだけ移譲するというものであり、いまひとつは、このような新自治体の能力を超える事務については、大ロンドン全域を包摂する広域行政体を創設し、その事務とするという

---

159　当時のLCCのリーダーであったSir Issac Haywardの意見。Statement of Evidence by the London County Council, July 1958, p.17.

ものであった[160]。

　しかし、こうした改革案を提示した自治体はわずか6団体に過ぎず、まさに少数意見であった。中央政府の各省も「現行の制度にさしたる欠陥はない」という消極的な現状維持が多数であった。が、文部省はかなり積極的に既存の制度を支持していた。既存の制度に批判的であったのは、運輸省と地方行政省の2省のみであった。ただし、地方行政省は「現行の制度は理想的なものではない」[161]というだけで、改革を主張するものではなかった。運輸省だけが、「交通規制に関連する行政機関があまりにも多く、責任を分散している」という分析のもとに、大ロンドン全域の交通行政を統括する機関の設置を主張していた[162]。

### 2) 保守党・労働党の意見は？

　ハーバート委員会は、当然のことであったが、各政党の地方議員からも意見を聴取した。これらの意見は、たとえば、労働党が現状維持を主張し、自由党が簡易な改善を主張、そして、保守党が抜本的な改善を主張するというように、政党によって、違いがあった。しかも、それぞれの政党のなかでも、議員によって、意見が違っていた。とくに、保守党内の意見の相違は著しかった。たとえば、ロンドン県（LCC）の保守党議員が「大ロンドンを一体的に管轄する何らかの広域行政体を設けるべきである」と主張する一方、サリー県やケント県などの保守党議員は「現状維持」の態度をとり、「ロンドン市政協会（LMS）」は、少なくとも当初は、曖昧な態度をとっていた。

　保守党は、伝統的に、ツールミン・スミス流の「地方主義」を主

---

160　Report of the Royal Commission on Local Government in Greater London 1957-1960（Cmnd. 1164, HMSO,1960）, p.45.
161　Gerald Rhodes & S. K. Ruck, The Government of Greater London, p.29.
162　Memoranda of Evidence from Government Departments（HMSO, 1959）, p.166.

張してきた。言い換えれば、首都区や市町村の権限強化を主張し、広域行政体の創設に反対というのが、保守党の長い間の姿勢であった。こうした姿勢は、1921〜23年のアルスタウォーター委員会に対する「ロンドン市政協会（LMS）」の態度にも端的に現れていた。そのことからいえば、ロンドン県（LCC）の保守党議員の「広域行政体を設けるべき」という主張は、従来の保守党の姿勢に真っ向から対立するものであった[163]。

　何故、ロンドン県（LCC）の保守党議員は伝統的な保守党の姿勢に反する意見を示したのであろうか。ロンドン県（LCC）での保守党の弱さが、その原因であった。1934年以来、保守党は少数党に甘んじ続け、多数党になる見込みが全くなかったのである。そして、ロンドン県（LCC）と保守党の地盤が強い周辺地域を統合すれば、ロンドン県（LCC）の保守党勢力の回復が望める可能性があるというのが、ロンドン県（LCC）の保守党議員の判断であり、その判断のもとに、広域行政体の創設を提示したのであった。

　こうした判断は、ハーバート委員会に対する提言の段階ではじめて出てきたというものではなかった。1934年にロンドン県（LCC）の政権が労働党に移った時から、区域拡大の必要性を意識するようになっていたのである。そして、1938年の報告書で、次のように、区域拡大の必要性を論じていた。

　「政治的な観点から見て、ロンドンの多数の中流階級が住んでいる地域をロンドン県に含めれば、保守党にとって有利になるはずである。・・・ロンドン県の区域拡大は難しい問題である。大ロンドンに吸収されることを好まない地域が執拗に反対することは、大いに、あり得る。しかし、ロンドン県の区域拡大を中央政府の検討課

---

163　LCCの数人の保守党議員はハーバート委員会に対して独自の意見を提示していた。この議員達は、ボウ・グループ（Bow-Group）といわれていたが、その意見は、「強力な第2層の自治体を多数創設し、第1層（県）の権限をできるだけ小さくするべき」というものであった。保守党の伝統的な姿勢は、このボウ・グループの姿勢に現れていたというべきであろう。

## 第5章 大ロンドン都（GLC）の創設

題とするべきである」[164]。

　このように、ロンドンの保守党は、党勢の回復を目指して、早くからロンドン県（LCC）の区域拡大を主張していたが、最初の頃は、党内部での主張であり、かなり曖昧であった。しかし、1949年のロンドン県（LCC）の選挙で、保守党が、善戦はしたものの、勝つことができず、ロンドンは労働党政権に永久に支配され続けると予測されるようになると、その主張は、次第に、明確になった。また、強く宣伝されるようにもなった。1950年代半ばになると、中央政府に対して、ロンドン再編を公式に要請するようになっていた。ロンドンの保守党は、"保守党の伝統的姿勢"を放棄したわけである[165]。ハーバート委員会に対して、ロンドン県（LCC）の保守党が広域行政体の創設を要請したのは、こうした路線にしたがうものであり、当然の現象ともいえた。

　ところで、前にも説明したが（p.86参照）、「ロンドン市政協会（LMS）」はロンドンの保守党と"一体的"な存在であった。ロンドン保守党の"リーダーのような"存在ということもできた。ロンドン県（LCC）の保守党がロンドン再編を要請したのも、そもそもは「ロンドン市政協会（LMS）」によって導かれたものであった。このことからいえば、「ロンドン市政協会」も、ハーバート委員会に対して、ロンドンの再編を提言するのが自然の流れということができた。ところが、「ロンドン市政協会」は、そうはしなかった。先述のように、少なくとも当初は、曖昧な態度を示したのであった。

　「ロンドン市政協会（LMS）」は、なぜ、積極的な再編案を提言しなかったのだろうか。「ロンドン市政協会」のロンドン再編案には2つの柱があった。ひとつは、首都区の合併によって強力な基礎自治体（boroughs）を創設するというものであり、もうひとつは、

---

164　Secret Report of the London Organisation Committee, Conservative Central Office, 15 June 1938, para.42.
165　Ken young and Patricia L. Garside, Metropolitan London ; Politics and Urban Change 1837-1981. P.309.

ロンドン県（LCC）を廃止して、もっと広域の行政体をつくるというものであった。

しかし、前者については、既存の首都区の反対が強く、それを公式に打ち出すことはできなかった。また、後者についても、1959年のロンドン県（LCC）の議員の選挙が迫っており、その時点でロンドン県（LCC）の廃止を主張することは不利になるという状況分析があった。というわけで、「ロンドン市政協会」は曖昧な態度をとる以外、方法がなかった[166]。

もっとも、「ロンドン市政協会」は、その後、ハーバート委員会に対して"大ロンドン都（Greater London Authority）"を創設し、人口25万人程度の新自治体（首都区）を創るべきであるという補足意見を提出した。しかし、これは、ハーバート委員会が意見聴取を終了した後のことであった。ハーバート委員会に影響を及ぼすことはなかったといわれている[167]。

一方、ロンドン労働党は、若干の例外はあったものの、現状維持という意見が強かった。とりわけ、ロンドン県（LCC）が管轄している教育機関については、「そのまま維持すべき」という見解が、1958年のロンドン労働党の大会で公式に採択されていた。

労働党の従来の考えは、1922年のアルスウォーター委員会に提出した意見に端的に現れているように、ロンドンの統治機関を抜本的に変えようというもの、具体的には、"広域行政庁（regional authority）"の創設であった。ところが、今回のロンドン労働党は、その労働党の伝統的とも言える考えを捨て、現状維持を主張したのである。

なぜ、従来の考えを捨てたのであろうか。これを探るためには、ロンドン県（LCC）と隣接する県、実質的にロンドンといわれて

---

166　Ibid.
167　Frank Smallwood, Greater London ; The politics of Metropolitan Reform, p.192.

いた地域の政治状況を見なければならない。これらの隣接諸県では、労働党の勢力は弱かったという状況である。とくにサリー県（Surrey County Council; SCC）とケント県（Kent County Council; KCC）では、絶対的な少数勢力であった（表13参照）。

労働党は、この当時、ロンドン県（LCC）議会では圧倒的多数を確保し、政権を保持し続けていたが、隣接諸県とロンドン県（LCC）を統合すれば、その地位が危うくなる可能性があった。そのため、広域行政の考えは捨てざるを得なかったのである。この時のロンドン改革を詳細に分析したアメリカの政治学者、スモールウッド（F. Smallwood）は次のようにいう。

「ロンドン労働党は、その政治的獲得物であるLCCを廃止に導くような改革案や、労働党のLCCにおける勢力を・・・弱めるような改革案については、如何なるものであっても、にべもなく反対した」[168]。

要するに、ロンドン労働党も、保守党と同じく、政治的な思惑のもとに現状維持を主張したのであるが、これは、自由党の場合も同じであった。自由党は、伝統的に、大ロンドン全域を治める広域行政体の創設を強く主張してきたが、この時点においては、ロンドンでの勢力がすっかり衰退してしまっていたこともあって、何ら積極的な意見を提示しなかった。ただ、選挙制度の改善策を提言しただけであった。自由党としては、ロンドンの再編よりも、自由党の候補者が当選できるような選挙制度の導入のほうに関心が向かっていたのである[169]。

なお、共産党のロンドン支部は、ロンドン県（LCC）の保守党議員と同じく、抜本的な改革を主張していた。その主張の要点は2層の地方自治体を新設するというところにあった。第1層の自治体として、大ロンドン全域の行政を所轄する「ロンドン（Council of

---

168　Ibid., p.102.
169　Ibid., p.190.

London)」を創設し、第2層の団体として人口20—25万人の「ディストリクト（District Council）」を創設するべきだと提言したのである[170]。

表13) LCC および隣接諸県の議会の政党勢力（1949 — 1961）

| 県　名 | | 保守党 | 労働党 | その他 | 合　計 |
|---|---|---|---|---|---|
| ロンドン県<br>（LCC）<br>公選議員<br>126人<br>アルダーマン<br>21人 | 1949<br>1952<br>1955<br>1958<br>1961 | 69<br>42<br>57<br>32<br>49 | <u>80</u><br><u>108</u><br><u>90</u><br><u>115</u><br><u>98</u> | <br><br>1<br><br> | 150<br>150<br>147<br>147<br>147 |
| ミドルセックス県<br>（MCC）<br>公選議員<br>87人<br>アルダーマン<br>29人 | 1949<br>1952<br>1955<br>1958<br>1961 | <u>80</u><br><u>72</u><br><u>78</u><br>54<br><u>70</u> | 36<br>44<br>38<br><u>61</u><br>46 | 4<br><br><br>1<br> | 120<br>116<br>116<br>116<br>116 |
| サリー県<br>（SCC）<br>公選議員<br>83人<br>アルダーマン<br>27人 | 1949<br>1952<br>1955<br>1958<br>1961 | <u>56</u><br><u>70</u><br><u>88</u><br><u>83</u><br><u>97</u> | 4<br>4<br>8<br>21<br>10 | 41 (a)<br>27<br>14<br>6<br>3 | 101<br>101<br>110<br>110<br>110 |
| ケント県<br>（KCC）<br>公選議員<br>80人<br>アルダーマン<br>26人 | 1949<br>1952<br>1955<br>1958<br>1961 | <u>71</u><br><u>78</u><br><u>82</u><br><u>67</u><br><u>88</u> | 9<br>6<br>20<br>36<br>18 | 20 (a)<br>16<br>4<br>3<br> | 100<br>100<br>106<br>106<br>106 |
| エセックス県<br>（ECC）<br>公選議員<br>109人<br>アルダーマン<br>36人 | 1949<br>1952<br>1955<br>1958<br>1961 | <u>37</u><br>56<br><u>68</u><br>71<br><u>84</u> | 38<br><u>70</u><br>58<br><u>74</u><br>61 | <br><br>47 (a)<br><br> | 122<br>126<br>126<br>145<br>145 |

注）下線は多数党（政権党）を指す。(a) は無所属議員で、結果的には、保守党に吸収された。

資料）Frank Smallwood, Greater London ; The Politics of Metropolitan Reform, 1965, p.89.

---

170　共産党は、ハーバート委員会によって答申された改革案と、少なくとも形式的には、全く同じものを提言していたわけである。

## 3) ハーバート委員会の答申

　ハーバート委員会は、地方自治体や政党などから示された膨大な意見のなかで、しかも、それぞれの利害関係が絡んだ意見のなかで、暗中模索を続けた。そうした状態に"光明"を投げかけたのは、ロンドン大学の「ロンドン・グループ」の意見であった。この意見には、スモールウッド（F. Smallwood）によれば、3つの有益な利益があった。

　第1は、学術団体によって示されたという点である。大ロンドン・グループには擁護する必要のある利益はとくになく、したがって、その意見は学術的な権威のみならず、客観性と非政治性を兼ね備えているということができた。

　第2は、豊富な資料ならびに調査事実にもとづいていたという点である。「ロンドン・グループ」が示した詳細な情報は、ハーバート委員会にとって有効であっただけではなく、客観性と公平性を印象づけるものでもあった。

　第3は、ロンドン大学と労働党の関係が密接であったという点である。それにも拘わらず、「ロンドン・グループ」が示した意見は、ロンドン労働党やロンドン県（LCC）の意見にしたがったものではなく、逆に、労働党の意見を否定するものであった。これは、ハーバート委員会にとって、非常に好都合だということができた。その意味では、「ロンドン・グループ」の意見を採用したことには、政治的な意味合いが含まれていたということもできた。

　こうした理由のもとに、ハーバート委員会は「ロンドン・グループ」の意見をほぼ全面的に取り入れ、1960年10月、委員全員の合意のもとに、行政制度の抜本的改革が必要であると勧告した。勧告の骨子は次のようなものであった。

　① 大ロンドン地域全体を管轄する大ロンドン都（Council for Greater London）の設置。

　　これに合わせて、ロンドン県（LCC）およびミドルセックス

(Middlesex)県を廃止し、サリー(Surrey)県、ケント(Kent)県、エセックス(Essex)県の大部分、そしてハートフォードシャー(Hertfordshire)県の一部を大ロンドン都に編入する。

クロイドン(Croydon)、イーストハム(Eastham)、ウエストハム(Westham)の3つの特別市は、特別市の地位を剥奪し、第2層の自治体として再編する。

② ロンドン区(Greater London Boroughs)の設置。ロンドン区はそれぞれ人口10〜25万人とし、既存の特別市、首都区、市町村を統合して、総計52とする。

③ シティ(City of London)は、そのままロンドン区に対応するものとして扱う。

ハーバート委員会のこの抜本的な改革案に対して、ロンドン労働党は強硬に反対した。その結果、当然のことといえるが、労働党の政権下にあったロンドン県(LCC)も反対した。また、当時、たまたま労働党の政権下にあったエセックス県(ECC)、そしてミドルセックス県(MCC)も反対であった。しかし、第2層の自治体は、必ずしもそうではなかった。当時、この圏内の第2層の自治体(首都区・市町村)のうち、39の自治体が労働党の政権下にあった。このうち、ハーバート委員会の勧告に反対したのは26自治体であり、残りの13自治体は全面的に、あるいは基本的に、その勧告を受け入れると表明したのである。しかも、ロンドン労働党が強く反対していたにもかかわらず、中央政府レベルの労働党も、当初は、必ずしも反対の意向を示していなかった。中央レベルの労働党が反対の意向を固めるようになったのは、1962年になってからであった[171]。

一方、ロンドンの保守党はハーバート委員会の勧告を歓迎した。これは1938年以来、それまでの保守党の伝統的な考え方を変え、

---

171 Frank Smallwood, Greater London ; The politics of Metropolitan Reform, pp.223, 260-262.

第5章 大ロンドン都（GLC）の創設

　ロンドンでの保守党勢力の回復を目指して、ロンドン県（LCC）の区域拡大を要請していたということからいえば、当然の現象でもあった。保守党の指導者的な立場にあった「ロンドン市政協会（LMS）」も、ハーバート委員会の勧告を「制度改革に正しい根拠を与えるもの」[172]と評価するようになっていた。

　とはいうものの、この勧告は、ロンドンの保守党にとって全面的に満足できるものではなかった。事実、ハーバート委員会が勧告を公表した1ヶ月後に、「ロンドン市政協会」の幹部達は、「新設の大ロンドン都の議員は新ロンドン区の間接選挙で選ばれるべきである」と協会内部で議論していたという。しかし、ロンドンの保守党は「公的に批判するのは得策ではない」[173]と判断したため、こうした意向は公表されなかった。

　また、保守党の内部が統一されているわけでもなかった。保守党の絶対的な支配下にあったサリー県とケント県の議会は、ハーバート委員会に対して現状維持の意見を表明していたが、ハーバート委員会の勧告が出た後も、この2つの県は現状維持を主張し、勧告に反対していた。保守党の支配下にあった市町村や首都区でも、勧告を支持しないところが約4分の1もあった。

　ちなみに、第2層の自治体のハーバート委員会の勧告に対する反応を全体的に見てみると、1961年時点では、労働党支配下の自治体に反対のところが多かった。その結果、賛成の自治体が42、反対（もしくは態度保留）の自治体が42もあった。

　ハーバート委員会の勧告に対しては、各種団体の反対もあった。たとえば、都市計画協会（Town Planning Institute）は都市計画の権限を大ロンドン都とロンドン区に機能分担させるという勧告に反対し、保育関係の職員組合（Association of Child Care Officers）も、

---

172　Minutes of the executive committee of London Municipal Society, 26 October 1960.
173　Ken young and Patricia L. Garside, Metropolitan London ; Politics and Urban Change 1837-1981. p.313.

児童福祉行政をロンドン区の事務にするという勧告部分に反対していた。ロンドン教員組合（London Teacher's Association）も、勧告が公表されると直ぐに、組合の委員長が「教育業務の新ロンドン区への移管に反対する」という意見を表明し、3ヶ月後の年次大会では、全員一致で反対することを決議し、反対運動を展開した。この反対運動は、その後、ますます強硬になり、最終的には、法案の内容を変えさせるということになった。

## 3 大ロンドン都（GLC）の出現

### 1) 1963年のロンドン改革

　ハーバート委員会が答申をした時の中央政府の政権は保守党にあった。しかも、この政権は、国会（下院）での絶対多数を基盤とする政権であった。1959年の総選挙で、保守党は365議席を獲得していたのである。それに対する労働党は258議席、また、自由党などの他の政党は7議席しか獲得できなかった。

　ところが、保守党政府は、1960年10月にハーバート委員会の答申（勧告）を受け取ったものの、当初は、地方自治体の意見や各種団体の反対意見を検討しているという"言い訳"のもとに、何ら意思表示はしなかった。しかし、ロンドン問題を放置しておくことはできず、1年後の1961年11月になって、ようやく、ハーバート委員会の答申を受け入れると宣言した。

　とはいうものの、政府の改革案は、実際には、委員会の勧告に全面的にしたがったわけではなかった。政府案は、大きくいって、2つの点で、ハーバート委員会の答申を修正したのである。

　第1に、ハーバート委員会は新設のロンドン区を小さなものとしていたが、政府案は、その規模を大きくし、それに合わせて、新設区の数を少なくした。

第2に、ハーバート委員会は教育行政を新設の大ロンドン都とロンドン区の双方に担わせるとしていたが、政府原案は、外周部のロンドン区については、ロンドン区の専管業務とし、中心地域（ロンドン県の約3分の2の人口が居住する中心部）については、独立の教育機関を設けることにしたのである。

この違いは、ロンドン改革に対する種々の反対を鎮めるために、政府が工夫したものであった。しかし、実際には、この工夫で反対勢力を弱めることはできなかった。それどころか、反対をより大きくするという効果をもたらした。たとえば、ハーバート委員会の勧告を支持していた市町村や首都区のうち、かなりのところが、ロンドン区の規模を大きくするという政府原案を見て、反対に回るようになったのである。

この第2層の自治体の反対は、政府の悩みの種となった。とりわけ、サリー県の市町村の反対は深刻であった。サリー県は保守党の絶対的な地盤であり、そこでの自治体の反対は保守党の内部分裂を引き起こしかねなかったからである。こうした状況のもとで、政府は、反対の意向が強いサリー県の自治体を、ロンドン改革区域からはずすということにした。保守党のなかの反対勢力を排除することによって、保守党の統一をはかろうとしたのである。結局、サリー県の5つの市町村は、新設の大ロンドンの区域からはずされ、従来通りの市町村として続くことになった。週刊誌は「サリーの保守党議員は、地盤を保持できたので、躍り上がって喜んでいる・・・」[174]と報道していた。

教育行政に関する政府案も、全くの不人気であった。ロンドン教員組合の反対はますます過激になり、マスコミや父母をも巻き込むようになっていった。この結果、政府は、1962年5月、教育体制については、改革案を示すことができなくなり、ロンドン再編後に

---

[174] 'The New London', The Economist, May 25 1962.

改めて検討するという決定を下した。大幅な譲歩をしたわけである。
　このほかにも、政府は多くの譲歩を重ねたが、1962年11月、その最終案として、ロンドン行政法案（London Government Bill）を策定した。以後、保守党と労働党の間で、ときには、保守党議員の間で激しい攻防戦が展開されることになった。
　この頃の保守党は、下院議席の60％を保有しているという絶対的な強みがあった。しかし、保守党の議員は足並みをそろえることができず、国会の審議は紛糾した。野党の労働党からは、約1,500の修正案が提出され、法案の審議に8ヶ月もかかった。しかも、政府は、何回か、審議する時間を強制的に打ち切るという、いわゆる"ギロチン（guillotine）"を発動したほどであった。
　このギロチンは、法案の支持者にも、評判が悪かった。たとえば、ロンドン県（LCC）の保守党のリーダーはギロチンの発動に強い"遺憾の意"を表明し、また、新聞（タイムズ紙）も、次のように、政府を非難していた。
　「ギロチンは能率的な審議に役立つものであり、政府はその発動に躊躇する必要はないという者もいる。・・・これは、ある程度は、正しい主張であり、能率とスピードを同一視できるのであれば、全面的に正しい主張である。しかし、ギロチンには、立法内容をコントロールする国会の機能を縮小させるという代償が伴う・・・。国会は、いまでは、"ピアニスト"ではなく、政府各省が作曲した曲を機械的に演奏する"ピアノ"になり下がってしまっているように思える。・・・法案審議の打ち切りが慣習的になれば、この傾向はますます強くなり、立法府としての仕事が全くできなくなる危険性がある」[175]。
　結局、労働党の攻撃のもとに、あるいは、保守党議員の造反のもとに、法案は約1,000カ所の修正という、大幅な修正を受けた

---

175　'Legislation by pianola', The Times, January 29 1963.

## 第5章　大ロンドン都（GLC）の創設

後、1963年7月、国会の審議が終了した。ここに、1910年代以来、論議されてきたロンドン再編問題が、ようやく、「大ロンドン都（Greater London Council；GLC）」の創設という形で決着を見た。

　1965年4月、大ロンドン都（GLC）が正式に発足した。これに伴い、それまでの広域（第1層）の自治体であったロンドン県（LCC）と隣接するミドルセックス県が廃止された。クロイドンなどの特別市も姿を消した。また、ケント県やサリー県などは、かなりの区域が大ロンドン都（GLC）に吸収されてしまい、大幅に区域が縮小した。図14は、このGLCの区域とLCCの区域を比べたものであるが、GLCが如何に大きな"広域行政体"であるか、一目瞭然であろう。人口も800万人を超えることとなった。

**図14）大ロンドン都（GLC）の区域とロンドン区**

黒線内が旧ロンドン県（LCC）の区域

　大ロンドン都（GLC）と同時に、全部で32のロンドン区（London

*133*

Borough Council）も発足した。このうち、12区は、ロンドン県（LCC）の28の首都区を統合して創られたものであり、残りの20区は、ミドルセックス県などから吸収した地域に新設されたものであった。その結果、もとのロンドン県（LCC）の地域に創られた12区は"インナー・ロンドン（ロンドン中心区）"といわれるようになった。一方、新しく吸収された地域の20区は、"アウター・ロンドン（ロンドン周辺区）"と呼ばれている。なお、ロンドン市（シティ；City of London）は、この改革でも手をつけられなかった。ユニークな存在のまま、存続することとされたのである。

### 2) 大ロンドン都（GLC）の権限

　1965年4月、大ロンドン都（GLC）とロンドン区が発足した。大ロンドン都（GLC）は、大ロンドン全域にわたる広域行政、そして、戦略的な行政（strategic administration）を担当し、ロンドン区はそれぞれの地域の地方的事務（local matters）を担当することとなった。

　しかし、これは、大ロンドン地域のすべての行政が、GLCとロンドン区によって処理されるということを意味するものではなかった。たとえば、大ロンドン地域の幹線道路（trunk roads）は国の運輸省の管轄下にあり、また、多くの業務が専門機関（すなわち、アドホック機関）によって処理されていた。首都の警察は"ロンドン警視庁"が担っていたし、ロンドンの港湾やテムズ川についても、それぞれを管理するアド・ホック機関があった。そして、これらの機関のほとんどは、中央各省の管轄下に位置づけられていた。

　このようなアド・ホック機関のうち、少なくとも警察については、大ロンドン都（GLC）が創設される前から、問題視されていた。他地域の警察は、県の管轄にあるにもかかわらず、なぜ、"ロンドン警視庁"だけが国家警察でなければならないのか、という問題であった。これに対し、中央政府は、首都の警察は特殊だからということで、国家警察としての"ロンドン警視庁"を正当化していた。たとえば、1962年

## 第5章　大ロンドン都（GLC）の創設

に、この問題を検討した王立委員会の結論は次のようであった。

「首都ロンドンの警察の特殊な責任という点を考えれば、ロンドン警視庁（首都警察）のコントロールは中央政府の手に残すべきである」[176]。

こうして、"ロンドン警視庁"も、大ロンドン都（GLC）の管轄から外された。となると、大ロンドン都（GLC）は一体どのような権限を取得したのかという疑問が生じるのは当然である。実際には、あまり大きな権限は与えられなかったといってよい。大ロンドン都（GLC）の権限で目立ったのは、消防、交通対策、洪水対策くらいであった。このほかに、道路や都市計画、住宅、ゴミ処理などの権限も与えられたが、これは戦略計画を策定するだけであり、その実施権は、ロンドン区のものとされた。しかも、ロンドン区には、大ロンドン都（GLC）の戦略計画に従わないところが多かった。旧ロンドン県（LCC）の権限と比べても、大ロンドン都（GLC）の権限は少なく、ロンドン県（LCC）の権限の多くはロンドン区に移管されたのであった。

教育については、教員組合の強い反発があったために、法案作成の段階では、大ロンドン都（GLC）とロンドン区のいずれの権限にするかを決めることができず、大ロンドン都（GLC）ができてから検討することになっていた。このため、大ロンドン都（GLC）の発足に際して、その検討を始めたものの、結局、アウター・ロンドン（ロンドン周辺区）の教育については、ともかく各区の権限とするということで決着をみた。しかし、インナー・ロンドン（中心区；旧LCC区域）の教育については、仕組みを決めることができず、とりあえずは、大ロンドン都（GLC）の議会のなかに"教育特別委員会（special committee）"を設置し、そこに、ロンドン県（LCC）の教育権限を引き継がせるということで教育行政を進めることにした。この特別委員会は、インナー・ロンドン教育庁（Inner

---

176　Royal Commission on the Police, Final Report（Cmnd. 1728, 1962）, para.223.

London Education Authority；ILEA）と名付けられた。特別委員会の委員には、インナー・ロンドンから選出された大ロンドン都議会（GLC）の議員全員、そして、インナー・ロンドンの12区およびロンドン市（シティ）からそれぞれ1人ずつの代表議員が就任した。その事務局には、大ロンドン都の職員ではなく、独自の職員が配置された。

　このシステムは、あくまでも暫定的なものとされた。これでスタートするが、1970年までに、全面的に見直すと、決定していたのである。しかし、1964年に中央の政権を握った労働党政府は、インナー・ロンドン教育庁（ILEA）の構成メンバーが、大部分、労働党議員だったこともあって、1965年に、この制度を恒久的なものにしてしまった。ちなみに1964年当時のロンドン教育庁（ILEA）の政党勢力をみると、労働党43人、保守党7人、無所属1人であった。

　このように、大ロンドン都（GLC）の権限は戦略的なもので、実際の権限は非常に小さなものであったが、しかし、このことだけで、大ロンドン都（GLC）は無力だということはできなかった。工夫次第では、その小さな権限を中央政府に対抗できるほどの大きな権限にすることが可能だったのである。これを実証したのが、1981年に大ロンドン都（GLC）のリーダーになった労働党のケン・リビングストン（Ken Livingstone）であった。彼は、工業の振興や雇用増大の促進などをはかるようになり、また、人々のモラルに関する政策を重点的に実施するようになったのである。

　イギリスの地方自治体に共通することであるが、大ロンドン都（GLC）には、地方税の額を自身で決める権限もあった。このため、1980年代当時の中央政府（保守党政府）が公共支出の削減という手段で大幅な減税を試みていたにもかかわらず、リビングストンの配下にある大ロンドン都（GLC）は、その新種の政策を実施するた

めに、逆に、地方税の増税という手段をとることになった。

　これが、1980年代半ばに、大ロンドン都（GLC）の廃止という事態をもたらす誘因となったが、それはともかくとして、大ロンドン都（GLC）が実質的に獲得した権限について、ある学者は次のように表現していた。

　「地方自治体を、単に行政機関として活用するのではなく、"政府"として活用するという変化が出てきた。・・・地方自治体は、社会主義に変化するための手段となり得るのである」[177]。

### 3）　大ロンドン都（GLC）の議員とアルダーマン

　大ロンドン都（GLC）では、旧ロンドン県（LCC）や他の県（county councils）および市町村と同じように、議会が意思決定機関でもあり、執行機関でもあった。そして、この議会は、当初は100人の公選議員と16人のアルダーマンで構成された。

　議員の任期は、イギリスの地方の伝統的な発想にしたがって、当初は3年とされた。ロンドン区の議員も任期は3年であった。しかし、1972年に地方自治法が抜本的に改正されたことにより、ロンドン以外の自治体議員の任期は4年となった。このため、大ロンドン都（GLC）およびロンドン区の議員も、それにあわせて、1973年以後は、任期4年とされた[178]。

　公選議員の選挙は、当初は、中選挙区であった。32のロンドン区、そしてシティを選挙区とし、それぞれの選挙区から2～4人の議員が選出されていた。しかし、1973年に、国会議員の選挙区と大ロンドン都（GLC）の議員の選挙区を同一にするということになり、国会議員が選出されている選挙区から、大ロンドン都（GLC）の議員も1人ずつ選ばれるようになった。小選挙区が採用されたのであ

---

[177]　John Kingdom, Local Government and Politics in Britain, (Hertfordshire, Philip Allan 1991), p.235.
[178]　これは、法律で定められたわけではなく、担当大臣の指示で4年になったという。参照；Allan Griffiths, Local Government Administration, (London, Shaw and Sons Ltd., 1976). P.62.

る。そして、ロンドンから選ばれる国会議員の数にあわせて、大ロンドン都（GLC）の議員の数も 92 人となった。これらの選挙区は、ほとんどが有権者数 4～6 万人であった[179]。

このほかに、大ロンドン都（GLC）には、当初、アルダーマン（aldermen）といわれた議員がいた。アルダーマンは、イギリス独特の議員であり、旧ロンドン県（LCC）でも、また、この当時のロンドン区でも、さらには、他の自治体でも、アルダーマンが選ばれていた。大ロンドン都（GLC）のアルダーマンの数は 16 人であった。アルダーマンは公選議員と同じ議員として扱われたため、大ロンドン都（GLC）は、発足当初は、116 人の議員がいたということができた。

このアルダーマンは、大ロンドン都（GLC）が設立された頃は、自治体の運営に、公選議員以外の有能な人材に加わってもらう必要があるという理由のもとに正当化されていたが、実際には、選挙で落選した者をアルダーマンに選任するなど、政党による制度の乱用が多く、アルダーマンの制度を批判するものが多かった[180]。そうした状況のなかで、1967 年に、地方自治体の運営の仕方を検討するために中央政府により設立されたモード委員会[181]が、アルダーマンの制度を廃止すべきであるという報告書を作成した。その後、ロンドン以外の地方制度をどのように改革するかを検討していた王立委員会（レドクリフ・モード委員会）も、このモード委員会の意見を取り入れ、改革後の自治体ではアルダーマンを廃止すべきだという報告をした。同委員会の 1969 年の報告書はいう。

「われわれは、アルダーマンの職を廃止するべきであるというモード委員会の意見に同意する。新設の地方自治体は、住民によって直

---

179　大野木克彦「大ロンドンにおける総選挙（1974 年）」『都市問題』64 巻 6 号、92 頁。
180　K. J. Eddey, An Outline of Local Government Law, (London, Butterworths, 1969), p.55.
181　正式名は Committee on the Management of Local Government で、Sir John Maud が委員長となったために、モード委員会という。

接選ばれる議員のみによって構成されるべきである。地方行政に価値あるサービスを提供してきたアルダーマンは多い。しかし、アルダーマンの存在は、住民によって選ばれた代表者による民主的コントロールという原則を曖昧にする」[182]。

1972年、ロンドン以外の地方では、このレドクリフ・モード委員会の報告に基本的にしたがって、アルダーマンの制度は廃止された（1974年実施）。そして、それに伴い、大ロンドン都（GLC）でも、また、ロンドン区においても、アルダーマンが廃止されることとなった。しかし、アルダーマンの任期の関係で、最終的に廃止されたのは、大ロンドン都（GLC）では1977年、ロンドン区では1978年であった。

もっとも、モード報告も、レドクリフ・モード報告も、外部の人材の登用を完全に否定したわけではなかった。両報告とも、議会の委員会に外部の人材を導入すれば十分だと判断したのであった。この結果、委員会への外部人材の導入は、その後も、法的に認められた。

なお、ロンドン市（シティ）は、この面でも、独自性を保持し続けている。現在でも、アルダーマンが活躍しているのである。

## 4 大ロンドン都（GLC）の統治機構の改革

### 1）ベインズ報告

大ロンドン都（GLC）では、議会が唯一の統治組織であった、言い換えれば、議会が意思決定機関であると同時に、執行機関でもあった。しかし、これは、議会（council）が政策決定から執行まですべてのことを行っていたということを意味するものではない。それどころか、議員とアルダーマンの全員が参加する議会では、大ロン

---

182　Report of the Royal Commission on Local Government in England, (Cmnd 4040, Vol. 1, HMSO, 1969), para.460.

ドンの政策を最終的に承認するという働きしかしていなかった。

では、誰が、大ロンドンの政策決定の主導権を握り、また、その執行に責任を負っていたのだろうか。

当初は、議会（カウンシル）の下に設置された「委員会」が政策決定の主導権を有し、また、職員がその執行に責任を持つとされていた。そして、大ロンドン都（GLC）では、政策を専門的に決定するために、14の「委員会」が設置された。財政委員会、消防委員会、公共統制委員会、保健委員会、道路委員会、予算員会・・・等々であった。これらの委員会は、原則的に、議員（公選議員とアルダーマン）だけで構成された。そして、最小の「委員会」でも、メンバーは12人を下らなかった。

これらの「委員会」は、もちろん、労働党と保守党の混在チームであった。そのため、「委員会」で意見を調整し、まとめるのはかなり難しかった。また、各「委員会」の政策に食い違いがある場合、それを調整するのは、もっと大変であった。

そうしたこともあって、実際には、職員が、政策執行の分野だけではなく、政策立案・決定の分野でも、大きな働きをしていた。その結果、大ロンドン都（GLC）が活動を続けていく上で、半ば必然的に、「委員会」の運営をどうするか、議員と職員の関係をどうするかということが、大きな問題となった。

最終的には、1974年に機構改革が行われたが、この改革の基盤となったのは、その2年前に公表されたベインズ報告（Bains Report）であった[183]。したがって、ここでは、先ずベインズ報告の内容を見てみることにしたい。ベインズ報告はいう。

「政策決定が公選で選ばれた議員の専管事項であり、行政執行が

---

183　イギリスでは、1972年にロンドン以外の地方制度の抜本的な改革をしたが、ベインズ委員会は、この新設自治体の内部機構をどうするかを検討するために、自治担当の環境大臣と自治体連合会によって、設置された委員会である。その意味では、ベインズ報告は大ロンドン都（GLC）に関係のないものであったが、しかし、GLCも、自発的に、この報告にしたがって、機構変更をしたのであった。

## 第5章　大ロンドン都（GLC）の創設

職員の専管事項であるという"神話"は、5年前のモード委員会によって打破された。しかし、今日においても、多くの議員ならびに職員は、この"神話"をそれぞれの役割を十分にとらえたものと見なし、また、必要なときには、その背後に隠れることのできる"隠れ蓑"にしている。これは驚きであり、かつ、当惑せざるを得ない」[184]。

このように、ベインズ報告は、"神話"ではなく、"事実"を前提にして、議員と職員の関係を検討するべきであるという基本的姿勢のもとに検討を進めたが、その"事実"を、次のように、認識をしていた。すなわち、議員は一般に、政策の策定よりも、政策の執行に関心があり、一方、職員は、その専門知識によって、政策の策定に大きく貢献しているという認識であった。ベインズ報告はいう。

「議員と職員はともに、自治体の仕事とその執行の如何なる領域をも、自分の専管の領域と見なすべきではない」[185]。

「議員が、その選挙民にかかわりをもつ行政の日々の執行状況に関心を持つのは当然であり、それに口を挟む権利があるということを、職員は認めなければならない」[186]。

「一方、老練な専門知識を持つ職員は、命じられたとおりのことをすることで、給料をもらっているのではないということを、議員は認めなければならない。われわれは、重要な政策決定が公選された議員によってなされなければならないということに異を唱えるものではないが、職員は、政策形成に刺激を提供することができ、また、政策形成の面でも果たすべき役割があり、さらに、議員に対して必要な助言をし、評価をすることができるということに注意を払うべきである」[187]。

---

184　M. Bains (Chairman), The New Local Authorities: Management and Structure (London, HMSO,1972), para.3・2.
185　Ibid., para.3・3.
186　Ibid., para.3・4.
187　Ibid., para.3・5.

こうした認識のもとに、ベインズ報告は、地方自治体の運営というのは、目標を設定する段階から始まり、プログラムやプランを策定する段階を経て、具体的な実施段階にいたるという連続する動きであると位置づけ、それぞれの段階ごとに、議員と職員の責任の重さが変化し、その変化に応じて、議員と職員が協力していく必要があると強調した。まず、最初の目標設定の段階では、議員が"主役"であり、職員は"脇役"として助言するだけであるが、段階を経るにしたがい、議員の「役」が軽くなり、最後の実施の段階では、議員は完全なる"脇役"になるべきである、言い換えれば、職員が"主役"になるべきであると主張したのである[188]。そして、この観点から、それまでの議会の「委員会」の機構や仕事の仕方を批判し、「委員会」をどのように改変するかに焦点を絞って検討した。
　「多数の委員会の並置は、これらの委員会が自治体の目標とリンクせずに、関連部局とリンクしている場合には、深刻な問題を引き起こす。・・・しかし、委員会の数の削減が、悪弊のすべてを自動的に治癒するという見解に同意することはできない」[189]。
　「委員会」は、議員を政策の策定・運営になじませ、議員の行動を健全なものにしていることを忘れてはならないというのが、ベインズ報告の考えであった。とりわけ新人の議員に参加と教育の場を与えていると、強調していた。このため、できるだけ多くの「委員会」を設置する必要があるが、一方では、それらの「委員会」の意思決定に齟齬がないようにしなければならない。
　かくして、ベインズ報告が到達した結論は、核になる「委員会」の設置であった。核になる「委員会」として、「政策委員会」を設置し、その下に４つの「委員会」を置く。そして、これらの「委員会」を自治体運営の中心に据えるという提言をしたのである。
　ベインズ報告は、このほかに、「政策委員会」と並んで、いくつ

---

188　Ibid., para.3・15.
189　Ibid., para.4・32.

## 第5章 大ロンドン都（GLC）の創設

かの「委員会」を設置するという提案をしたが、これらは、教育、警察、都市計画というような日常業務に関する「委員会」であり、自治体運営にとって重要なのは「政策委員会」とその下の4つの委員会であるというのが、ベインズ報告の考えであった。

　言い換えれば、ベインズ報告は、自治体の目標の設定、優先順位の設定、財源の配分、事業計画の調整などを任務とする"トップ機関"として「政策委員会」を位置づけたわけである。もちろん形式的には、議員全員が出席する「議会」（本会議）が最高の機関であるとされていた。しかし、その議会で審議する原案は「政策委員会」によって策定され、議会はその原案が良いかどうかを審議し、決定するべきだというのが、ベインズ報告の構想であった。そして、その「政策委員会」に対して、情報の提供や助言をするために、「部局長クラスからなる管理チーム（Management Team）を設置するべきである」と提言した。

　「この管理チームは、政策委員会から指令を受け、且つまた、事務総長を経由して、政策委員会に報告書を提出する。・・・管理チームは、自治体の目標を実現するための長期計画の作成に責任を負い、同時に、長期計画を実施するための調整に責任を負う」[190]。

　要するに、ベインズ報告は、各委員会がそれぞれの担当部局から助言を受けてバラバラに行動するのではなく、「政策委員会」が職員（部局長）のチームである「管理チーム」から助言を受けて目標を定め、その目標にもとづいて、各委員会が行動することと提言したわけである。目標実現のためのシナリオ（長期計画）を書くのは、職員（「管理チーム」）であるとされた。このシナリオにもとづき、「政策委員会」と「管理チーム」で予算をつくり、そして、その予算にもとづき、各委員会の助言を受けて、職員が目標を実現していく、これが、ベインズ報告の骨子であった（図15参照）。

---

190　Ibid., 5・42

*143*

**図15) ベインズ報告の機構**

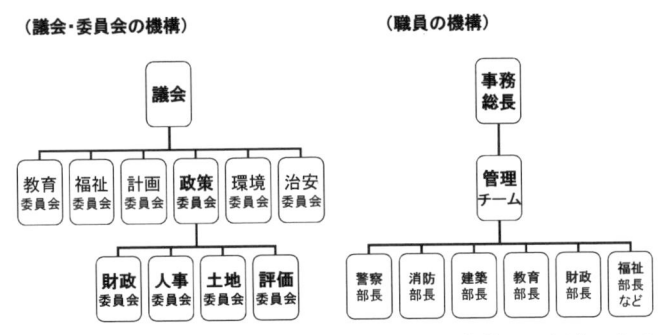

(議会・委員会の機構)

議会
├─ 教育委員会
├─ 福祉委員会
├─ 計画委員会
├─ 政策委員会
├─ 環境委員会
└─ 治安委員会

政策委員会
├─ 財政委員会
├─ 人事委員会
├─ 土地委員会
└─ 評価委員会

(職員の機構)

事務総長
│
管理チーム
├─ 警察部長
├─ 消防部長
├─ 建築部長
├─ 教育部長
├─ 財政部長
└─ 福祉部長 など

注) これは、普通の県 (country council) の機構図の想定である。

## 2) 大ロンドン都 (GLC) の機構改革

　ベインズ報告は、ロンドンを対象とするものではなく、地方圏の県 (county councils) を対象とするものであったが、大ロンドン都 (GLC) も、このベインズ報告の影響を大きく受け、機構改革に着手した。1974年のことであり、また、1981年にも、機構がさらに手直しされた。

　この機構改革により、大ロンドン都 (GLC) は、「委員会」の中核として、「政策調整委員会 (Policy Coordinating Committee)」を設置した。ただし、この「政策調整委員会」は、ベインズ報告とは異なり、多数党の幹部だけで構成し、しかも、この「政策調整委員会」の委員 (メンバー) は、他の「委員会」の委員長になることとした。「政策調整委員会」で大ロンドン都 (GLC) の政策の骨格を定め、それによって各「委員会」を拘束するだけではなく、委員長が「政策調整委員会」の決定に拘束されるようにしたのである。

　この「政策調整委員会」の"委員長"になるのは、議会で多数を占める政党の党首であった。この党首は、"リーダー (Leader of the Council)"と呼ばれた。

　また、ベインズ報告の「管理チーム」に倣って、職員のチームを設置した。この職員チームは、「理事会 (Director-General's Board)」

## 第5章　大ロンドン都（GLC）の創設

と命名され、職員のトップである事務総長（chief executive）がその"長"になり、部局長がメンバーとなった。そして、この「理事会」が「政策調整委員会」に情報を提供し、助言をすることとした。

分かりやすくいえば、大ロンドン都（GLC）は、1974年の機構改革によって、"リーダー"を"首相"のような存在とし、「政策調整委員会」を"内閣"の役割を果たすものにしたのである。事実、1980年代前半の大ロンドン都（GLC）のパンフレットは、"リーダー"をロンドンの"首相"として位置づけていた[191]。

この大ロンドン都（GLC）を代表するという役割を果たしたのは"議長（Chairman）"である。イギリスでは、議長が必ずしも多数党から選ばれるとは限っていない。イギリス全体の傾向からいえば、少数党から選ばれることもめずらしいことではない。しかし、大ロンドン都（GLC）の場合、議長は多数党から選ばれていた。この議長の任務は、議事の進行であるが、ほかに、公的行事の際に、大ロンドン都（GLC）およびロンドンの住民を代表するという任務もあった。しかし、政策決定などで、実質的に大ロンドン都（GLC）を仕切っていたのは"リーダー"であった。

なお、大ロンドンの話ではなく、また、いま記述していることからいえば、かなり先の話であるが、21世紀に入ってから、イギリスでは、どういう統治機構にするか、自ら選択できるようになった。基本的には、公選首長制、シティ・マネージャー制、議員内閣制のなかから、選択するのであるが、実際には、公選首長制を採用した自治体は非常に少なく、ほとんどの自治体が議員内閣制を採用した。シティ・マネージャー制を採用した自治体は皆無のようである。

この議員内閣制というのは、「内閣（cabinet）」を設置し、内閣が政策立案や予算の立案など、さらには、その執行など、実質的に行政を取り仕切るというものである。この内閣の長は"リーダー"

---

191　GLC Public Information Branch, The Way the GLC works, 1980, p.3.

と呼ばれている。言い換えれば、いまの自治体の「内閣」制度は1970年代に大ロンドン都（GLC）で生まれた「政策調整委員会」と同じものだといってよい。その意味では、大ロンドン都の機構改革は、新しい時代を切り開くものであったともいえそうである。いまのロンドン区でも、多くが、この「内閣」システムのもとで運営されている。

とはいうものの、現在の大ロンドンは、それと全く違うシステムで運営されているが・・・。

## 5　大ロンドン都議会の政党

### 1)　大ロンドン都議会（GLC）の保守党
　　― ロンドン市政協会の消滅 ―

1894年、「ロンドン市政協会（LMS）」が保守党により創設され、以後、ロンドンにおける保守党の中心的な位置を占めてきたことは前述した（p.86参照）。この「ロンドン市政協会」は保守党の下部組織というわけではなかった。「ロンドン市政協会」自身は、公式には、「不偏不党」の団体であると称していた。しかし、現実には、ロンドンにおける保守党の知的代弁者として機能し、保守党を指導する役割を演じてきた。このことは、当然のこととして、一般的に認められていた。ロンドンの改革に関して言えば、「ロンドン市政協会（LMS）」が見解を示し、保守党がそれに追随するというのが、「ロンドン市政協会（LMS）」と保守党の関係であった。また、選挙で保守党の候補者を誰にするかという点でも、「ロンドン市政協会（LMS）」が実質的に仕切ってきた。しかし、「市政協会（LMS）」が保守党の選挙運動を展開したわけではなかった。「ロンドン市政協会（LMS）」は、保守党の候補者を指名するのみであり、実際に選挙運動を展開したのは、保守党の機構である「ロンドン保守党連

合（London Conservative Union）」であった[192]。

　もっとも、1940年代の頃から、保守党が「ロンドン市政協会（LMS）」にいろいろと干渉するようになり、その結果、「ロンドン市政協会」の地位もかなり低下した。しかし、保守党から独立しているという位置づけはそれほど揺るがなかったようである[193]。

　このように、「ロンドン市政協会」は、保守党に対して、非常に特異な機関として機能してきたが、その活動区域は、旧ロンドン県（LCC）の範囲内に限られていた。したがって、ハーバート委員会が大ロンドン都（GLC）の創設を提言し、中央政府がそれを受け入れる意向を示すようになると、必然的に、「ロンドン市政協会（LMS）」の存在が問題視されるようになった。

　保守党の中央本部（Conservative Central Office）は、1961年に大ロンドン都（GLC）創設の政府白書が出ると同時に、大ロンドン都（GLC）の保守党の機構をどうするかの検討に入った。この検討の過程で論議されたのは、中央本部の管轄下で大ロンドン都（GLC）全体を統括する政党機構を置くべきか、それとも、大ロンドン都（GLC）独自の保守党機構を置くべきかという点であった。「ロンドン市政協会（LMS）」をどうするかという点に関しては、当然に廃止するものとされていた[194]。

　この事態に、「ロンドン市政協会（LMS）」の最後の会長となったサルモン（Sir Samuel Salmon）は、「ロンドン市政協会（LMS）」を残すために奮戦した。しかし、保守党の中央本部は、ロンドンでの中央本部の支配権確立を望み、「ロンドン市政協会（LMS）」の

---

[192] Frank Smallwood, Greater London ; The politics of Metropolitan Reform, pp.82-83.
[193] Ken Young, Local Politics and the Rise of Party ; The London Municipal Society and the Conservative Intervention in Local elections 1894-1963, (Leister University Press, 1975), pp.171-210.
[194] Gerald Rhodes, ed., The New Government of London, (London, Weidenfeld and Nicholson, 1972), pp.23-25.

ような独立した保守党組織の存続には反対であった[195]。

結局、1963年5月、保守党の中央本部は、大ロンドン都（GLC）の保守党と中央の保守党を一体的なものにするという決断を下し、「ロンドン市政協会（LMS）」は1963年10月にそれまでの70年にわたる政治生命を閉じた。

そして、新しく誕生した大ロンドン都（GLC）の保守党の幹部には、保守党中央本部の有力者が就任した。このため、新聞や雑誌では、「ロンドンにかつて存在した政治団体のなかで、もっとも強力な団体」が生まれたと報道された[196]。

しかし、この大ロンドン都（GLC）の保守党の成立と中央本部との一体化は、それまで「ロンドン市政協会（LMS）」が営々として築いてきた"地方政治"が"中央政治"に屈服した象徴でもあった[197]。

## 2) 大ロンドン都議会（GLC）の労働党

一方の労働党の場合も、事情は似たり寄ったりであった。労働党の場合、旧ロンドン県（LCC）の労働党組織として、1914年に設立されたロンドン労働党（London Labour Party）があった。このロンドン労働党は、中央の労働党の下部組織ではなかった。かなり大きな独自性をもつ団体であった。このため、ロンドン労働党と党中央本部が対立するということもよくあった。そして、大ロンドン都（GLC）の登場により、両者の緊張関係はピークに達した。労働党本部が大ロンドン都（GLC）全域を包括する労働党の下部組織を創設しようとしたのに対し、ロンドン労働党が猛烈に反発したのである[198]。

この対立により、GLCの単一の労働党組織をつくるという党本部の思惑は容易に実現せず、当初は、大ロンドン都（GLC）の区域

---

195　Ken Young, Local Politics and the Rise of Party, p.211.
196　Ibid., p.25.
197　Ibid., p.212.
198　Ibid., pp.34-37.

# 第5章　大ロンドン都（GLC）の創設

内の労働党関連組織を連合させるという暫定的な方法が採用された。労働党の下部組織であった旧エセックス県やケント県などの労働党組織と、ロンドン労働党が"連合体"をつくり、その組織で大ロンドン都（GLC）の選挙に対処するという方法であった。

　1964年の大ロンドン都（GLC）の議員選挙では、労働党はこの形態で戦った。そして、同党にとって、予想外だったといわれたが、大勝した。しかし、労働党の中央本部にとって、"連合体"という形態は満足できるものではなかった。"連合体"はあくまでも暫定的なものであり、恒久的に継続させてはならないというのが、党本部の考えであった。したがって、大ロンドン都（GLC）内の労働党組織の統合という目的のもとに、ロンドン労働党の廃止を迫ることは十分に予測できた。言い換えれば、ロンドン労働党にとっては、何らかの対応策を講じておく必要があった。また、"連合体"という形態は、ロンドン労働党にとっても不満であった。このため、ロンドン労働党は、1963年1月、ロンドン労働党の主要幹部をメンバーとする委員会を設置し、そこで対応策を検討した。結論は、次の2点であった。

① ロンドン労働党は廃止するが、同時に、政党とは別の政治機構（political machinery）をつくり、そこに、ロンドン労働党が果たしてきた権能を引き継ぐことにする。

② 大ロンドン都（GLC）に新設する労働党の組織は、選挙や運営に関して、中央本部から独立したものとする[199]。

　GLCの労働党の組織を、他地域に見られるような党本部の下部組織にするのではなく、いわば、ロンドン労働党を実質的にGLCの区域に拡大するべきだとしたわけである。この結論は、ロンドン労働党の全体会議で受け入れられ、以後、ロンドン労働党は同党の拡張を主張することになった。しかし、ロンドン労働党にとって、

---

199　London Labour Party, Annual Report 1964.

情勢は必ずしも有利ではなかった。暫定的とはいえ、"連合体"という形態がとられていたために、ロンドン労働党の基盤が揺らぐという傾向が出ていたのである。ロンドン労働党の委員長が、1966年に、次のように、困難ぶりを強調していた。

「大ロンドンの労働党組織がどうなるか、はっきりしていない。このため、種々の困難が生じている。・・・こうした困難さは、今後、ますます大きくなるに違いない」[200]。

1966年の秋、労働党中央本部は、大ロンドンの労働党組織を検討するための委員会を設置した。この委員会の審議で、ロンドン労働党は執拗に持論を繰り返したが、結局は、採用されなかった。1967年10月に公表された委員会の結論は、ロンドン労働党のような独立性の強い組織を否定するものであった。中央集権的な組織の形成を次のように提言したのである。

「大ロンドンの労働党組織は、社会的・政治的に非常に大きな力を持った組織とする。しかし、如何なる場合においても、全国執行委員会（National Executive Committee）あるいは労働党大会の決定に逆らうことができない」[201]。

労働党中央本部の最高機関である全国執行委員会も、この提言を基本的に認め、ロンドン労働党を廃止することを決定した。そして、それに代わって、新しい組織がつくられ、全国執行委員会によって、その委員長と副委員長が任命されるということになった。

ロンドン労働党はこの党中央本部の決定に激しく抵抗した。1968年1月から9月にかけて、ロンドン労働党と全国執行委員会が真っ向から対立するという事態が発生したほどであった。しかし、結局は、全国執行委員会の圧力に屈し、1968年9月、ロンドン労働党は解散した[202]。

---

200　Ken Young, Local Politics and the Rise of Party, p.39.
201　Labour Party, Interim Report of Committee of Inquiry into Party Organization, September 1967, para.76.
202　Ken Young, Local Politics and the Rise of Party, p.43.

### 3） 大ロンドン都議会の議員の選挙

　大ロンドン都（GLC）の選挙は投票率が非常に低かった。GLCの選挙は、1964年以後、全部で6回あった。そのなかで、最高の投票率を示したのは、最後の選挙、1981年の選挙であったが、その選挙にしても、投票率は44.4％に過ぎなかった。

　これに対して、同じ時期の国会議員の選挙、すなわち総選挙の投票率は、ロンドンの選挙区で常に70％台を示していた。80％を超えた選挙区もいくつかあった。たとえば、表14は、1973年のGLCの選挙と1974年の総選挙の投票率を、いくつかの選挙区を事例にして、比較したものであるが、これをみても、大ロンドン都（GLC）の選挙の投票率が如何に低かったか、一目瞭然である。

　イギリスでは、県議会レベルの選挙の投票率は伝統的に低いといわれている。その理由として、県議会の選挙に住民を引きつける魅力がないという点をあげる者が多い。国会議員の選挙は、国家的重要事項の論戦によって、また、市町村レベルの選挙は地方色の濃さによって住民を引きつけるが、県議会の選挙は中途半端だというのである[203]。しかし、ロンドンの場合は、大ロンドン都（GLC）の選挙の投票率は、ロンドン区の選挙の投票率よりは、総じて高かった。そういう意味では、大ロンドン都（GLC）の選挙は、他の県議会議員の選挙とは異なる側面があったようである。

　大ロンドン都（GLC）の選挙に関しては、中央レベルでの保守党と労働党の争いが、GLCの選挙に影響を及ぼしていたという点を、その特色として、挙げるものも多かった。GLCの選挙では、大ロンドン都（GLC）の政策だけではなく、むしろ、それ以上に、国政の政策が選挙の争点となっていたというのである。言い換えれば、大ロンドン都（GLC）の選挙で、保守党が勝つか、労働党が勝つか

---

203　John Cartwright, 'Greater London Council Election, 1981', The Political Quarterly Vol. 52, No.4, October-December 1981, p.441.

は、両党の国政レベルでの人気によるところが大きかった。たとえば、労働党政府（中央政府）の不人気の絶頂期に行われた1977年の大ロンドン都（GLC）選挙では、労働党が壊滅的な敗北を喫したし、一方、保守党政府の政策が問題視されていた1981年の選挙では、保守党が惨敗した。

**表14）GLC選挙と総選挙の投票率（1973年&1974年）**

| ロンドン区 | 選挙区 | 有権者数（人） | 投票率 GLC選挙 | 投票率 国会総選挙 |
|---|---|---|---|---|
| Barking ※ | Barking | 49,769 | 29.7% | 76.7% |
| Barnet | Chipping Barnet | 57,362 | 37.5 | 82.2 |
| Brent | East | 64,150 | 35.6 | 68.6 |
| Camden | Hampstead | 66,476 | 38.6 | 70.7 |
| City/Westminster | City/Westminster | 54,024 | 29.7 | 61.3 |
| Greenwich | Greenwich | 52,423 | 44.6 | 75.0 |
| Hackney | Central | 49,700 | 22.7 | 62.7 |
| Haringey | Hornsey | 60,734 | 40.4 | 75.9 |
| Harrow | Central | 45,070 | 42.6 | 80.5 |
| Islington | North | 42,023 | 24.9 | 63.0 |
| Merton | Wimbledon | 71,484 | 40.2 | 77.7 |
| Newham | Northwest | 52,702 | 18.9 | 59.3 |
| Sutton | Sutton & Cheam | 60,475 | 48.1 | 82.7 |
| Tower Hamlets | Bethnal Green | 55,787 | 21.8 | 60.9 |
| 32区＆シティ | 92選挙区 | 5,313,470 | 37.0 | 74.0 |

注）GLC選挙は1973年4月、総選挙は1974年2月。
資料）大野木克彦「大ロンドンにおける総選挙」、『都市問題』64巻6号。

こうした状況のもとに、しかも、大ロンドン都（GLC）には全国の有権者の7分の1が集まっていることもあって、GLCの選挙はその次の総選挙の結果を暗示するものとされていた。大ロンドン都（GLC）での勝利は、次の総選挙の勝利に結びつくと考えられていたのである。実際に、1960年代、70年代には、そういうパターンが続いていた。

しかし、1981年の大ロンドン都（GLC）での労働党の勝利は、1983年の総選挙に結びつかなかった。それどころか、保守党が圧

152

第5章　大ロンドン都（GLC）の創設

勝し、労働党は2位を確保するのに苦しむ状態であった。労働党がこれだけ惨敗したひとつの理由としては、1981年3月に、労働党の一部の国会議員が脱党して社会民主党を結成したことが挙げられていた。社会民主党が、自由党と同盟を結んで、1983年の総選挙に挑み、多くの労働党の票をさらっていったというのである。事実、自由党と社会民主党の同盟軍は、少なくとも得票数では、労働党と互角に渡りあった[204]。ただし、議席数という面では、労働党に遠く及ばなかったが・・・。この自由党と社会民主党は、その後、1988年に一緒になり、現在の自民党（Liberal Democrats）になった。

　1983年の総選挙で保守党が圧勝した最大の理由は、アルゼンチンとの戦争（フォークランド戦争）で勝利したことだと言うのが一般である[205]。しかし、それだけではなく、1981年の大ロンドン都（GLC）選挙における労働党の勝利に、従来とは違う要素が含まれていた点も考慮する必要がありそうである。1986年の大ロンドン都（GLC）の廃止にまで結びつく要素が、この時点で出現していたともいえる。そこで、まずは、1981年の大ロンドン都（GLC）選挙を簡単に見てみることにしたい。

　この当時、中央政府は、サッチャー保守党政権によって運営されていたが、サッチャー政権は、イギリス経済の立て直しのために税の引き下げを実行した。その結果、必然的に、公共支出の削減が必要となり、大幅なサービスの縮小となった。これが人々の反発を買い、保守党を不人気にしていた。とりわけ、サッチャー政権のもと

---

[204] 1983年6月の総選挙で獲得した議席数は、保守党が397、労働党が209、自由党と社会民主党の同盟23、その他21であったが、得票率は、保守党42.4％、労働党27.6％、同盟25.3％、その他4.7％であった。小選挙区制を採用しているため、得票数と議席数の間にこうしたギャップが生じたのであるが、実際上は、労働党と同盟が熾烈な2位争いを展開したわけである。
[205] 当時の首相であったサッチャー（Margaret Thatcher）自身が、その回顧録で、「私は、フォークランド戦争がこの国での保守党の立場を強化してくれたのではないかと直感的に感じていた。このことは世論調査と補欠選挙の結果で確認された」と話していた。参照；マーガレット・サッチャー『サッチャー回顧録（上巻）』（石塚雅彦訳）（日本経済新聞社、1993年）、333頁。

*153*

での失業者の増大に対する批判の声が強かった。

大ロンドン都議会（GLC）の選挙が行われたのは1981年の5月であったが、この時のロンドンの失業者は26万人にものぼっていた。これは、労働人口の7%が失業中という数字であった[206]。失業率が15%を超えるロンドン区もいくつかあった。こうした状況のもとで、選挙戦当初の世論調査では労働党の楽勝という予測が示されていた。そして、1981年の大ロンドン都（GLC）の選挙が始まった時点では、マスコミなどの予想は、労働党の楽勝であった。保守党の議員自身も、3分の1程度の議席を獲得できれば成功だと考えていた[207]。

しかし、選挙戦が進むにしたがい、労働党に"陰り"が見えるようになってきた。大ロンドン都（GLC）の労働党の内部分裂、すなわち、左派と右派の対立が激化し、表面化するようになってきたのである。GLC選挙の40日ほど前になると、労働党の国会議員が分裂し、一部の右派議員が脱党して、社会民主党を結成していた。この事件は、労働党の分裂を有権者に見せつけるものであり、住民に労働党に対する不信感を抱かせるものであった。

社会民主党は、大ロンドン都（GLC）の選挙戦を争うには準備不足であったが、それでも、8人の候補者を擁立し、労働党左派の候補者をつぶしにかかった。これが、実際に、どれだけ影響を及ぼしたかは不明である。しかし、少なくとも、労働党の分裂というマイナス・イメージを有権者に与えたことは否定できない。

また、当時、ロンドンの区のなかで、労働党政権下にあった区のほとんどは、サッチャー政府のサービス縮小政策を拒否し、従来通りのサービスを維持していた。こういう区の姿勢も、労働党の"陰

---

206 この時点でのイギリス全体の失業率は10.4%であった。サッチャー政権が発足した1979年の失業率は5.4%であったことからいえば、倍増したわけである。参照、岸本重陳、「奈落の淵に立つサッチャー経済政策」『朝日ジャーナル』1981年9月11日号、98－102頁。
207 John Cartwright, 'Greater London Council Election, 1981', p.444.

第5章　大ロンドン都（GLC）の創設

り"を大きくするものであった。中央政府の補助金がサービス縮小政策にもとづいて削減されていくなかで、サービスを維持しようとすると、自前で財源を工面しなければならないことになったからである。そのため、労働党の政権下にあるロンドン区はおしなべて地方税を増税するようになっていた。これをロンドンの有権者がどう考えるかによって、すなわち、労働党を"高消費・高税の政党"と見なすか、それとも、"サッチャー政権の犠牲"と見なすかによって、1981年の大ロンドン都（GLC）選挙が左右されるということになった。

　保守党の候補者は、労働党の内部紛争に攻撃を加えたのはもちろんであり、また、労働党の増税政策にも強い攻撃を仕掛けていた。

　『ロンドンを赤から守ろう（Keep London out of the Red）』というポスターが、保守党によって、ロンドンの至る所に掲示されたという。労働党が勝利すれば、ロンドンは左翼に乗っ取られることになり、それは、増税につながると、大々的に住民に訴えたわけである[208]。

　こうした選挙戦の結果、労働党は苦戦を強いられ、結局、当初の予想をはるかに下回る50議席しか獲得できなかった。一方、保守党は30議席とれれば十分といわれていたにもかかわらず、41議席も獲得した。しかも、6つの選挙区の労働党の勝利は僅少差の勝利であった。1981年の大ロンドン都（GLC）選挙における労働党の勝利は、いわば薄氷を踏む思いの勝利であった。

　それに加えて、1981年の選挙は、労働党の基盤の崩れという現象をももたらした。たとえば、労働者階層が多く、選挙戦の最後の最後まで労働党の圧勝が予想されていたランベス区（London Borough of Lambeth）において、労働党が敗北した。これは、労働者階層といえども、労働党に投票するとは限らなくなったことを

---

208　John Cartwright, 'Greater London Council Election, 1981', p.442.

示すものだといわれていた。あるいは、労働党左派の勢力増大に対する労働者階層の懸念があったのかもしれない[209]。

また、1974年の選挙では、労働党は中間階層の強力な支持を獲得したが、1981年の選挙では、中間階層にあまり支持されなかった。労働党が絶対的な勝利を占めたのは、景気後退および失業者の増大によってもっとも大きな痛手を受けた地域だけであった。他の地域においては、わずかな差で、議席を獲得したに過ぎなかったのである。

この1981年の大ロンドン都（GLC）選挙で、労働党は勝利したものの、この結果は、次の国政選挙（総選挙）での労働党の陰りを暗示するものであった。労働党の国会議員自身も、「1981年の労働党の勝利は、次の総選挙での労働党の勝利に、疑問を呈するものである」[210] と解説していた。

ところで、この1981年の労働党の勝利は、保守党が予言していたように、労働党左派の勝利を意味した。まず、労働党の左派のリビングストン（Ken Livingstone）が、労働党議員50人のうち30人の支持を受けて、大ロンドン都（GLC）の"リーダー"に就任した。いわば、"首相"に当たる地位を獲得したのであったが、これが、左派の勝利の第一歩であった。

続いて、主要な委員会の委員長も左派議員に占められた。"内閣"が左派議員で独占されたわけである。こうして、大ロンドン都（GLC）のリビングストン政権は、限られた権限内で、工業の振興や雇用増大の政策を実施していくようになった。言い換えれば、通常の自治体としての運営ではなく、様々な工夫を凝らす"地方政府"として行動するようになった。が、これらの政策は、当時のサッチャー中央政府の政策と対立するものが多く、必然的に、大ロンドン都（GLC）と中央政府の争いを引き起こすようになった。

---

209　Ibid.,p.442
210　Ibid.,p.443

表15）GLC の選挙結果（1964 － 1981 年）

| 年 | 保守党 | 労働党 | 自由党 | 議員総数 | 有権者数 | 投票率 |
|---|---|---|---|---|---|---|
| 1964 | 36 | 64 | - | 100 | 5,466,756 | 44.2 |
| 1967 | 82 | 18 | - | 100 | 5,319,023 | 41.1 |
| 1970 | 65 | 35 | - | 100 | 5,524,384 | 35.2 |
| 1974 | 32 | 58 | 2 | 92 | 5,313,470 | 37.0 |
| 1977 | 64 | 28 | | 92 | 5,183,668 | 43.3 |
| 1981 | 41 | 50 | 1 | 92 | 5,086,997 | 44.4 |

資料）Ken Young and Patricia L. Garside, Metropolitan London（London, Edward Arnold, 1982）, p.343.

## 6　大ロンドン都（GLC）の廃止

### 1）　サッチャー保守党政府と大ロンドン都（GLC）の衝突

　1979 年にサッチャー保守党政権が登場した。この政権を待ちかまえていたのは、深刻な経済不況、それに伴う物価上昇であった。このため、サッチャー政権はマネーサプライ（通貨供給量）を抑えるという政策、また、所得税の大幅な削減政策を打ち出したが、これを実のあるものとするには、地方自治体の支出を一定限度内に押さえる必要があった。公共支出の多くが、地方自治体の支出であったからである。このため、自治体の支出の抑制がサッチャー政府の重要方針となった[211]。

　そうはいっても、自治体に対して、支出の抑制を直接的に指示することはできなかった。そこで、サッチャー政権が採用したのは、国から自治体に交付する補助金を支出抑制の手段として活用しようという方法であった。それまでは、自治体の過去の支出にもとづいて補助金を交付していた。言い換えれば、自治体は自主的にサービスの充実をはかればはかるほど補助金をたくさんもらえるという形

---

211　Peter Riddle, The Thatcher Government,（London, Martin Robertson,1983）, p.127.

態であったが、それを改め、中央政府が自治体の支出の目標額を定め、その目標額にもとづいて補助金を交付するという方法に変えたのである。

　この補助金の配分方法の変更に、労働党の左派政権の大ロンドン都（GLC）はもちろん反対したが、保守党が実権を握っているロンドンの区も、ほとんどが反対した。しかも、その反対は強硬であった。全国の県や市のなかにも、反対するところが多かった。全国の自治体連合協会（Association of District Councils）も、次のように、反対していた。

　「この制度は・・・地方自治体から中央政府へ、行政権限と財政権限を決定的に移行させるという結果をもたらすに違いない。・・・政府は、政策の骨格を定め、後は自治体の民主的統制に任せるというこれまでの方法を止め、個々の自治体の支出を中央政府が統制するという方法を採用しようとしているのである・・・」[212]。

　しかし、サッチャー政権は、これらの自治体の反対を無視し、新しい補助金制度を導入した。このため、自治体は、自主的なサービスの継続をしようとすれば、その財源を自分で工面しなければならなくなった。これは、地方税の増税を意味した。労働党の支配下にあった自治体のほとんどは、実際に、自主的なサービスを継続するために、地方税を引き上げたようである。大ロンドン都（GLC）も同様であった。

　大ロンドン都（GLC）は、過激な労働党左派として名前を売っていたリビングストンが"リーダー"になり、"地方政府"として機能しはじめていた。このため、大ロンドン都（GLC）は、サッチャー政権に消極的に抵抗するというよりも、もっと積極的に、いわばサッチャー政権と全面的に対立する形で、サービスの拡充をはかるとい

---

212　Alan Alexander, Local Government in Britain since Reorganisation（London, George Allen & Unwin）, 1982, p.167.

第5章　大ロンドン都（GLC）の創設

う姿勢を見せた[213]。

　しかし、こういう反抗をすると、補助金が削られ、地方税の大幅な増税となるのは必然であった。大ロンドン都（GLC）の地方税は、1981〜83年の2年間に、2倍以上の額になった[214]。

　これは、公共支出の抑制を重要方針とするサッチャー政権にとっては見過ごすことのできない現象であった。このため、サッチャー政権は、1982年末から、地方税を抑えるためにはどうするべきかという検討をはじめた。そして、地方税の制度を抜本的に変える必要があるということになり、その検討が行われたが、地方自治担当大臣などが強く反対し、結局、このときは、地方税制度の改正は行なわれなかった[215]。

　それに代わって、浮上してきたのが、大ロンドン都（GLC）の廃止であった。当初、内閣のメンバーのなかには、GLCの廃止に慎重な者が多かったようであるが、サッチャー首相をはじめ、保守党政府の幹部は、積極的に大ロンドン都（GLC）の廃止を主張した。また、ロンドンの区レベルの保守党議員のなかには、GLCの廃止を熱烈に支持するものが多かった。たとえば、ウエストミンスター市（ロンドン区）のある保守党議員は、次のような意見のもとに、大ロンドン都（GLC）の廃止を主張していた。

　「大ロンドン都（GLC）は、苦労して得た何百万ポンドというお

---

213　サッチャー首相も、労働党左派に対して、強く意識して、対抗していたようである。たとえば、ロンドン県（LCC）の時代に、労働党の初代のリーダーであったモリソン（Herbert Morrison）が大量に建設した公営住宅を民間に売却しようとしたのは、この対抗策であった。参照、Margaret Thatcher, The Downing Street Years, (New York, Harper Collins, 1993) ,pp.281-285. なお、この回顧録の翻訳がある（石塚雅彦訳、『サッチャー回顧録（上）』、日本経済新聞社）。
214　Streamlining the cities : Government Proposals for Reorganising Local Government in Greater London and the Metropolitan Counties, para.1・16.
215　地方税は、後に、1989年に抜本的に変革され、コミュニティ・チャージ（人頭税）という形で実施されたが、実施後も、労働党のみならず、保守党の地方議員も根強く反発し、結局、これが致命傷となって、サッチャー政権の退陣が余儀なくされた。この経緯については、竹下譲・佐々木敦朗『イギリスの地方税—中央政府と地方自治体の葛藤』（梓出版社、1997年）を参照。

金を、無益な、かつ政治的に不適切な事業に注ぎ込んでいる。現在では、ロンドン全体の戦略を策定する機関（strategic authority）という大ロンドン都（GLC）の役割は完全に不要である」[216]。

## 2）　大ロンドン都（GLC）廃止の白書

　こういう状況のもとで、1983年の総選挙（国会議員の選挙）が行われた。サッチャー首相は、この選挙のマニフェストで、大ロンドン都（GLC）の廃止を打ち出した。GLCの姿勢に困り抜いたサッチャー首相が、最後の手段として、有権者の判断を請うわけである。しかし、一面では、保守党の伝統的な思想である「地方主義（localism）」に合致する提案でもあった。このときの選挙ではサッチャー保守党が文句なしに圧勝した。その結果、大ロンドン都（GLC）廃止が本格的に検討されるようになり、1983年10月、大ロンドン都（GLC）の廃止を訴える政策書（白書）が公表された。白書は、次のような文言のもとに、大ロンドン都（GLC）の廃止を断言していた。

　「根本的に不合理で、しかも、納税者に不必要な負担を強いているGLCを温存する理由はない」[217]。

　白書は、また、大ロンドン都（GLC）の権限をロンドン区に移譲することによって、二重行政の弊害を是正できるという点を強調していた。さらに、大ロンドン都（GLC）の権限がロンドン区に一本化されれば、住民は行政を理解しやすくなり、行政の責任を追及しやすくなる。その結果、民主主義を高めることにつながるという点も強調していた[218]。この白書に対する各界の反応を見て、大ロンド

---

216 'Targets for Reform？'，Local Government Chronicle，25 February 1983, p.205.
217 Department of the Environment, Streamlining the Cities, Cmnd9063（London : HMSO, 1983）
218 David Wilson and Chris Game, Local Government in the United Kingdom, 2nd ed.（London, Macmillan ,1998），p.54.

## 第5章 大ロンドン都（GLC）の創設

ン都（GLC）を廃止する法案をつくり、国会で審議するというのが、サッチャー保守党政府の段取りであった。

このような中央の保守党政府の動きに、当事者である大ロンドン都（GLC）の保守党議員はどういう反応をしたのであろうか。GLCの保守党議員のなかには、初めから、サッチャー政権に反発する議員もいたようである。これらの議員は、GLCの存続をはかるために、GLCの労働党との共闘をも考えていたともいわれていた[219]。

とはいえ、大半の議員は、労働党左派に対する反発から、政府の意向を支持していたと考えられる。少なくとも、サッチャー保守党政府が総選挙で大ロンドン都（GLC）廃止のマニフェストを打ち出した段階では、サッチャー政府に賛同する議員が多かった。たとえば、GLCの保守党のリーダーであった、グリーングロス（Alan Greengross）は次のような意見を表明していた。

「中央政府と対立する必要はない。何故なら、われわれは正しいと信じるものを、政府の計画に入れることができるからだ。ロンドンの政治を駄目にしたのは、労働党のリビングストンであり、彼と共通の基盤をつくる必要はない」[220]。

ところが、このグリーングロスも、政府の白書をみたときには、「白書は、官僚にとっては夢の実現になるかもしれないが、納税者にとっては悪夢になる可能性がある」と反対の姿勢を示すようになった。

グリーングロスたち、ロンドンの保守党にとって関心があったのは、労働党"左派"の排除だけであり、大ロンドン都（GLC）の根こそぎの廃止は希望していなかったわけである。こうして、ロンドンの保守党は大ロンドン都（GLC）の廃止案にこぞって反対するようになった。しかも、その反発は猛烈なものであった。たとえば、インナー・ロンドン教育庁（ILEA）の保守党のリーダー（議員）は、

---

[219] Anne Jacobs, 'GLC Tories Split on Reform Case', Local Government Chronicle, 16 September 1983.
[220] Ibid.

サッチャー保守党政府を見放し、次のように、放言していた。
「社会主義者の支配に留まるほうが、まだしも、好ましい」[221]。
このように、ロンドンの保守党議員は、強硬に、白書の内容に反発した。大ロンドン都（GLC）議会の保守党議員41人のうち、39人が廃止に反対であった。これらの保守党議員は、大ロンドン都（GLC）よりも権限がもっと少ない"ロンドンの行政機関"をつくるべきであり、その構成メンバーである議員は住民の直接選挙で選ばれるようにして欲しいと要請していた。そして、サッチャー政府がこの要請に応じてくれない場合には、大ロンドン都（GLC）の保守党議員は、4分の3程度が1985年5月に辞職することになると伝えられていた。

この保守党議員の動きに、大ロンドン都（GLC）の労働党議員も同調するという噂があった。同じ1985年5月に労働党議員も大量に辞職して、補欠選挙をせざるを得なくし、しかも、保守党も労働党も誰も立候補しないようにするという噂であった[222]。

こうした事態に直面したサッチャー保守党政府は、かなり苦労したようであるが、最終的には、白書の内容の一部を大ロンドン都（GLC）の保守党議員の要請にしたがって変更するという形で、この事態を何とか切り抜けることができた。変更したのは、インナー・ロンドン教育庁（ILEA）の内容であった。

白書は、大ロンドン都（GLC）を廃止すると同時に、これまでのインナー・ロンドン教育庁を解体し、12のロンドン区とシティの代表者が共同して運営する"合同委員会"に変革したいと提案していたのであったが、保守党議員の要請にしたがって、インナー・ロンドン教育庁（ILEA）を残すことにし、その議員を直接公選の議員にすると変更したのである。

---

221　Daily Telegraph, 8 October 1983.
222　木寺久・内貴滋『サッチャー首相の英国地方制度革命』（ぎょうせい、平成元年）、170頁。

## 3) 大ロンドン都（GLC）の廃止

　こうして大ロンドン都（GLC）を廃止する法案が立案され、国会に提案された。とはいえ、サッチャー首相に率いられた保守党の国会議員が全員その法案に賛成しているというわけではなかった。それどころか、サッチャー首相に造反して、はっきりと法案に反対している議員もいた。元首相のヒース（Sir Edward Heath）はその代表的な議員であった。

　労働党の議員が強く反対したのは当然である。また、国会では、上院の政党色があまり濃厚でない貴族院（上院）議員が、GLCの廃止に批判的であった。しかし、最終的には、僅少差ではあったが、下院も上院も通過し、法律として成立した。

　大ロンドン都（GLC）は、1986年3月31日に廃止された。この日の夜、25万人の群衆が大ロンドン都（GLC）の庁舎の前に集まり、ロウソクの光のなかで、ハイドンの"別れの交響曲（Farewell Symphony）"を聞きながら、GLC最後の時を過ごした。空には、ロンドンではじめてといえるほど沢山の花火が打ち上げられた。多くの人々の胸にはバッジを光っていた。"また会いましょう"という文字が書かれているバッジであった。

　時計の針が12時を指した時、大ロンドン都（GLC）の"リーダー"であったリビングストン（Ken Livingstone）は、ロウソクの最後の1本を吹き消した。ロンドン県（LCC）と大ロンドン都（GLC）を合わせて97年間、"ロンドン政府"の中枢であった庁舎はここに幕を閉じた[223]。

　サッチャー首相は完璧に勝利した。が、サッチャーの栄光は5年と続かず、彼女自身の政党によって、首相の座から引きずり下ろされた。一方、党争相手のリビングストンは、10数年後に、彼自身の政党（労働党）にも刃向かって、大ロンドンの初代の公選市長に

---

223　BBC, On This Day, 31 March 1986; Greater London Council abolished, http://news.bbc.co.uk/onthisday

なった[224]。これについては、次章で述べる。

#### 図16）大ロンドン都（GLC）の庁舎

注）この庁舎は、ロンドン県（LCC）の庁舎でもあった。
前に見えるのはテムズ川で、この対岸に、国会がある。

　それはともかくとして、大ロンドン都（GLC）の多くの権限はロンドン区に移管された。しかし、なかには、消防などのように、ロンドン各区によって任命された議員の合同委員会が管轄するようになったものもあり、また、国の機関や中央政府の任命機関に移管されたものもかなりあった。

　生き残ったインナー・ロンドン教育庁（ILEA）の議員選挙は1986年5月に実施された。そして、装いを新たにして、旧教育庁の業務を引き継いだ。しかし、この新しいインナー・ロンドン（ILEA）については、保守党の国会議員のなかに、とくに政府の要職に就いていない普通の国会議員のなかに、批判的な者が多かった。教育行政は、ロンドンの中心区においても、周辺区と同じように、それぞれのロンドン区が担うようにするべきであると、主張していたのである。そして、これらの議員から、教育行政を希望する区には、教

---

224　Tony Travers, The Politics of London —Governing an Ungovernable City, (Palgrave Macmillan, New York, 2004) p.11.

第5章　大ロンドン都（GLC）の創設

育行政の権限を移譲するという趣旨の法案が、国会に提案された。
　この時、インナー・ロンドン教育庁（ILEA）の議員達がどういう反応をしたのかは定かでない。これらの議員には労働党の議員が多かったことからいえば、当然に反対であったと予測できるが…。これに対して、保守党の国会議員は予想以上に積極的であった。国会の審議の過程で、大臣の間から、インナー・ロンドン教育庁そのものを廃止して、中心区のすべての区に、教育行政の権限を移譲すべきという修正案が出てきたのである。最終的には、この修正案にしたがって、インナー・ロンドン教育庁（ILEA）は1990年に廃止され、以後、ロンドンのすべての区、そしてシティが教育行政を担当することになった。
　このような廃止の経緯からいえば、大ロンドン都（GLC）の廃止は、サッチャー（保守党）政府とロンドンの労働党左派の政治上の争いに大きな原因があったといえる。大ロンドン都（GLC）の"リーダー"であったリビングストンが、意識的にサッチャー（保守党）政権に対抗し、挑発したところに、その直接的な原因があったことは確かである。
　たとえば、サッチャー（保守党）政権が、イギリスの経済を立て直すために、公共支出の削減という政策を掲げ、それを懸命に推進していたにも拘わらず、リビングストンは、その政府から交付された補助金を用いて、地下鉄やバスの料金を引き下げるということをしていたのであった。これは、サッチャー政権からみれば、中央政府の政策を嘲笑する以外の何ものでもなかった。
　その上、リビングストンをはじめとする大ロンドン都（GLC）の労働党左派の面々は、1981年に労働党右派を押しのけて大ロンドン都（GLC）の実権を握って以来、大ロンドン都（GLC）をイデオロギーの基地として利用するようになった。人種差別の撤廃を打ち上げ、核の根絶を打ち上げたのである。また、公共料金の引き下げ、さらには、"ゲイ"の人権を容認するなど、様々な過激な施策をロ

ンドンで実施した。これらは、ことごとく、サッチャー中央政府の政策と対立するものであった。しかも、当時、大ロンドン都（GLC）の庁舎と国会議事堂がテムズ川を挟んで向かい合っていたためであろう。リビングストンは大ロンドン都（GLC）庁舎の屋上に、国会議事堂に向けて、ロンドンの失業者の増加数を示す掲示板を掲げるということすらしていた。こうした姿勢によって、リビングストンは、多くのロンドン住民、とりわけ貧しい人々の絶大な人気を獲得した[225]。しかし、これでは、サッチャー中央政府の"目の上のたんこぶ"になるのは必然であり、サッチャー首相が、その排除を考えるようになるのは当然であった。

とはいうものの、大ロンドン都（GLC）は、こういう政治紛争だけで廃止されたものではなかった。大ロンドン都（GLC）を廃止しようという動きは、保守党の間に、かなり前からあったのである。たとえば1973年当時、保守党は中央政府の政権を握っていたが、この政権は大ロンドン都（GLC）の廃止の検討をはじめていた。このときは、直後の1974年の総選挙で政権が労働党に奪われてしまったために、立ち消えになってしまったが[226]。

そして、1979年に保守党が再び政権を獲得し、サッチャー政権が出現した時には、ロンドン区の保守党議員は、この政権にかなり期待したようである。しかし、この頃の大ロンドン都（GLC）で実権を握っていたのは保守党であった。しかも、議員92人のうち64人が保守党というように（p.157 表15参照）、圧倒的な勢力を誇っていた。当時の大ロンドン都（GLC）は保守党の"要塞"だったのである。そういう要塞を取り崩すことは、サッチャー政権といえども、できなかったとのは当然である。この結果、大ロンドン都（GLC）に関して、サッチャー政権は、当初、沈黙を保っていたと

---

[225] Ben Pimlott and Nirmala Rao, Governing London, （Oxford University Press, 2002）, pp.33-36.
[226] Ibid.,p.31

いわれている[227]。

　ところが、1981年の選挙で、大ロンドン都（GLC）の政権が労働党に再び奪われてしまった。しかも、その"リーダー"となったリビングストンはロンドン人の人気が非常に高かった。言い換えれば、ロンドンの情勢が変わり、保守党政権としては、保守党の意向を押し通すことに何も遠慮する必要はなくなった。こうして、サッチャー政権は、大ロンドン都（GLC）の廃止に向けて走り出したということができる。

　大ロンドン都（GLC）は1965年当時の保守党政権によって創設されたものであるが、これは、必ずしも、保守党本来の発想ではなかった。保守党本来の発想は、こういう広域自治体の設置ではなく、基礎的な自治体を重視するという「地方主義」の発想であった。

　1965年当時は、緊急に解決しなければならない問題がロンドンにあったために、妥協的に大ロンドン都（GLC）を創設したものの、事態が落ち着いてくるにしたがい、伝統的な「地方主義」という思考が頭をもたげてきても何ら不思議ではなかった。むしろ、必然ともいえた。そして、ロンドンの基礎的な自治体である「ロンドン区」の保守党議員は、大ロンドン都（GLC）の創設以後も、一貫して、「ロンドン区」を中心とするロンドンの運営を主張し続けてきた。中央の保守党政権としては、これを無視することはできなかった。

　ということからいえば、GLCの廃止は、大ロンドン都（GLC）と中央政府の政治的な紛争に直接的なきっかけがあったとしても、本質的には、保守党の伝統的な体質に原因があったとみるのが正しいようである。1990年のインナー・ロンドン教育庁（ILEA）を廃止し、教育行政の権限をロンドン各区に移譲したというところにも、そうした保守党の体質が現れているといわなければなるまい。

---

[227] しかし、ロンドン区の保守党議員は、そういうGLCの事情に頓着せず、こぞとばかりに、GLCからロンドン区への権限移譲を迫っていたという。Ben Pimlott and Nirmala Rao, Governing London, p.32

# 第6章
# 大ロンドンの復活

## １　空白期のロンドン（1980-90年代）

**1）　パートナーシップの誕生？**

　1986年、それまでロンドン全域にわたる"ロンドン政府"として機能してきた大ロンドン都（Greater London Council; GLC）が廃止された。大ロンドン都（GLC）が担当していた首都機能のなかの重要なものが、大ロンドン都の廃止に伴い、中央政府に吸い上げられた。たとえば、首都の警察はその前から中央政府に仕切られていたが、明確に中央政府の権限となり、さらに、ロンドン全域の都市づくりの基本方針、すなわち、ロンドンの戦略的な計画の作成権が中央政府の権限となった。ロンドンのバスや地下鉄などの経営権も中央政府に引き継がれた。

　とはいえ、大ロンドン都（GLC）の多くの権限は、ロンドン区[228]の権限となった。また、いくつかの権限、たとえば、消防やごみ規制、あるいは、ロンドン全域にわたる計画の作成などは、合同委員会（joint committees）の権限とされた。合同委員会というのは、32のロンドン区とシティの代表者（議員）で構成される委員会によって、意志が決定されるという機関である。日本の自治体の「一部事務組合」のような機関だといえる。

　教育は、大ロンドン都（GLC）の時代から、郊外のロンドン区

---

[228]　ここでロンドン区というのは、32のロンドン区（London Borough Councils）とシティ（City od London）を指す。

168

については、ロンドン区の権限とされていた。しかし、中心部の12区（London Boroughs）とシティ（City of London）の場合は、そうではなかった。インナー・ロンドン教育庁（Inner London Education Authority；ILEA）がこれらの中心部の教育を担っていた。このインナー・ロンドン教育庁（ILEA）は、"教育特別委員会"であり、その構成メンバーは中心部の区域から選出された大ロンドン都（GLC）の議員であった。そのため、大ロンドン都（GLC）の廃止に際して、このインナー・ロンドン教育庁（ILEA）をどうするか、教育の権限をロンドン区とシティに移管するか、それとも、特別の機関を設置するかが、大きな政治問題となった。

　大ロンドン都を廃止した当初は、インナー・ロンドン教育庁（ILEA）という"特別委員会"の委員を住民の直接選挙で選出するということで、現実に、選挙が行われた。しかし、1990年になると、この教育庁は廃止され、教育の権限はすべてロンドン区に移管されることとなった。

　このように、多くの権限がロンドン区に移管されたため、大ロンドン都（GLC）の廃止直後は、ロンドンは"混乱状態（messy）"にあるとか、"ばらばら（fragmented）"だなどといわれることもよくあった[229]。

　事実、大ロンドン都（GLC）の時代には、32のロンドン区とシティが協議会をつくり、意志決定の調整を図るなど、ひとつにまとまった形をとっていたが、大ロンドン都の廃止とともに、この協議会が分裂し、労働党の支配下にあるロンドン区は独自の協議会をつくるようになっていた。

　また、ロンドン全域にわたる計画を策定するために、従来は、32のロンドン区とシティが合同で委員会を設置していた。しかし、こ

---

229　P Newman and A Thornley, 'Fragmentation and Centralisation in the Governance of London: Influencing the Urban Policy and Planning Agenda', Urban Studies, 34/7,1997, pp.967-88.

*169*

の委員会も大ロンドン都（GLC）廃止とともに機能しなくなった。各ロンドン区そしてシティが、それぞればらばらに計画を策定するようになったわけである。

　こうした状況のもとで、ロンドンが崩壊すると予想するものも少なくなかった[230]。ところが、大ロンドン都の廃止から数年たち、1990年代になると、ロンドンが崩壊するどころか、逆に、まとまりを見せるようになってきた。各ロンドン区およびシティがそれぞれの"地方根性（parochialism）"から次第に抜け出すようになり[231]、首都ロンドンの一員であるということを強く意識するようになったのである。郊外部と中心部とは違うというような、ロンドン区の対立意識は必然的に薄まり、また、政党間の意見の対立も、ロンドンでは、あまり見られなくなった。それどころか、驚くほど協力的になり、首都ロンドンという大局的な立場に立って、連携を強めるようになっていった。そして、1995年には、"協議会"がひとつに統合され、32のロンドン区とシティが手を携えて行動するための結束の強い"協議会"を設立された。

　こうしたロンドン区の連帯はさらに広がりをみせていった。民間の経済界も、ロンドンをひとつにまとめたいという意識が強くなり、ロンドン区と連携するようになった。ビジネス界の面々が、首都ロンドンを如何にするかの話し合いをするために、ロンドン区の政治家（議員）と朝食会や研究会を頻繁に開くようになったともいわれている。経済界が中心となって、民間企業から資金を集め、シティ（City of London）やウエストミンスター市（City of Westminster）[232]と連携して、ロンドンに投資するという動きも活

---

230　Tony Travers, The Politics of London － Governing an Ungovernable City －,（Palgrave Macmillan, New York, 2004）,p.35.
231　Ibid., p.38
232　ロンドン区の一つ。ロンドンの中心にあり、シティ（ロンドン市）に隣接している。シティが金融の中心として位置づけることができるのに対し、ウエストミンスター市は国の中心であり、バッキンガム宮殿や首相官邸、国会、中央省庁など国の中枢施設はほとんどがここにそろっている。

発になった[233]。

　中央政府（保守党政権）も、1990年代にはいると、首都ロンドンに大きな関心を向けはじめた。ロンドン担当の大臣を任命するようになり、また、内閣のなかに、ロンドンのことを論じる委員会を設置するようになった。1994年には、ロンドン庁（Government Office for London：GOL）を設置した。このロンドン庁（GOL）の仕事は、ロンドン再生資金の配分、首都ロンドンの住宅政策や土地利用計画の策定であった。また、ロンドン区や民間団体などとの調整もロンドン庁（GOL）の重要な任務となった[234]。このロンドン庁（GOL）の運営委員会には、民間団体の代表も加わるようになり、その結果、経済界などの民間団体とロンドン庁（GOL）、そして、ロンドン区やシティも、ロンドンの統治という面で、意思の統一が図られるようになっていった[235]。

　これが1990年代に入ってからのロンドンの動きであった。いわば、1990年代のロンドンは、ロンドン区、シティ、ビジネス界（経済界）などの民間団体、ロンドン庁（GOL）などの国の機関、等々の様々な機関（団体）の連携によって、いわば、パートナーシップの発展によって、あるいは、ネットワークの力で運営されるようになっていたわけである。

　保守党政権は、1986年に大ロンドン都（GLC）の廃止に際して、非効率で無駄の多い官僚政治を取り去るということを強調していたが、少なくとも1990年代前半のロンドンの動き、すなわちパートナーシップ発展の動きを見る限り、保守党政権の考え方は正しかったといえる。

---

233　Tony Travers, op.cit., p.33.
234　Ibid.,
235　Ben Pimlott and Niramala Rao, Governing London,（Oxford University Press, 2002）, p.52.

*171*

**2) パートナーシップの限界； 労働党政権の登場**

　しかし、1990年代の半ばになると、次第に、パートナーシップの限界が見えるようになってきた。ロンドンを実質的に仕切るようになったパートナーシップの担い手の間で、意見の食い違いが出てくるようになったのである。たとえば、ビジネス界などの民間団体の関心は、もっぱら、ビジネス・センターとしてロンドンを整備し、世界都市としてのロンドンの地位を高めるというところにあった。そのため、関心は、おのずと、ロンドンの中心部に集中した。ところが、ロンドン区の関心は、ロンドン郊外部を含むロンドン全域の整備にあった。

　そのため、たとえば、ロンドンのインフラ整備に際して、ロンドン区とビジネス界などの民間団体の意見は容易にまとまらず、合意形成をはかるために、大変なエネルギーを必要とした。実際には、意見がまとまらないことが多かった。そして、パートナーシップの担い手の間でも、ロンドン全体のビジョンを策定するような広域機関が必要ではないかという論議が展開されはじめていた[236]。

　また、イギリスの国のなかで、あるいは、世界の中で、ロンドンの"声"をロンドンのために発信するものがいないということを問題視する論者も現れるようになっていた。オリンピックなどのような国際的なイベントを誘致するという点で不利だという意見が強くなってきたのである[237]。

　こうした状況のもとに、ロンドンの人々は、大ロンドンを復活すべきだという労働党の持論に次第に関心を寄せるようになった。

　労働党は、大ロンドン都（GLC）が廃止された直後から、一貫して、その復活をロンドン人に訴えていた。1987年の総選挙でも、また、それに続く1992年の総選挙でも、大ロンドンの復活がマニフェス

---

[236] Ben Pimlott and Niramala Rao, Governing London,（Oxford Univerity Press, 2002）, p.53.
[237] Tony Travers, op.cit.,p.36.

*172*

# 第6章 大ロンドンの復活

トの重要な内容であった。しかし、残念ながら、この二つの選挙では、保守党に破れ、広域自治体を実現することはできなかった。

## ◆2 労働党の1997年総選挙のマニフェスト

### 1)「公選市長制」採用の提言

　1987年と1992年の総選挙で、労働党が訴えた大ロンドンの統治機関は、日本で一般的に見られるような公選首長と議会の二元代表制の自治体ではなく、議会が一元的に大ロンドンを治めるというものであった。議会が立法機関と行政機関の両方の機能を担うのは、イギリスの伝統的な自治体の仕組みであり、当時の労働党も、それを当然のことと考えていた。と言うよりも、それ以外の形態の自治体は想像できなかったようである。

　ところが、1994年に、それまでの労働党をリードしていたスミス党首（John Smith）が急死するという事態が発生した。これに伴い、党首選となったが、選出されたのは41歳の若き国会議員、ブレア（Tony Blair）であった。このブレア党首は、新労働党（New Labour）を標榜し、労働党を左翼政党から中道政党に変質させるというように、新しい考え方を次々と打ち出したが、ロンドンについても、従来の構想からの脱却をはかることになった。公選市長を導入するという構想を打ち出したのである。

　ブレア党首が公選市長制の自治体にこだわるようになったのは、1996年に公表された「地方民主化委員会（Commission on Local Democracy）」の報告書を見てからだといわれている[238]。この報告書は、次のように、公選市長の利点を掲げ、ロンドンにふさわしい制度だと説明していた。報告書はいう。

---

238　Ben Pimlott and Niramala Rao, op.cit., p.57.

「市長ははっきりと目にすることができる存在であり、責任の追求もしやすくなる。議員の有力者グループが自治体の決定をするという仕組みのもとでは、責任はあいまいになりがちである。それに対して、公選市長の場合は、責任が市長にあることがはっきりしている。また、市長に就任した人物の持ち味が自治体の運営に影響する可能性も高い。これは、住民の関心を強くするという上で、決して悪いことではない。選挙の投票率が高くなるという可能性もある。現在の地方選挙は、国政の世論調査のようになってしまっているが、公選市長制の採用により、地方の問題を考えるようになるかもしれない。…公選市長が他の自治体の公選市長とネットワークをつくって発言するようになれば、中央政府は、その発言に耳を傾けざるを得なくなるはずである。公選市長は、住民から選ばれたという地位を保有する。必然的に、知名度が高くなり、権威が伴う。そのため、中央政府に対して発言し、交渉し、要請する、等々、中央政府と渡り合う力をもつことができる。

公選市長制の採用という改革は、中央―地方のタテワリ状況を改善する手段を与えるものでもある。地方の政治行政にマスコミの関心を引きつける可能性も高い。とくに、ロンドンのような大都市が、民主的な仕組みのもとで、自治体としての一体性を回復するためには、公選市長の採用が有益である」[239]。

## 2) ブレア党首の表明と労働党

ブレア党首は、1996年2月、大ロンドンに公選市長制を導入したいというアイデアを初めて表明したが、このときは、他の労働党の議員は、ほぼ全員が、そのアイデアに反対だったといわれている。とりわけ、ロンドン選出の国会議員で、その後、労働党の大ロンドン市長候補になったドブソン議員（Frank Dobson）は強い反対論

---

239 Commission on Local Democracy, Taking Charge : The Rebirth of Local Democracy (Final Report) 1995, p.22.

者であった[240]。

　当時、このドブソン議員は、労働党の影の内閣（シャドー・キャビネット）で地方自治を担当していた。つまり、労働党の地方自治の責任者である議員が、公選市長制の導入に強く反対していたのである。もちろん、大ロンドン全体を統括する広域自治体の再設置には賛成していたが。

　ドブソン議員が公選市長に反対した理由は、「一人の人間にあまりにも大きな力を与える」という点にあった。また、「イギリスの伝統的な地方統治のパターンを脅かす」という点についても、すなわち、議会制民主主義を損ないかねないという点についても懸念を示していたという[241]。

　一方、労働党のブレア党首は、この「一人の人間に大きな力を与える」という点を根拠にして、公選市長制を求めていた。

　とはいうものの、このドブソン議員も、他の労働党議員も、ブレア党首に対して、面と向かって反対を表明するということはなかった。どの議員も、ブレア党首の構想に同調しなかっただけであった。

　また、ブレア党首も、労働党のなかで合意形成をはかるという動きを積極的に展開することはしなかった。しかし、そうこうするうちに、労働党内でブレア党首の地位が徐々に確固たるものとなり、それにしたがって、公選市長のアイデアも労働党の意見として固まるようになっていった。そして、1997年の総選挙では、マニフェストにそのアイデアが打ち出されることとなった[242]。

　ただし、「ロンドンに公選市長と議会（an elected mayor and assembly）の制度を導入し、広域の行政機関を設置する」[243]という

---

240　Ben Pimlott and Niramala Rao, op.cit., p.58.
241　Tony Travers, op.cit., p.47.
242　Gerry Stoker & David Wilson ed., British Local Government into the 21st Century, (Hampshire, Palgrave Macmillan, 2004), p.49.
243　David Coates and Peter Lawler, New Labour in Power, (Manchester, Manchester University press, 2000), p.81.

だけで、具体的な内容は示していなかった。

## 3　労働党の圧勝と大ロンドン市長選挙

### 1）　住民投票の実施

　1997年5月の総選挙で、ブレア党首が率いる労働党が18年ぶりに政権を獲得した。しかも、圧勝であった。総議席の63.4％を獲得したのである。ブレア労働党政権は、この勢いに乗って、直ちに、ロンドンの改革に取りかかった。まず、1997年7月に、「ロンドンの新しいリーダーシップ（New Leadership for London）」[244]と題するグリーン・ペーパーを発表した。そして、このグリーン・ペーパーに対して寄せられた1,200件を超える国民の声を参考にしながら、翌1998年3月、グリーン・ペーパーの修正版として、「ロンドンの市長と議会（A Mayor and Assembly for London）」[245]と題するホワイト・ペーパーを公表した。市長公選の構想が煮詰まってきたわけである。これまでのイギリスの方式からいえば、ここから、政党間で、あるいは政党内で議論が沸き返るはずであった。1963年に大ロンドン都（GLC）を創設したときにも、構想がかなり煮詰まってから、議論が沸き返った（第5章参照）。しかし、今回のブレア労働党政権の場合は、労働党と保守党の間で、あるいは、労働党の内部で、大ロンドン市を創設（もしくは復活）するべきか否かの議論が沸き返ることはなかった。サッチャー元首相など、保守党の一部は反対の意向を表明していたが、これらの反対は、いわば静かに反対していただけであった。

　公選市長の設置は、何度も言うように、イギリスでは初めてのこ

---

244　The Stationary Office, New Leadership for London, Cm 3724. July 1997.
245　The White Paper, A Mayor and Assembly for London, March 1998.

とである。それにも関わらず、今回は、なぜ、議論が沸騰しなかったのであろうか。これは、ブレア労働党政権が巧妙な戦略を採用したためであったと言われている。ブレア政権は、政権獲得の直後に、ロンドン改革をするか否かを「住民投票」で決すると、女王陛下にスピーチしてもらったというのが、その巧妙な戦略であった。

　当時、「住民投票」の実施は、労働党によって、ロンドン改革を民主的に行うという姿勢を積極的にアピールするためのものであったと宣伝されていた。しかし、ブレア労働党政権が、住民投票によって、民主主義を充実させるという発想を実際に持っていたかという点については、疑問だという者が少なくない[246]。

　イギリスでは、伝統的に、議会制民主主義が重視されてきた。議会は、議論を積み重ねる場であり、その議論をもとにして、住民が物事を理解し、意思を確定する。その住民の意思を議員がくみ取り、議会で、あるいは政党間で議論して、最終的な意思決定をする。こうした議論の積み重ねにより、"理解の政治"を行うことができ、これこそが真の民主主義であるというのがイギリスの伝統的な考え方であった。一方、住民投票は、議論を尽くし、物事を理性的に理解した上で、物事を決めるという議会制民主主義よりも、その時その時の人々の感情で決定する傾向が強く、"感情の政治"になりがちであると考えられてきた[247]。

　しかし、ブレア労働党政権は、こうした伝統的な議会制民主主義のルールに基づかず、いきなり、住民投票に持ち込むという強攻策をとった。しかも、労働党政権の構想をホワイト・ペーパーで正式に公表にしてから、2か月も経たないうちに、住民投票を強行した。言い換えれば、ホワイト・ペーパーに示された内容の分析や検討が

---

[246] Ben Pimlott and Nirmala Rao, Governing London, Oxford University press, 2004, p.62.
[247] これについては、竹下譲『パリッシュに見る自治の機能―イギリス地方自治の基盤―』（イマジン出版、2000年）、54-54頁。また、竹下譲「議会制民主主義と住民投票」、『月刊自治研』39巻448号、26-33頁参照。

ほとんど行われないまま、住民投票が実施された。住民投票で、住民の"賛否"が明らかになれば、それ以後、住民の代表である議員が、その"賛否"の結論を無視して、議論することは難しい。実際には、あり得ないといってよい。ということからいえば、ブレア労働党政権が強行した住民投票は、むしろ、議員間の議論を、あるいは政党間の議論を封じるための戦略であったというべきである。

　それはともかくとして、住民投票は、1998年5月7日に実施された。結果は、表16に見るように、72%の有権者が賛成票を投じ、ここに、大ロンドンの広域行政体が復活することが確定した。

表16）大ロンドン市（GLA）設置の住民投票

|  | 比率 | 得票数 |
| --- | --- | --- |
| 賛　成 | 72.0% | 1,230,715 |
| 反　対 | 28.0% | 478,413 |
| 投票率 | 34.6% ||

　この結果、大ロンドンの新しい統治機関として、市長選挙と議員選挙が行われることになったが、この選挙が行われたのは、住民投票の2年後、2000年5月であった。

2）　市長候補の選定騒動（第1回市長選挙）

　大ロンドン市（Greater London Authority：GLA）の復活が決まり、いよいよ、誰が最初の市長になるかが市民の間で話題にされるようになった。有名な人物が数多く下馬評に挙がった。なかでも、ロンドン市民に人気があった人物は、1986年に廃止されたときの大ロンドン都（GLC）のリーダー、ケン・リビングストン（Ken Livingstone）であった。また、その対抗馬として、ベストセラー作家のジェフリー・アーチャー（Jeffrey Archer）が有力視されていた。

　この頃のケン・リビングストンは労働党の国会議員であり、対抗馬と目されたジェフリー・アーチャーは保守党の国会議員を退陣し

## 第6章　大ロンドンの復活

た直後であった。が、結果的には、いずれも、労働党そして保守党の候補にならなかった。

　たとえば、保守党のジェフリー・アーチャーの場合、サッチャー元首相は強く支持していたが、この当時の保守党総裁は全く評価していなかった。このため、保守党本部は、市長候補として何人かの有名人の名前を挙げ、ジェフリー・アーチャーを排除しようとしたが、しかし、ロンドン市民に人気のあるジェフリー・アーチャーの名前を削除するということはできなかった。結局、ロンドンの保守党の党員3,000人によって、これら名前の挙がった人々を先ずは2人に絞るということになった。この選定は、党員の秘密投票という形で1999年9月14日に行われた。選ばれたのは、保守党の国会議員で前運輸大臣だったスティーブ・ノリス（Stevn Norris）とジェフリー・アーチャーの2人であった。次いで、1999年10月1日、ロンドンの保守党員によって市長候補を最終的に決定する投票が行われた。結果は、保守党本部の期待に反して、ジェフリー・アーチャーの選定であった。ここまでやった以上、当時の保守党のヘイグ（William Hague）総裁も、この投票結果を尊重せざるを得ず、ジェフリー・アーチャーを市長候補に公認した。それだけではなく、10月8日には、次のように、持ち上げてもいた。

　「アーチャーはロンドン市長候補にふさわしい誠実で高潔な人物です。私は、全面的に支援したい」[248]。

　ところが、ジェフリー・アーチャーには思わぬ伏兵が待ちかまえていた。女性スキャンダル問題に関連して、10年以上前に、法廷で偽証したことが明らかになったのである。こうなると、ヘイグ保守党総裁の発言も変化した。

　「ジェフリー・アーチャーの政治生命は終わった。私の党では、

---

248　Jeffrey Archer, Wikipedia, the free encyclopedia, http://wikipedia.org/wiki/Jeffrey

*179*

こうした行為は絶対に認めない」[249]。

結局、ジェフリー・アーチャーは市長候補の辞退に追い込まれ、保守党の市長候補には、スティーブ・ノリス（Steven Norris）国会議員が指名された。

一方、労働党では、ブレア労働党政権の運輸担当副人臣であったグレンダ・ジャクソン（Glenda Jackson）が、副大臣を退任し、マニフェストを作成するなど、早くから、労働党の市長候補に立候補する準備を進めていた[250]。彼女はアカデミー賞受賞の女優でもあった。非常に有名な人物であったわけであるが、一般には、ケン・リビングストンが労働党の候補として本命視されていた。しかし、ブレア首相はケン・リビングストンを擁立することに反対であった。というよりも、労働党政権を維持するためには、リビングストンを市長にしてはならないと、ブレア首相は考えていた。

1980年代・90年代の労働党は、左翼勢力が圧倒的に優勢であった。そして、それが、労働党が多くの有権者から見放される原因になっていた。その結果、1980年代から90年代前半にかけて、労働党は政権を獲ることができなかった。それどころか、1980年代に設立された第3党の自民党に、総選挙の得票率で接近されるという状況にあった。ブレア首相は、こうした労働党の改善のために、総裁になると直ぐに、左翼勢力の一掃という方針を打ち出し、それよって、再び、多くの有権者の支持を得られるようにした。少なくとも、そういう自負、あるいは自信がブレア首相にあった。ところが、極左のリビングストンをロンドン市長にすれば、労働党がまたまた有権者に見放されるようになりかねない・・・と、ブレア首相は考えたようである。また、中央政府に刃向かってくる可能性も高いと、ブ

---

249　Ibid.,
250　松本克夫・加藤嘉明「復活した大ロンドン市」、自治分権ジャーナリストの会編『英国の地方分権改革』（日本評論社、2000年）、41頁。

レア首相は考えていた[251]。

　そのため、ブレア首相は、リビングストンが労働党の候補にならないように、数々の干渉をした。候補者名簿に、リビングストンを上回りそうな多くの優秀な人々を掲載するというのが、最初の試みであった。しかし、リビングストンを候補者名簿からはずすという工作は成功せず、最終的には、党員の投票で候補者を決めることとなった。

　ここで、ブレア首相の最後の工作をした。ブレア首相に同調するメンバー、たとえばロンドン選出の国会議員に、一般の党員の1票に対し、1000票の価値がある投票権を与えるという工作をしたのである。ほかにも、ロンドン選出のEU議会の議員、さらには、大ロン市議会議員の候補予定者にも大きな投票権を与えた。このようにして、やっとの思いで、リビングストンではなく、ブレア政権の閣僚の1人であったドブソン（Frank Dobson）を労働党の候補者に選出した。ドブソンは51.5％の票を獲得したが、リビングストンが獲得した票も48.5％というように、それに近かった。しかも、ドブソンの票はほとんどが国会議員などのいわば"作為的な票"であった。労働党員である労働組合の票に限定してみると、ドブソンは28％の票を獲得したに過ぎなかった。72％の票がリビングストンに投じられたのである。その後、リビングストンに対して、いくつかの労働組合が無所属で立候補することを勧めたそうであるが、これは必然の現象ともいえた[252]。

## 3）無所属候補の当選（第1回ロンドン市長選挙）

　2000年5月のロンドン市長選挙で最終的に候補者になったのは、

---

[251] ブレア首相は「リビングストンは、市長の職を、労働党政府に対する不平不満の拠点とするために、利用するに違いない」と発言していた。(Tony Hyland, 'Labour party rigs candidate selection process for London Mayor', The Independent, 25 February 2000.
[252] Paul Waugh, 'London Mayor', The Independent, 28 September 1999.

保守党はスティーブ・ノリス、労働党はフランク・ドブソン、そして、もう一つの有力政党である自民党の候補は実業家のスーザン・クラマー（Susan Kramer）であった。イギリスのそれまでの地方選挙では、保守党か労働党あるいは自民党の候補者として立候補しない限り、当選することは不可能ということができた。（スコットランドやウェールズでは状況が異なるが・・・）。したがって、当選をねらう候補者は、これらの3大政党の候補者にならない限り、立候補しないのが、それまでの常識であった。

　ところが、今回は、ケン・リビングストンが、無所属の候補として、その戦いに加わった。これは、労働党の決定に刃向かうものでもあった。そのため、労働党からはもちろん除名された。その上、当時、国民の間で絶対的な人望があったブレア首相により、機会ある毎に、リビングストンは市長にふさわしくないと非難された。マスコミのなかにも、ブレア首相に同調し、リビングストン反対のキャンペーンを展開するものが少なくなかった。

　こういうなかで、リビングストンがとった戦法は、非常に目立つ"マニフェスト"を作成し、他の候補との差別化をはかるというものであった。たとえば、3大政党の候補者は、すべて、それまでの慣習の通りに、政党が中心になって"マニフェスト"を作成し、政党の"マニフェスト"としてロンドン市民に訴えていた。それに対し、リビングストンは、ロンドンの人々を代表するための"マニフェスト"であるという点を強調し、リビングストン自身のロンドン人のための"マニフェスト"として、市民に示したのであった。たとえば、マニフェストを公表した直後に、次のような発言していた。

「ロンドンの市民が、市民自身でロンドンを運営できるようになりました。市長職は、政党ではなく、ロンドンの人々を代表するものであると信じています。そのために、無所属で立候補しました。そして、ロンドンの皆さんに政策を選択してもらうために、他の候

## 第6章 大ロンドンの復活

補者よりはるかに詳しいマニフェストを出しました」[253]。

リビングストンは、また、この「ロンドンの人々を代表する」市長職という点を明確にするために、マニフェストの中で、"開かれた政府（open government）"という政策を打ち出していた。すなわち・・・「無所属の市長として、アクセスのしやすい、すべての市民のための自治体をつくっていく」と宣言し、具体的に次のような施策を明示したのであった。

・市の幹部会の議事録を、市長のホームページで公表する。
・パブリック・コメントの仕方をホームページで公表する。
・議会に、市民の"クエッション・タイム"を設け、市民と市長、議員で討論をする。その運営は市民フォーラムに任せる[254]。

このマニフェストがどれだけ市民を引きつけたのか。それは定かではない。しかし、この選挙をきっかけにして、イギリスの地方選挙の仕方が大きく変わったことは確かだといわれている。とくに、公選市長選の制度を導入した自治体では[255]、政党の候補であっても、候補者個人のマニフェストを出すようになった。政党の指示に従うのではなく、市民の代表として行動する傾向が強くなってきたわけであるが[256]、このことからいえば、リビングストンの戦略の成果は非常に大きかったというべきであろう。

この第1回目のロンドン市長選では、リビングストンが勝利し、イギリスで初めての公選市長となった。ただ、マスコミは直前にリビングストンの圧勝を予測していたが、実際は、圧勝ではなく、実

---

253 BBC News, London Mayors News, 17 April 2000, http:/news.bbc.co.uk
254 参照、四日市大学地域政策研究所、『ローカル・マニフェスト―政治への信頼回復を目指して―』（イマジン出版、2003年）、35-57頁。
255 イギリスでは、大ロンドンに公選市長制を導入して以後、他の自治体においても、それぞれの自治体の憲法（Constitution）で公選市長制の採用を決めることができるようになった。しかし、公選市長制を採用した自治体は非常に少なく、多くの自治体は、議院内閣制を採用している。
256 Gerry Stoker & David Wilson ed., British Local Government into the 21st Century, p.83-84.

質的な勝利であった。もう少し、説明を加えると・・・。

　このロンドン市長選挙は、補足投票制度（Supplementary Vote System）という形で実施された。（いまでも、そうであるが・・・）。有権者は投票用紙に記載された候補者のなかから、第1番目に支持する人と、2番目に支持する人を選び、それぞれ、「第1選択（1st choice）」、「第2選択（2nd choice）」のところに"×"印をつけるという投票制度であった（図17参照）。

　選挙の結果は、先ず、「第1選択」を集計し、それで、過半数を超える候補者がいれば、その人が当選ということになる。しかし、どの候補者も過半数に達しない場合は、上位2人の候補者を残し、3位以下の候補者に投じられた票のうち、上位2人のいずれかを「第2選択」とする票を、それぞれの票に加算する。そして、得票の多い者が当選者になるというわけである。

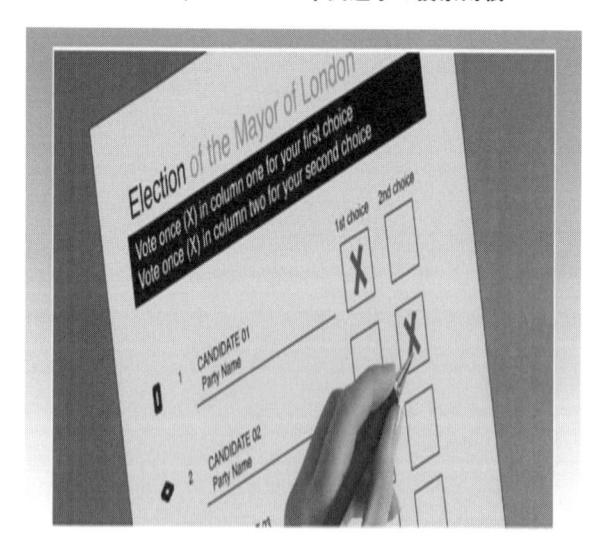

**図17）　ロンドン市長選挙の投票用紙**

　こういう選挙システムのもとで、新聞は、「第1選択」の段階で、リビングストンが圧勝すると予測していた。しかし、結果は、39％

第6章 大ロンドンの復活

の得票しかなかった。2位についたのは27%の票を獲得した保守党のスティーブ・ノリスであった。労働党のフランク・ドブソン候補は、ブレア首相が懸命に応援したにもかかわらず、13%しか獲得できなかった。保守党候補にも大きく引き離された。自民党候補のスーザン・クレイマーは12%であった。

この結果、上位2人の候補者である無所属のケン・リビングストンと保守党のスティーブ・ノリスにロンドン市民の「第2選択」の票が加算された。そして、最終的に、リビングストンの当選が確定したというのが、選挙の結末であった。初代のロンドン市長が誕生したのである。（表17参照）

なお、この選挙の投票率は、予測されたほど高くはなく、33.6%にとどまった[257]。

表17）大ロンドン市長選挙の結果（2000年5月）

| 候補者名 | 政党 | 第1選択得票数 | % | 第2選択得票数 | % | 総計 | % |
|---|---|---|---|---|---|---|---|
| Ken Livingstone | 無所属 | 667,877 | 39.0 | 178,809 | 12.6 | 776,427 | 57.9 |
| Steven Norris | 保守党 | 188,041 | 27.1 | 188,042 | 13.2 | 564,137 | 42.1 |
| Frank Dobson | 労働党 | 228,095 | 13.1 | | | | |
| Susan Kramer | 自民党 | 404,815 | 11.9 | | | | |
| （※）その他 | 緑の党など | 154,515 | 9.0 | | | | |

注）（※）その他の候補者は、全部で7人。候補者の総数は11人であった。

## 4） リビングストン市長の柔軟姿勢

ロンドン市長に当選した直後に、リビングストン市長は、「中央政府の大臣や政党、また、大ロンドン市の議員とともに、ロンドンの利益のために尽くす…」と誓約し、次のように勝利の弁を語った。

---

257 この選挙の投票率は、日本で紹介されている分権を見る限りバラバラである。ここでは、2000年5月5日のイギリスの代表的な新聞、たとえば、The Independentも、また、Guardianも33.6%としているので、その数字に準拠した。

*185*

「私は3大政党に刃向かって選挙戦に挑んだ。にもかかわらず、ロンドン市民は私を信任してくれた。そのことに、感極まっている。この市長の職は、すべての人材や資源を結束させることにある。これが、私の信念である。そのため、労働党との関係も修復したいと願っている」[258]。

また、労働党政権を使ってリビングストン市長の登場を阻止しようとしたブレア首相も、この労働党の反逆者の勝利を認めたのであろう。次のように話していた。

「リビングストンが、ロンドンのために、また、ロンドンの人々のために、効果的に働くことができるように、われわれができる最大限のことをするつもりである」[259]。

そして、ブレア首相は、これ以後、リビングストン市長に対して、作為的に邪魔をするということはなかった。リビングストン市長も、同時に当選した労働党の大ロンドン市議と一緒に、市長就任の宣誓をするなど、労働党に対する親しさを誇示していた。大ロンドン市の議会議員に当選した労働党のニッキー・ガブロン（Nicky Gavron）女史に、副市長への就任を要請するということもあった。ガブロン議員は、この要請に、1人で決断することはしなかった。同僚の労働党の議員に市長の要請を受け入れるべきか否かを相談し、結局、労働党市議が全員で検討し、採決をとって、副市長を引き受けることになった[260]。これは、リビングストン市長と労働党の関係の修復を示すものでもあった。とはいっても、リビングストンは、ブレア労働党政権が示したロンドン地下鉄を民営化する方針に対しては、断固反対であり、市の直営で運営するというリビングストンの発想をつらぬいた。

---

258 Paul Waugh and Andrew Grice, 'Ken reclaim the capital', The Independent, 6 May 2000.
259 Andy Darley, 'Ken wins historic victory', The Independent, 5 May 2000.
260 Patrick Barkham, 'Livingstone sworn in as London Mayor', Guardian, 8 May 2000.

なお、この市長選挙と同時に行われた議員選挙では、合計25人の議員が選出された。その内訳は、表18にみるとおりであり、絶対多数を獲得した政党はなかった。リビングストン市長としては、この4つの政党に配慮しながら、もしくは、バランスをとりながら、ロンドン市政を運営していかなければならなかったわけである。

表18）大ロンドン市議会の議員当選者数
（2000年）

|  | 選挙区 | 比例代表 | 総　計 |
|---|---|---|---|
| 保守党 | 8人 | 1人 | 9人 |
| 労働党 | 6人 | 3人 | 9人 |
| 自民党 | 0 | 4人 | 4人 |
| 緑の党 | 0 | 3人 | 3人 |

このためでもあろうか。副市長を労働党のガブロン市議にしたものの、その後で、毎年、順繰りに各党から副市長になってもらうと発言するようになった。もっとも、1年後には、保守党の議員を副市長にするわけにはいかないということで、ガブロン議員がそのまま副市長を続けることになった。また、2年後には、自民党が副市長を送り込むことを断ったために、この年も、ガブロン議員が副市長を務めた。結局、1期目の最後の年の4年目になって、はじめて、緑の党のジェニイ・ジョーンズ（Jenny Jones）議員が副市長に就任した。

## 4　選挙の仕方は？（大ロンドン市の市長選挙と議員選挙）

### 1）　2004年の市長・市議会議員選挙

2004年に2回目の市長選挙があった。リビングストン市長は、もともとは労働党員であった。しかし、第1回目の市長選のときに、労働党の決定に逆らい、その結果、労働党は、リビングストンの党

籍を剥奪し、少なくとも5年間は復帰させないと宣告していた。
　そのため、労働党としては独自の市長候補を擁立しなければならなかった。そこで、労働党は、大ロンドン市議会議員で、3年間、副市長を務めたニッキー・ガブロン（Nicky Gavron）議員を候補者にしようと考えていた。しかし、ガブロン議員には全く勝ち目がないと言うのが、当時のマスコミの報道であった。その結果、ロンドンを選挙区とする労働党の国会議員たちは、次第に、リビングストンの労働党への復帰を望むようになった。「もっと冷静に、かつ、実際的に判断すべきだ」と考えたのである。
　しかも、この選挙の1年ほど前から、労働党とリビングストの関係は非常に良好なものになりつつあった。労働党として、リビングストン市長を排除する必要はほとんどなかった。ブレア首相も、今度は、リビングストンを労働党の候補にしたいという意向であった。その上、リビングストン市長自身も、「労働党が受け入れてくれるのであれば、喜んで戻りたい」という意思表示をしていた。労働党の候補に予定されていたガブロン議員も、リビングストンを候補にするのが労働党にとって最良の選択であり、市長・副市長のコンビで選挙に出たい旨を表明した。
　とはいっても、リビングストン周辺には、2000年の選挙で、政党ではなく、ロンドン人の代表として立候補し、それがロンドン市民に受け入れられたということを重視するものもあった。労働党の候補になるのが得策かどうかを心配したのである。しかし、当のリビングストン市長自身が労働党への復帰を望んでいたため、こうした懸念は積極的な反対にはならず、結局、労働党は、ロンドンの労働党員の投票によって、リビングストン現市長を候補にするかどうかを決定することとなった。投票結果は、90％以上の党員がリビングストン市長に賛成であった。こうして、労働党はリビングストン現市長とガブロン議員を市長・副市長のコンビ候補にして選挙戦に

挑むこととなった[261]。

　一方、保守党は、第1回目の選挙に続いて、2回目の選挙でも、スティーブ・ノリス国会議員を候補者とした。自民党の候補は、前回とは代わり、今回は、自民党の総裁候補でもあった"大物"のサイモン・ヒューズ（Simon Hughes）国会議員を擁立した。

　こうして、2004年6月10日、第2回目のロンドン市長選挙が行われた。マスコミは、当初から、リビングストン市長の勝利を予測していたが、その予想通り、現職市長の圧勝に終わった。

　しかし、同時に行われた大ロンドン市議会の選挙では、かなりの変化があった。労働党の票数が大幅に減ったのである。とはいうものの、リビングストン市長が獲得した票は、労働党の獲得票よりも11％も多かった。これは、リビングストンがロンドン人の信任を得ていることの現れであると、当時のマスコミは解説していた。議員選挙で労働党から票を奪い、得票数を大幅に伸ばしたのは自民党であった。マスコミの報道によれば、これは、自民党が市長候補に"大物"を擁立したためであったという[262]。もっとも、自民党の得票数の増大は議席にはあまり結びつかず、自民党の議席が増えたのは、たったの1議席だけであった。

　この2004年の市議会議員選挙では、イラク戦争にイギリスが参加したことを批判して結成されたイギリス無所属党（United Kingdom Independent Party）が2議席を獲得した。議席を減らしたのは、労働党、緑の党であったが、議席配分は、表19（p.190）のようになった。

　第2期目のリビングストン市政のもとで副市長になったのは、リビングストン市長とコンビを組んで選挙戦に挑んだ労働党のガブロン議員であり、今度は、4年間、ガブロン議員が副市長を務めた。

---

261　'Labour chooses Ken for mayor', Daily Telegraph, 02/02/2004.
262　'Labour support slide in London', BBC news, 11 June 2004, http://news.bbc.co.uk/2/hi/uk_news/politics/3796573.stm

表19）大ロンドン市議会の議員当選者数
（2004年）

|   | 選挙区 | 比例代表 | 総　計 |
|---|---|---|---|
| 保守党 | 9人 | 0 | 9人 |
| 労働党 | 5人 | 2人 | 7人 |
| 自民党 | 0 | 5人 | 5人 |
| 緑の党 | 0 | 2人 | 2人 |
| 無所属党 | 0 | 2人 | 2人 |

2）　市長・市議会議員に立候補するには？

　ここで、市長および議員に、誰が立候補できるのかを見ておくことにしたい。

　イギリスでは、18歳以上で、イギリスの国民、EU加盟国の国民、そして、コモンウエルスの国民であれば誰でも立候補し投票する資格がある。EUというのは、もちろん、フランスやドイツ、スペイン、デンマークなど、EU（European Union）に加盟している国々のことである。ここで扱うのは、大ロンドン市の2004年と2008年の選挙であるが、2008年当時のことで言えば、EUには27国が加盟していた。これらの国の国民でイギリスに住んでいるものはすべて立候補することができるわけである。

　コモンウエルス（The Commonwealth of Nations）は、日本語では"英連邦"といわれることが多い。昔のイギリスの植民地だった国々、たとえばカナダやジャマイカ、ウガンダやガーナ、あるいは、オーストラリア、ニュージーランド、それに、インドやパキスタンなどの国々のことである。現在は53カ国がこのコモンウエルスに加盟しており、それらの国民は地球人口の25％を超えるといわれている。ということからいえば、世界の30％を超える外国人がロンドン市長や大ロンドンの議員に立候補する資格があるということになる。

　市長選に立候補しようという者は、ロンドンで選挙民登録をしなければならない。あるいは、ロンドンで12ヶ月間以上、住んでい

るか、働いていることが必要である。また、ロンドンで選挙民登録をしている330人以上の市民から推薦してもらわなければならず、しかも、これらの推薦人が1カ所に集中している場合には立候補の資格はない。32のロンドン区とシティから、それぞれ10人以上の推薦人を集めなくてはならないのである。

　立候補するには、10,000ポンドの供託金を支払う義務もある。この供託金は5％以上の票を獲得できない場合には没収される。が、この5％という数字には、単に、市長候補の得票だけでなく、後述の、議員の選挙（比例代表選挙）の得票数も入っている。2008年の選挙でみると、市長候補者が10人いたが、このうち表20（p.199）に掲載された5人は供託金を返済されたものの、残りの5人は供託金を没収された。

　市長選に立候補した者は、通常、マニフェストを作成する。そして、2008年の選挙の時には、このマニフェストは、選挙管理機関が発行する市長選挙公報（Mayoral Address Booklet）に掲載されることになっていた。選挙公報に掲載するには、印刷費や配布料など、経費がかかるのは当然であるが、これらの経費は当然に公費で賄われるというのが日本の常識である。ところが、ロンドン市長選では、これが有料で、選挙広報にマニフェストを掲載してもらうためには、候補者は、供託金に加えて、さらに10,000ポンド支払わなければならない。

　この費用を工面できなかったためであろうか。2008年の市長選挙では、無所属で立候補した1人の候補者は、選挙公報にマニフェストを掲載していなかった。この候補者の場合、経歴や、立候補の動機などを説明する記事は、選挙公報には全くなく、ただ、候補者として名前が掲載されているだけであった。

　こうした候補者の負担とは逆に、候補者が選挙で使うことのできるお金の上限も決められている。市長候補の場合は、選挙キャンペーンに使うことができる上限は2008年の選挙では420,000ポンドで

あった。このなかには、政党の資金も含まれ、市場調査費も含まれる。いわば、候補者の選挙のために使われる一切合切の経費の合計額である。誰が支出するかということも関係なく、すべて含まれる。

一方、議会の議員の場合は、選挙区の選挙で選ばれる議員と、比例代表の選挙で選ばれる議員の2種類の議員があるため、使える選挙資金もそれによって異なる。

選挙区で選ばれる議員は、総計で14人である。ロンドンを14の小選挙区に区分し、それぞれの選挙区から1人ずつ議員が選ばれる。この選挙区で当選するのは、通常は、大政党の候補者である。これまでの3回の大ロンドン市の選挙でも、当選者はすべて保守党か労働党の候補者であった。これらの議員の候補者は、供託金を出す必要はない。しかし、勢力のある政党の後押しがないと当選が実際には不可能ともいえるところから、いままで小政党・無所属で立候補した者はいない。2008年の議員の選挙でも、保守党、労働党、自民党と、そして、例外的に、緑の党が候補者を擁立しただけであった。

もうひとつの比例代表制の選挙は、ロンドン全域を選挙区とし、政党への得票数に比例して当選者が決まるということになっている。当選議員は11人である。この当選者は、ロンドン市民がどの政党にどれだけの投票をしたかを、できるだけ正確に議会に反映するようにするという工夫がこらされている。そのため、選挙区で多数の当選者を出す大政党（保守党や労働党）は、一般に、ほとんど当選者を出すことができない。一方、小さな政党は、この比例代表制の選挙で当選者を出す確率は高い。そのためもあって、多くの小政党が候補者を出している。

小政党のなかには、また、過去3回の市長選挙で、市長候補を擁立するところも多かった。議員候補を擁立する政党は、すべて、市長候補も擁立してきたということすらできた。このため、市長候補は、いつも10人以上いたという状況であった。当選する見込みが全くなく、10,000ポンドの供託金を没収されることが目に見えてい

るにもかかわらず、なぜ、小政党は市長候補者を擁立するのか。不可思議な現象といわざるを得ないが、新聞などの解説によれば、これは、市長候補だけが選挙公報に政党の宣伝（マニフェスト）を掲載できるためだといわれている。ねらいは、市長に当選させることではなく、選挙公報にマニフェストを掲載し、そのマニフェストで政党の名前と政策をロンドン市民に知ってもらおうというわけである。事実、これらの小政党の場合は、市長候補よりも、むしろ、議員の候補者が"主役"のような形でマニフェストに掲載されていることが多い。こういう宣伝だと思えば、10,000ポンド徴収されても、むしろ安いというべきであろうか。そして、現実に、2004年の選挙で無所属党（United Kingdom Independent Party）が2人の議員を当選させている。2008年の選挙でも、極右の国家党（British National Party）が、選挙公報に掲載したマニフェストで"純粋な"イギリス人を強調し、1人の議員を当選させた。ちなみに、この当選議員は、市長候補として、マニフェストで見解を表明していた。

　このような議員の候補者が選挙で使えるお金は、選挙区の議員の場合、上限が35,000ポンド、比例代表議員の場合は、330,000ポンドである。この上限額には、政党が使うお金もすべて含まれていることは言うまでもない。要は、この範囲内で、選挙キャンペーンを展開しなければならないわけである。

## 3）　2008年選挙　―保守党市長の登場―

　2008年5月1日、3回目のロンドン市長選が行われた。この市長選挙では、過去2回負け続けの保守党が並々ならぬ決意を示していた。まず、2年前の2006年中頃に、希望者を募るというのが、保守党の選挙戦のスタートであった。締め切り日を2006年8月4日とし、その応募者のなかから、10月に、ロンドンの保守党員の投票で候補者を決めるということにしていた。この募集で、大ロンドン市議会の議員バーンズ（Richard Barnes）など5人が応募したが、

そのうち4人はロンドン区の議員であり、いわゆる"大物"はいなかった。2000年と2004年の候補者であったスティーブ・ノリス国会議員は自主的に立候補を辞退していた。このため、10月になると、ロンドンの保守党本部は、唐突に、もっと多数の人材の応募を待つという理由で、候補者決定の半年間の延期を発表した。保守党が候補者の"本命"として期待していたのはBBCのディレクターであった。このディレクターは、保守党と自民党が提携して自分を推してくれるのであれば立候補するという条件を示していたが、自民党がこれを拒絶したために、話はつぶれてしまった。この騒動と前後して、保守党の総裁が、前首相のメジャー（John Major）を口説くということもあった。メジャー前首相は、直ちに、拒絶したそうである。

　こういう状況のなかで、2007年6月ころに、ボリス・ジョンソン（Boris Johnson）保守党国会議員が名乗りを上げた。これに伴い、最初に応募した大ロンドン市議会のバーンズ議員はその名乗りを引っ込め、ジョンソンを支持すると表明した。ほかにも、ジョンソンを支持して辞退する者がかなりあった。こうして、2007年9月、ロンドンの保守党員の投票で、ジョンソンを保守党の候補に決定した。実際の選挙まで、まだ8か月近くの余裕があった[263]。

　一方、労働党は、ロンドン市長選の1年前、2007年5月に、すんなりと現職のリビングストン市長を候補にすると決定した。自民党も、2007年11月に、警察の幹部だったブリアン・パディック（Brian Paddick）を、あまり問題なく、候補にすることができた。

　ロンドン市長選がはじまってみると、現職のリビングストン市長は、早くから立候補を表明していたにもかかわらず、実際に、選挙に没頭するようになったのは2008年3月の中旬になってからであった。対立候補の面々は、もう少し早くから、選挙運動をはじめてい

---

263　London Mayoral Election, 2008, Wikipedia, the free encyclopedia, http://en.wikipedia.org/wiki/London_mayoral_election,_2008

た。そのため、対立候補の選挙戦に、現職候補が割ってはいるという形になった。が、ともかく、ようやく本格的な選挙戦に突入した。

　もっとも、選挙戦に突入とはいっても、ロンドン市長の選挙は、車で名前を連呼しながら走り回るというわけではない。ロンドンにどういう問題があるか、それをどのように解決するか、ロンドンをどのような街にするか、等々の構想やビジョンを示し（これが、マニフェストである）、それを説明して歩くという選挙運動であった。

　たとえば、今回の選挙でもっとも早くから選挙運動を展開していた保守党のボリス・ジョンソン（Boris Johnson）候補は、若者がナイフなどを用いて路上で脅すという類の犯罪を問題点として取り上げていた。こういう犯罪を見過ごせば見過ごすほど、ロンドンは危険な犯罪都市になっていくという警告を発し、「ロンドンを安全な街にするには、これらの軽微な犯罪の一掃をしなければならない」というビジョンを打ち出したのである。そして、これを広場や街頭で説明していた。もちろん、拡声器は使わず、口頭で。これが保守党候補のマニフェストであり、選挙運動であった。

　一方、現職市長の選挙運動は、選挙戦の前半は、ロンドンをいかに改善したかという実績を示すことに終始していた。確かに、都心部の交通混雑の大幅な緩和、重犯罪の減少、2012年のオリンピックの招聘、等々、リビングストン市長の8年間の業績には素晴らしいものがあった。しかし、それを誇示するだけでは、選挙運動としての迫力は乏しかった。少なくとも、8年前の2000年の市長選挙に無所属で打って出たときのような迫力がなく、ロンドン市民の胸に訴える選挙運動ではなかった。

　テレビでは、現職候補のリビングストン市長と保守党のジョンソン候補、それに自民党のパディック候補が加わった、3人の討論会が頻繁に放送された。この討論会は、それぞれのマニフェストを題材とするものであった。

　日本でも、最近の首長選挙では、マニフェストが候補者によって

常識的につくられているようである。しかし、この大ロンドン市長選挙で各候補者が示したマニフェストと日本の首長候補が示すマニフェストは根本的に異なるものと言わなければならない。日本の首長候補のマニフェストは、「確実に実現するという約束」だと理解されているためであろう。脈絡のない形で、「実現するべき政策項目」が羅列的に並べられていることが多い。

しかし、日本の首長選挙のマニフェストがモデルとした大ロンドン市長選のマニフェストはそういうものではない。各候補が作成したマニフェストは、第一に、ロンドンが抱えている重要な問題点、あるいは、解決すべき課題を指摘するものである。そして、その問題点や課題をどのように解決していくかの道筋を示し、その具体的な事例として、いくつかの実現すべき項目を掲げる。これが、マニフェストである。有権者は、各候補が指摘している問題点や課題を比較し、その中で、もっとも適切だと思われる問題点や課題を指摘している候補者に一票を投じることができる。もちろん、その解決の道筋が妥当か否かの判断も行うが、いずれにしろ、有権者は、各候補者のマニフェストを比較することによって、政策の選択ができるというわけである。

したがって、このテレビの討論会においても、司会者が各候補にマニフェストの内容を問いただして明確にし、マニフェストで指摘されている問題点や課題が適切かどうかを、司会者が候補者に問い詰めるという形で行われていた。候補者が互いに相手のマニフェストを批判するという場面もないわけではなかったが、それよりは、司会者と候補者が議論するという場面が多かった。テレビ放送のねらいは、マニフェストの内容を視聴者に分からせるということにあったようである。これぞ、まさに、"マニフェスト選挙の討論会"といえるものであった。

このテレビ放送を見ても、リビングストンと司会者の討論よりも、保守党や自民党の対立候補と司会者の応酬のほうが面白く、また、

第6章　大ロンドンの復活

内容があるように感じられた。新聞の報道などを見ても、そういうコメントが多かった。それだけ、ロンドン市政に関する対立候補者の問題点の指摘が、視聴者の納得がいくものであったと言ってよいであろう。テレビを見ている限り、現職のリビングストン市長の説明は貫禄十分であった。しかし、他の2人の候補者に比べて、問題点や課題の指摘はあまり明確ではなかった。少なくとも内容が視聴者の関心をあまり引きつけなかったようである。

　新聞記事も、最初のころは、圧倒的に、保守党のジョンソン候補の「マニフェスト」に好意的なコメントをしていた。一方、現職のリビングストン市長のマニフェストに対しては、批判が強かった。なかでも、イブニング・スタンダード（Evening Standard）というポピュラーな夕刊紙は、リビングストン市長を露骨に、しかも、連日のように、批判していた。しかも、その批判は「マニフェスト」に対するものというよりも、市長のロンドン市運営の姿勢に対する批判、たとえば、時代遅れの極左が市長のブレーンになっているという点の批判であった。

　こうした状況の下に、前半のレースでは、保守党のジョンソン候補に、現職のリビングストン市長は大きく引き離されていた。

　投票日の40日ほど前の2008年3月26日、市長候補者10人の名前が正式に公表された。労働党、保守党、自民党という3大政党に加えて、6つの小政党の候補者が名乗りを上げていた。無所属候補は1人であった。そして、4月早々に、選挙管理官により、「誰が候補者か？　候補者の政策は？」と題する『選挙公報（パンフレット）』が公表された。このなかに、各候補者が工夫を凝らした「マニフェスト」（それぞれ1頁）が掲載されたが、すべての「マニフェスト」が、ロンドンの問題点を指摘し、それを解決するためのビジョンや戦略を示していた。財源、期限、数値目標を示しているものはなかった。この選挙公報に「マニフェスト」を掲載してもらうためには、前述したように10,000ポンドの費用を候補者が負担しなけ

*197*

ればならず、そのためと思われるが、無所属候補の「マニフェスト」は掲載されていなかった。

　「マニフェスト」はこの公報に示しただけで終わるものではない。それどころか、多くの候補者にとっては、この広報への掲示がスタートであり、それ以後、選挙戦の過程で、より詳細な「マニフェスト」を公表するのが普通である。その「マニフェスト」のなかで、自分が市長になれば、どういう構想のもとに、「大ロンドン市」を運営していくかというビジョンを示すわけである。

　この2008年の選挙でも、保守党の候補や自民党の候補は、いくつかの分野の異なる「マニフェスト」を順次公表した。その他の候補は、資金不足のためか、あるいは人材不足のためか、「マニフェスト」の追加はなかったようであるが。現職のリビングストン市長も、もちろんといってよいが、矢継ぎ早に「マニフェスト」を打ち出した。

　とはいっても、有権者であるロンドン市民がこれらの「マニフェスト」を直接的に入手して読むということはほとんどなかったようである。ロンドン市民が「マニフェスト」の内容を知ったのは、もっぱら新聞報道を通じてであった。しかも、新聞の報道には、各候補者の「マニフェスト」を公平に横並びで報道したというものは、あまりなかった。

　イギリスでは、どの選挙でも、新聞は各候補者の「マニフェスト」を公平に報道するということはないといってよい。各紙がそれぞれ支持する「マニフェスト」を明確にし、それを読者に訴える記事を書く一方、気にくわない「マニフェスト」を酷評する記事を書くというのが一般的である。有権者はこうした新聞記事を読んで、どの候補者に投票するか、態度を決めることが多い。いわば、新聞に支持されるか否かで、当選するか否かが決まるといえるくらいであり、したがって、候補者にとって、新聞の報道は重要である。

　ただし、新聞記事は、支持する候補者を先に決めているというこ

第6章　大ロンドンの復活

とはあまりないといわれている。それよりは、各候補者の「マニフェスト」の内容を比べて、"支持"あるいは"反対"を決めるというのが一般的である。2008年の選挙では、ポピュラーな夕刊紙であるイブニング・スタンダードが、現職のリビングストン市長のアドバイザーが左翼勢力であるということで問題にし、そこから、現職市長の批判を繰り返していた。しかも、その影響力は非常に大きかったようであるが、これは、むしろ例外だといわなければならない。

　事実、そのほかの新聞は各候補者の「マニフェスト」をみて、どの候補を支持するかを決めていたようである。その結果、後半戦に入り、現職候補が矢継ぎ早に「マニフェスト」を打ち出すようになると、そこで打ち出されたリビングストン市長の構想を積極的に支持する新聞記事も増えていった。そして、その結果だと思われるが、投票日直前になると、現職候補が急激におい迫り、世論調査では、保守党候補と現職市長の接戦になるだろうと予測していた。

　しかし、現職候補の追撃もここまでであった。5月1日に行われた投票では、ジョンソン候補が当選し、43歳という若きロンドン市長が出現した。

表20）大ロンドン市長選挙の結果（2008年5月）

| 候補者名 | 政党 | 第1選択得票数 | % | 第2選択得票数 | 総計 | % |
|---|---|---|---|---|---|---|
| Boris Johnson | 保守党 | 1,047,361 | 42.48 | 257,792 | 1,168,738 | 53.17 |
| Ken Livingstone | 労働党 | 893,877 | 36.38 | 303,198 | 1,028,966 | 46.73 |
| Brian Paddick | 自民党 | 236,685 | 9.63 | | | |
| Sian Berry | 緑の党 | 77,374 | 3.15 | | | |
| Richard Barnbrook | 国家党 | 69,710 | 2.84 | | | |
| （※）その他 | | 94,451 | 3.85 | | | |

注）（※）その他の候補者は、全部で5人。候補者の総数は10人であった。

このジョンソン新市長の当選が、実際に、「マニフェスト」によってもたらされたものなのかどうかは定かではない。新聞の報道を見ても、投票日の前から、「保守党候補が当選するとしたら、それは（夕刊）イブニング・スタンダードのおかげだ」（The Guardian, March 21, 2008）という報道が多かった。このことからいえば、少なくとも 2008 年の選挙では別の要素、たとえば、リビングストンの長期政権への批判、あるいは、リビングストンの取り巻き（アドバイザー）が勝手すぎるという批判があったのかもしれない。しかし、一方では、現職候補が活気のある「マニフェスト」を示さなかったために、ロンドン市民は保守党候補に投票してしまったというコメントもあった。たとえば、ロンドンの政治、あるいはロンドン市民の政治にもっとも精通しているといわれるロンドン大学のトラバーズ（Tony Travers）教授は、リビングストンの無気力な「マニフェスト」が現職候補の最大の敗因であったとしている（Evening Standard, May 6, 2008）。

　それはともかく、ジョンソン新市長は、就任の直後から、活動をはじめた。5 月 5 日には、若者が引き起こす事件への対応を管轄する副市長（deputy mayor）を任命し、5 月 7 日には、鉄道や地下鉄などでのアルコール飲用を禁止する処置をした。また、6 月 1 日には、アルコールの飲用を警察の取り締まりの対象とした。「マニフェスト」で示したロンドンの安全を確保するために、若者の軽度の暴力行為をなくすという構想の具体化であった。このような状況を見れば、「マニフェスト」は政策を提示するものであり、選挙はその政策を選択したという有権者の行為であったと言ってよいであろう。

　なお、この市長選と同じ日に行われた 2008 年の議員選挙では、極右の国家党が比例代表で 1 議席獲得した。これは特筆事項だとい

われていた[264]。それとともに、あるいは、それ以上に特筆すべき特色として、立候補しない現職議員が少なからずいたことをあげなくてはならない。立候補しない理由はいろいろであったが、国会議員と兼務していた大ロンドン市の議員のなかには、国会議員の職務に専任するというものが何人かいた。たとえば、選挙直前まで議長（自民党）の地位にいた議員は、上院議員に専任するという理由をあげて、立候補しなかった。保守党の1人の議員も下院議員に専心するとのことであった。また、保守党の議員のなかには、国会議員に立候補するために、大ロンドン市議会の議員に立候補しないというものもいた。こういう状況の下で、とくに保守党と自民党には、かなりの数の新議員が誕生した（表21参照）。

　政党の獲得議席でいえば、これまでと同じように、保守・労働の2党によって、すべての選挙区（14選挙区）で、議席が独占された。保守党が8議席、労働党が6議席であった。その上、保守党は比例代表でも大幅に議席数を増やし、3議席を獲得した。これも、ボリス・ジョンソン新市長の選挙運動の成果といえるかもしれない。一方、自民党は、その分の議席減となった。

　この2008年の選挙は、ボリス・ジョンソン（保守党）とケン・リビングストン（労働党）が市長選で接戦を演じたためだと思われるが、投票率が飛躍的に上昇し、45.33％であった。市長選も議員選挙も、同時に行われたため、投票率は同じである。

**表21）大ロンドン市議会の議員当選者数**

**(2008年)**

|  | 選挙区 | 比例代表 | 総計 |
| --- | --- | --- | --- |
| 保守党 | 8人 | 3人 | 11人 |
| 労働党 | 6人 | 2人 | 8人 |
| 自民党 | 0 | 3人 | 3人 |
| 緑の党 | 0 | 2人 | 2人 |
| 国家党 | 0 | 1人 | 1人 |

---

264　Mayor Watch, 2008 Mayor of London Result, http://www.mayorwatch.co.uk/mayor-of-london-results-2008/20081417

## 5 大ロンドン市は如何なる自治体か？

**1) 大ロンドン市は中枢管理機関**

　大ロンドン市（Greater London Authority；GLA）の住民は800万人に近い。こういう人口を擁する自治体であれば、さぞかし、職員の数も多く、議員の数も多いに違いないと想像するのが普通であろう。人口はもっと多いが、東京都で都政に携わっている職員の数をみても、学校の先生や警察官や消防官を含めての数であるが、2009年4月現在で16万人を超している。ところが、2000年にスタートした大ロンドン市（GLA）という役所で働いている職員は驚くほど少ない。2010年時点で600人ほどであった。

　もちろん、これだけの職員数で、東京都のような仕事ができるわけではない。大ロンドン市（GLA）は、日本の自治体とは異なる異質の自治体なのである。イギリスでも、大ロンドン市のような自治体は、これまでなかったし、いまでも、大ロンドン市のほかには存在しない。大ロンドン市の特質である。

　それでは、大ロンドン市（GLA）とはどういう自治体なのであろうか。大ロンドン市のホームページなどを見ると、戦略機関（strategic authority）だと説明されている。これだけでは意味不明であるが、現実に大ロンドン市（GLA）がやっていることの概観からいえば、大ロンドン市（GLA）は総合的・長期的な方針を定め、また、それを具体化するための政策、たとえば予算などを策定する機関であると理解してよいであろう。事実、大ロンドン市が定める方針に基づいて、実際の行政サービスが行われるように、警察、交通、経済開発、消防の4つの分野を大ロンドン市（GLA）が取り仕切るようになっている。

　首都警察委員会（Metropolitan Police Authority；MPA）、ロン

ドン交通局（Transport for London；TfL）、ロンドン開発局（London Development Agency；LDA）、ロンドン消防委員会（London Fire and Emergency Planning Authority；LFEPA）の4つの機関（委員会）を設置し、その委員のすべて（もしくは過半数）を市長が任命することによって、さらには、その予算の策定権を大ロンドン市が握ることによって、これらの機関をコントロールできるようになっているのである。そして、これらの機関の統率下で、ロンドン警視庁（Metropolitan Police Sevice；MPS）やロンドン消防庁（London Fire Brigade；LFB）などが現実の行政サービスを実施しているが、これらの職員数は、日本の自治体と同じように、あるいはそれ以上に多い。たとえば、ロンドン警視庁には、2011年7月現在、49,534人の職員（警察官）がいる。これらの職員は、大ロンドン市（GLA）の職員ではない。警視庁の職員である。要するに、大ロンドン市（GLA）は、中枢管理機能に特化した自治体であるため、あまり多くの職員を必要としていないわけである。

**図18）　大ロンドン市の庁舎（City Hall）**

それでは、大ロンドン市（GLA）はこうした権能をどのように行使しているのであろうか。言い換えれば、大ロンドン市（GLA）の運営はどうなっているのであろうか。

大ロンドン市（GLA）の政策決定に影響を及ぼしているものとして、まず挙げなければならないのは、市長である。権限という

面だけから見れば、大ロンドン市長はそれこそ絶対的ともいえる権限を持っている。そのため、市長が保有する権限を適切に行使するように見張る必要があるが、その責務を担っているのが議会（Assembly）である。議会は、また、予算を修正する権限も法律で与えられている。

　このことから言えば、大ロンドン市（GLA）の運営の仕方を理解するためには、市長がどのように意志決定をしているか、議会が市長をどのように監視しているかの検討が不可欠であると言うべきであるが、このほかに、忘れてはならないものに、職員の存在がある。大ロンドン市（GLA）の職員は、市長の配下にあるわけではない。いわば独立の存在である。客観的な存在として、市長と議会の補助をしているわけであるが、しかし、大ロンドンの政策決定に大きな影響を及ぼしていることは否定できない。したがって、以下、市長、議会、職員について、それぞれがどういう働きをしているかを見ていくことにする。

## 2）　市長の役割は？　—「市長チーム」の設置—

　大ロンドン市（GLA）の市長は、市長自身のビジョンにしたがって、また、ロンドンを世界で最良の都市にするために、政策を展開し、予算を策定しなければならない。これが、大ロンドン市長の公式の責務である。そして、この責務を果たすために、交通政策、開発政策、経済発展政策、住宅政策、文化政策、さらには、騒音規制やゴミ処理の政策、環境政策など、多方面にわたる政策策定が義務付けられている。警察、交通、消防などの予算の立案もしなければならない。また、首都警察委員会（MPA）や消防委員会（LFEPA）などの委員を任命しなければならず、さらには、交通局の総裁（コミッショナー）などの任命も市長の責任である。

　市長がどれだけ優秀であったとしても、これだけのことをひとりで処理することはとてもできない。そのため、大ロンドン市の市長

は、市長自身が政治的に任命したスタッフとともに、その責務を遂行している。このスタッフは一般に"アドバイザー"と呼ばれているが、その数は12人である。しかし、市長は、このほかに、大ロンドン市議会の議員のなかから、副市長（Deputy Mayor）を選んでいる。副市長は法的には1人であるが、現在のジョンソン市長は、この正式の副市長に加えて、議員のなかから、もう1人の副市長を選び、さらに12人のアドバイザーのうちの2人を"副市長"として位置づけている。このため、現在（2011年）は、形式的な肩書きで言えば、大ロンドン市に4人の副市長がいるということになる[265]。いずれにしても、これらの副市長とスタッフが「市長チーム（Mayoral Team）」のメンバーとなり、市長の頭脳あるいは腹心として、市長とともに、市長の業務を遂行している。

　もっとも、「市長チーム」には、このほかに、10人が特別任命のコンサルタントも位置づけられているが、これらの人たちは市長の相談役であり、日常的に市長とともに、市長業務に携わっているわけではない。これらの特別任命のコンサルタントは定額の報酬ももらっていないようである。

　12人のアドバイザーは、市長によって政治的に任命されるが、市長と必ずしも政治的な考えが同じである必要はない。現在のジョンソン市長は保守党の政治家であるが、アドバイザーのなかには、保守党ではないものも含まれている[266]。政治色よりは、専門家としての力量で選ばれているようである。たとえば、ジョンソンが市長に就任してからのスタッフであるグットー・ハリー（Gutto Harri）

---

[265] 他の10人のアドバイザーについても、3人が理事（Director）として形式的には上位に位置づけられ、7人がアドバイザー（Mayoral Advisor）だとされている。しかし、その位置づけによって、報酬が違っているというわけではない。副知事であろうが、理事であろうが、アドバイザーであろうが、原則的には、13万ポンド弱という中央政府の閣僚並みの報酬をもらい、市長より少し少ないだけである。
[266] たとえば、文化問題を担当しているミルザ女史（Ms Munira Mirza）は保守党ではないという。参照；Rupert Christiansen, 'Munira Mirza : a blast of fresh air for London', The Telegraph, 10 December 2011.

はBBC放送局の政治記者として手腕を振るっていた人物で、メディア担当のアドバイザーとして招聘された人物である[267]。また、2011年4月9日に交通問題の担当スタッフとして任命されたイザベル・デッドリン（Isabel Dedring）は、才媛の誉れが高い女性であり、これまでロンドン交通局の局長としてその才能を発揮していたといわれている。なお、彼女はハーバード大出身のアメリカ人弁護士で、ドイツ語、ロシア語、フランス語に堪能であるという。もちろん、保守党員ではない[268]。

　これらのスタッフが、大ロンドン市の職員の助けを借りながら、大ロンドンの政策を立案していく、そして、その実現に向けて行動するというのが、市長および「市長チーム」の仕事である。

### 3）　市長と「市長チーム」の仕事ぶり

　これらの「市長チーム」の面々は、アドバイザーとして、それぞれ専門の分野を担当している。交通担当、あるいは住宅担当というように、個別の分野を担当しているわけであるが、12人のアドバイザーの1人は、全分野のアドバイスをする主席のアドバイザー（Chief of Staff）として位置づけられている。現在（2011年）は、この主席アドバイザーが"副市長"とされており、また、これに加えて、2011年4月に交通担当のアドバイザーが"副市長"の肩書きで任命された。"副市長"の肩書きがあれば、それだけ影響力が強いといわれている[269]。

　これらのスタッフは、もちろん、単に、市長にアドバイスするだけでない。それぞれのスタッフが、数人の部下を持ち、市長に対し

---

[267] London Evening Standard, 'Boris Johnson signs BBC journalist Gutto Harri as chief spin doctor', 11 may 2008.
[268] London Evening Standard, 'alpha female is appointed as Mayor's deputy', 19 April 2011.
[269] Anne McElvoy, 'alpha women must elbow bata men aside', London Evening Standard, 21 April 2011.

て、政策策定のアドバイスをするとともに、その政策を実現する責任も負っている。この部下になっているのは、大ロンドン市の職員である。

　しかし、政策を実現するといっても、現実にその政策を実施するのは、大ロンドン市（GLA）とは別の機関である。たとえば、交通政策の場合、政策を実施するのはロンドン交通局（TfL）である。アドバイスを実現するということは、そういう別の機関にそれを実現させるということを意味する。"選挙"という洗礼を経てきた市長ならともかく、単なるアドバイザーにそんなことができるのであろうか。その上、これらの実施機関には、その意志決定機関として委員会が設置されている。ロンドン交通局（TfL）の場合、この委員は、全員が市長によって任命され、しかも、市長が委員長となっているということからみて、「市長チーム」が提案する政策を尊重してくれることも考えられるが、しかし、交通局（TfL）の総裁（コミッショナー）には交通の専門家であり、自負心があることは確かである。政策がまずかった場合には、当然、総裁の責任が問題となる。交通局（TfL）は、ロンドンのバスや地下鉄の運行に責任があり、道路の混雑に責任を負っている。働いている人も10万人を超す。こういう交通局（TfL）の総裁（コミッショナー）が簡単に市長のアドバイザーの言うことを聞いてくれるとも思えない。しかも、現在の交通担当のアドバイザーであるイザベル・デッドリンは39歳の若さである。如何に才媛といえども、ベテランの総裁（コミッショナー）をしたがわせることは難しいはずである[270]。

　そういうなかで、「市長チーム」のアドバイザーの面々は、どのようにして、政策の実現を図っているのか。交通局（TfL）を事例に見ていくことにしたい。なお、これは、前のリビングストン市長の時代（2008年）の事例であるが、いまもほとんど同じであると

---

270　Dick Murray and Ross Lydall, 'We spend three days a year delayed on the Tube', London Evening Standard, 14 June 2011.

言われている[271]。

　リビングストン市長時代のアドバイザーも 12 人いた。その中の 1 人は全分野のアドバイスをする主席アドバイザー（chief of staff）であったというのも、いまのジョンソン市長時代と同じであった。政策を検討する場合、まず、この 12 人と市長が集まって、いわば身内だけで、検討をするのが普通である。交通政策のアドバイザーが、そこで検討する政策案を提言するのは言うまでもない。これが、政策決定のスタートである。そして、交通政策担当のアドバイザーがよく発言するのは当然であるが、他のアドバイザーも意見を披露する。ときには、アドバイザーの下で働いている職員が発言することもある。もちろん、この職員達も専門家である。そして、その発言は重みがあるという。政策を決定するのは、市長と 12 人のアドバイザーであるが、現実には、職員も呼び出しを受けて、発言させられることが多いとのことである。

　こういう話し合いのなかで、内々に決定された方針や政策・施策が、毎週月曜日の午後に開かれる会議に提案される。この会議には、ロンドン交通局（TfL）の総裁（コミッショナー）も出席する。交通局（TfL）は、ロンドンの地下鉄やバスを運行している組織である。ロンドンの交通規制も交通局の仕事である。この仕事を遂行するために、10 万人を超す職員が働いている。そのトップにいるのが総裁（コミッショナー）であり、責任は非常に重い。その職務には、専門的な知識も必要な職務である。そして、実際に、専門家として卓越した人々が任命されている。そのため、コミッショナーは、市長の提案といえども、適切でないと判断する場合には、反対する

---

271　この「市長チーム」の働きについては、本書の共著者である竹下譲教授が、2008 年 3 月 11 日・14 日に、イギリスのプリマス大学のヒラリー・フランク（Hilary Frank）講師とともに、ヒアリングしてきた結果に基づいている。ヒアリングの相手は、主に、大ロンドン市の職員のトム・ミドルトン（Mr Tom Middleton；Group PerformanceManage）であったという。なお、竹下教授によれば、2010 年のヒアリングでも、この状況はほとんど変わっていなかったそうである。

第6章　大ロンドンの復活

ことが多い。そして、逆に、市長を説得しようとすることが多いとのことである。

　こういう総裁（コミッショナー）の出席のもとに、毎週、月曜日の午後の会議が開かれる。交通政策のアドバイザーが、市長の後押しのもとに、自分の考えを通そうとしても、総裁（コミッショナー）が簡単に了承しない。事実、月曜日の午後の会議は、市長のアドバイザーと総裁（コミッショナー）が激論するのはいつものことだと言われている。実行するのはロンドン交通局（TfL）であるため、アドバイザーと総裁（コミッショナー）が合意に達しないときには、結局は、総裁（コミッショナー）の意思通りになってしまうことになる。

　しかし、この月曜日の午後の会議に参加しているのは、市長と、総裁（コミッショナー）、交通政策担当のアドバイザーだけではない。この3人に加えて、主席アドバイザーが加わっている。しかも、たとえば、ロンドン地下鉄での車いす使用者の対策を検討するときには、障害者担当のアドバイザーも出席する。その上、市長、そして、交通担当アドバイザー、主席アドバイザー、障害者担当アドバイザーは、この会議の前に集まって、多くの時間をかけて、意見の調整を図り、合意に達している。いわば、連合チームであり、その連合チームに対して、総裁（コミッショナー）が1人で立ち向かわなければならない。これが、月曜日の会議である。

　しかも、総裁（コミッショナー）を任命したのは、市長である。予算の決定権を、形式的には大ロンドンの議会を通す必要があるが、実質的に握っているのは、市長である。これでは、総裁（コミッショナー）に勝ち目はないというべきであろう。

　総裁（コミッショナー）が自分の意見を通そうとすれば、最初の段階、すなわち12人のスタッフが市長のところに集まって検討をはじめる段階で、みんなを説得する必要があるといえる。しかし、12人のアドバイザーと市長の打ち合わせは非公式で、いつ行われ

209

るかは明らかでない。市長の思いつきで開かれることもあり、夜になることもある。場所もその時その時で変わる。総裁（コミッショナー）がそれを事前に知って、そこに顔を出し、みんなを説得するのは不可能である。結局は、アドバイザーをかかえている市長の力が、あるいは「市長チーム」の力が、非常に強いといわなければならない。

　なお、市長と総裁（コミッショナー）そしてアドバイザーが出席する月曜日の会議も、非公式に行われていた。会議で何が検討されたのか、市長の決定がどういう経緯でなされたのか・・・等々は、外部からは、見ることはできなかった。このため、2008年5月の市長選挙では、リビングストン市長の下での意思決定の不透明さがかなりの問題となった。

　また、アドバイザーが左翼に偏りすぎており、結果的に、ロンドン交通局などの運営が不透明かつ非合理的になっているのではないかということが問題とされた。そして、これが新聞で取りざたされ、結果的に、リビングストン敗退の一因になったようである。

　そのため、現在は、公式に開かれ、結果についても、マスコミに流されている。

　それはともかく、この12人のアドバイザーのもとで、市長のスタッフとして働いている職員は、リビングストン市長の時代は、約100人であった。これは、いまのジョンソン市長のもとでも変わりがない。これらの職員は、すべて、専門家として採用されている。たとえば、法律職の場合は、弁護士の資格を有し、財政関係の職員は会計士の資格を持つといった具合である。

　「市長チーム」はこのような形で政策の策定をし、そして、その実現を図っているのである。

## 4） 議会の役割は？ —市長の政策の監視—

　大ロンドン市（GLA）の議会の議員は、総勢で25人である。このうち14人は14の選挙区で各1人ずつ選ばれ、11人は比例代表制で選ばれている。しかし、実質的には、当選議員数が決められているため、ひとつの政党が過半数を獲得するのは難しいようである。大ロンドン市議会が発行している文書を見ても、「議員の大半は市長とは別の政党の議員になるような仕組み」[272]だと説明している。実際にも、大ロンドン市（GLA）が2000年に設立されて以来、議会はずっと多数政党が乱立してきた。2011年の政党構成は保守党11人、労働党8人、自民党3人、緑の党2人、国家党1人である（p.199 表20参照）。

　この議会の役割とされているのは、日本の地方議会のような議決機関として機能することではない。立法機関として機能することでもない。"監視人（watchdog）"として機能することが、議会の役割だと法律で定められている。言い換えれば、市長もしくは「市長チーム」が策定する政策を監視し、また、その実施状況を監視して、市長に責任ある行動をとらせるようにすることが大ロンドン市議会の役割なのである。また、ロンドンの住民の擁護者として、ロンドンの問題点を掘り起こし、国や市長に圧力をかけることも、市議会の機能とされている。

　大ロンドン市議会は、このような機能を、どのようにして、果たしているのであろうか。

　議会活動のほとんどはこの機能を果たすためのものだと言ってよいが、そのなかで、議会がもっとも脚光を浴びているのは"市長への質問（Mayor's Question Time）"である。これは、市長が決定し、交通局（TfL）やロンドン警視庁（MPS）に実施させた事柄などを、定期的にレポートの形で報告してもらい、それをもとにして、議員

---

[272] The London Assembly, 'How the Mayor of London is held to account' 2011, p.3.

が市長を追求するという形で行われている。

　日本の地方議会でも、「一般質問」に議員は力を注ぎ、テレビなどで報道されているが、この質問に回答するのは、首長だけではない。職員も入れ替わり立ち替わりで回答している。むしろ、具体的で重要な回答は、職員が回答しているといえるくらいである。

　大ロンドン市議会で行われる"市長への質問"は、そういうものではない。質問時間は全部で2時間半ほどであるが、この間、25人の議員から出る質問に対して、市長が1人で立ち向かっている。ただし、実際には、市長の回答は「市長チーム」のアドバイザーによってつくられているという者も多い。しかし、この"市長への質問"をインターネットなどで見たり、大ロンドン市議会の関係者などの話を聞くと、議長の司会の仕方は臨機応変であるという。議長の手元には、日本の地方議会で見られるような「議事次第」がない。言い換えれば、議事進行のマニュアルを議長はもっていない。そもそも、そういうマニュアルの類は存在しないとのことである。議長は自分の裁量で議員の質問を裁き、市長に回答を迫らなければならないという。また、質問も、予定されていない質問が次々と出てくるとのことである。市長は、その場で自分ひとりの判断で即答しなければならないことが多いという。この結果、この"市長への質問"はなかなか面白い"見物（みもの）"になっている。

　この"市長への質問"は年に10回開かれている。また、議員の質問は多く、たとえば2009年度には4,427の質問があったが、その多くは、ロンドン市民から議員のところに送られてくる質問を基にしたものであるという。もちろん、市長のレポートの範囲内での質問である。こういう市民の声は、それぞれの議員に、メールや手紙で、毎年数千通送られてくるとのことである[273]。

　議会の審議も、もっぱら、市長の政策の吟味もしくは精査をする

---

[273] London Assembly, Standing up for London: 10 years of the Assembly, 28 June 2010, p.11.

第6章　大ロンドンの復活

という形で行われている。したがって、一般に、かなりの時間がかかる。その典型的なものは、予算の吟味である。予算の策定は、市長が6月に予算のガイダンスを発表することから始まる。議会が、その内容の吟味を始めるわけである。

**図19)「市長への質問（Mayor's Question Time）」の模様**

注）馬蹄形のテーブルに座っているのが議員。1人で座っている市長がその質問に答えている。向う側に座っている人々は傍聴している人々。

　たとえば、2011年の議会の動きを見ると・・・[274]。
・6月8日：(ジョンソン市長が2012年度「予算ガイダンス」を発表
　　各議員がガイダンスの吟味を始める。
・6月9日：首都警察委員会（MPA）の幹部職員に議会に来てもらい、警察予算について解説を要請。
　　また、「市長チーム」の主席アドバイザー（副市長）の議会への出席を要請し、政策の優先順位、そして、主席アドバイザーが問題ありと考えている事柄について、解説を要請。

---

274　London Assemblyのホームページで公表されている2011年12月の調査報告レポート'The Mayor's budget'による。

・7月1日；予算委員会、大ロンドン市の職員の予算局長に出席を要請し、交通局（TfL）に対する補助金の詳細を説明してもらう。
・7月7日；予算委員会、「市長チーム」の主席アドバイザー（副市長）と予算担当アドバイザーに出席を要請し、「予算ガイダンス」について追求。
・7月19日；予算委員会、交通局（TfL），ロンドン開発局（LDA），大ロンドン市の財政担当局長（職員）に出席を要請。2010年度の予算の執行状況について説明を受け、その吟味。
・9月14日；予算委員会、外部の財政専門家を招き、開発局（LDA）などの予算執行状況について分析、議論。
・10月18日；予算委員会、ロンドン警視庁（MPS）の幹部に来てもらい、警察官不足のなかで、どのように業務を遂行しているのか、特殊な企業犯罪に対してどのように対応するつもりか、オリンピックの安全と犯罪対策をどうするか、等々の説明を受ける。
・10月18日；予算委員会、「事前の予算報告書」を作成、出版。大ロンドン市が抱える財政上の問題点を追求する内容。（これによって、市長や国にプレッシャーをかけることを目的としている）。
・11月1日；予算委員会、外部の専門家を招き、警察とロンドンの安全にかかるコストについて議論。
・11月—　；（市長、「予算原案」の発表）
・11月23日；予算委員会、主席アドバイザーに出席を要請し、「予算原案」について追求。

　これが、この原稿を書いている時点（11月末）までの流れであるが、この後、
　12月中に市長から正式の「予算案」が公表され、議会は1月に、

この予算案に対する正式の「予算報告書」を発表するはずである。そして、市長が2月に「予算最終案」を議会に提出。議会は、この「予算最終案」を修正する権限があるが、修正するためには、議員の3分の2の賛成が必要であり、実際には、修正は不可能だといわれている。しかし、議会としての考え方は、10月の「事前の予算報告書」や1月の「予算報告書」の公表によって、ロンドン市民に明らかにしているということを考えれば、市長の政策の監視という点で、かなりの役割を果たしていると言うべきであろう。

### 5）「議会内閣制」―政策監視機能の限界？―

議会の考えを「調査報告書」という形で住民に示すことによって、間接的に、市長に圧力を加えるという大ロンドン市議会（GLA）の戦法は、予算だけではなく、他の政策分野でも、ごく一般的に、とられているものである。大ロンドン市（GLA）の傘下にあるロンドン交通局（TfL）やロンドン警視庁（MPS）、ロンドン消防庁（LFB）についても、その政策実施状況を調査分析し、「報告書」の公表という戦法で、攻撃している。

とはいうものの、これらの機関には、それぞれ、監督する委員会が設置されている。この委員会の指示の下に、ロンドン警視庁や消防庁は、その任務を果たしているわけである。そして、これらの委員会には、多くの大ロンドン市議会の議員が任命されている。任命者は市長である。たとえば、ロンドン警視庁（MPS）は首都警察委員会（MPA）の監督下にあるが、2011年現在、その委員会の委員23人のうち、13人は大ロンドン市（GLA）の議員である。委員長には、市長が就任することができる。しかし、現在（2011年）は、市長がひとりの議員を委員長に指名している。この議員は「市長チーム」の1人で、「副市長」に任命されている。まさに"側近の議員"である。ただし、首都警察委員会（MPA）には、これらの委員のほかに、12人の中央政府によって任命される委員がいる。その点で、

市長と議員が全面的な力を持っているとは言い難いが、日本で、最近よく問題にされている「議会内閣制」の変形と言えるであろう。事実、日本で「議会内閣制」を議論するときには、大ロンドン市（GLA）が参考にされることが多い。

また、消防庁（LFB）を統括している消防委員会（LFEPA）の場合も同じである。それどころか、すべての委員を市長が任命しているということから言えば、もっと「議会内閣制」の要素が濃いとすら言える。消防委員会（LFEPA）の17人の委員はすべて市長によって任命されているからである。そのうち、8人が議員、7人が区議会議員であり、残りの2人は議員でない。しかし、ジョンソン市長と同じ保守党員である。

このように、こういう委員に任命されている大ロンドン市議会（GLA）の議員は、全部で19人いる。さらに、もう1人が法律で定められた正式の副市長である。合計20人の議員が市長に任命され、"執行機関"の一員、「議会内閣」の一員になっているのである。執行機関に関係のない、いわば純粋の議員だけというのは、たったの5人に過ぎない。

こうした議員が、はたして、どれだけ政策そのものを、あるいは、その執行の仕方を批判できるのだろうか。大ロンドン市議会の実態を見ていくと、この点が、大きな疑問である。大ロンドン市（GLA）の職員の説明を聞くと、たとえば、"市長への質問"の際に、市長はいわゆる"側近の議員"に対しては、懇切丁寧に解答するが、そうでない議員に対しては、返答をはぐらかすことが多いとのことである[275]。

もちろん、執行機関と一員になっている議員も、市長の政策を厳しく精査し、注文をつけている。これは確かだとのことであるが、しかし、市長が言うことを聞かずに、そのまま予算を組んでしまえ

---

275　竹下教授の解説。

ば、結果的に、大ロンドン市（GLA）の市政にほとんど何の影響も及ぼすことができない。議会として、それを強く批判し、市長に迫るということはないと言われている。そして、その理由として、議員が警察や消防の運営に関わっているためだと言う者が多い[276]。

とはいえ、議会から強い批判を受ければ、市長としては、たとえば予算案を修正していかざるを得ない。予算案を審議している途中で、前述のように、議会は、それを批判する「報告書」を市民に公表しているが、こういうことをされれば、そして、市民の反応が強くなれば、市長としても予算案を修正せざるを得なくなることは十分に予測できる。事実、議会の報告を見ていると、予算案が減額され、その分、住民税が安くなったことを誇示しているものが少なくない。その意味で、住民に情報を常に、しかも、適切な時に公表するという議会の戦法は、大いに評価すべきである。

大ロンドン市（GLA）では、また、議会が仕掛けたものではないが、市長の監視に市民を動員するという点で興味を引くものがある。議会の議場で、市民が市長・議員に質問する「市民の質問（People's Question Time）」が、それである。これは、リビングストン市長が2000年の選挙に無所属で立候補したときにマニフェストで打ち出した"ロンドン市民の真の代表になる"という宣言を実現するために、採用されたものだといわれている。ロンドン市民の真の代表となるためには、市民の声を聞かなければならないが、かといって、市民の意見をひとりひとり聞いたのでは、どの声が適切なのか分からない。結局は、市民の声を聞くだけで、結論は市長自身が決めなくてはならないということになる。しかし、これでは意味がないという判断のもとに、市長がやっていることについて、市民に追求してもらい、それを議会で、市民と議員、そして市長で議論しようと

---

276　Ben Pimlott and Nirmala Rao, Government London, Oxford University Press, 2004, p.164.

いうことになったわけである。この「市民の質問」では、市民の自主的な組織が、司会役になり、さらにはコーディネーターとなって、議論が進められている。この議論で、市長がやりこめられたということは今までないようであるが、市民の追及はけっこう厳しく、かなりの影響を市長に与えているのではないかというのが、一般的な評価であるという。

　ジョンソン市長もこの「市民の質問」を引き継いでいる。ジョンソン市長のもとで初めて開かれた2008年11月6日の「市民の質問」では、議会の非常に広い傍聴席は満杯で、当時の新聞はこぞって、立錐の余地がないと表現したほどであった。この傍聴席と議場は、螺旋状の通路でつながっているが、この通路にも人々が群がっていた。これらの住民が議論に参加したわけであるが、市長と議員は、これらの市民に向かう形で、ちょっとした壇上にしつらえた席に並んで座り、市民と議論している。現在も、この「市民の質問」は盛況であり、大ロンドン市のホームページを開くと、ビデオでその状況を見ることができる。

## 6）　職員の機構　―市長・議会から自立―

　恐らく、イギリスのどこの自治体でも同じであるが、大ロンドン市（GLA）の職員は、定期的に、一括して、採用されるということはない。また、定期的な人事異動もなく、職員が内部で昇格していくこともない。中央政府からの出向職員もいない。

　職員の採用は、たとえば課長職のポストが空席になった時に、公募で課長を募集するという形で行われる。これは、職員の最高のポストでも同じである。

　そして、これらの職員は、議会によって採用されることになっている[277]。しかし、実際には、議会がこの権限を議会だけで直接的に

---

277　Tony Travers, The Politics of London － Governing an Ungovernable City －,（Palgrave Macmillan, New York, 2004），p.86.

## 第6章　大ロンドンの復活

行使しているということはないが・・・。

　大ロンドン市（GLA）のトップ職員の給与は非常に高額である。市長の報酬よりも多い。他の局長クラスも若干少ないものの、その給与は市長に近い額である。これらの局長クラスの職員も、公募で、はじめから、たとえば財政局長として、業績があるかどうか審査され、面接試験を受けて採用された人々である。

　そして、これらの局長クラスの職員が、それぞれ、財政局や議会局などの部局を率いているが、現在は、例外的に、「市長チーム」の2人のアドバイザーが局長ポストについている。担当しているのは、ロンドンで2012年に開かれるオリンピック準備局長と、それから渉外局長のポストである。

　600人近くいる職員の仕事は、ロンドンの種々の情報を集めて分析し、ロンドンにどういう問題があるか、その解決を図るにはどうしたらよいか等々の助言をすることである。また、市長および「市長チーム」が立案している政策が実施されれば、どういう結果が生じるかというようなシミュレーションをすることもある。この助言や情報提供の相手方は、市長であるが、同じように、議会の議員にも情報提供をしている。というよりも、議会のほうが、職員を"頼り"にしているといってよい。市長は12人の専門家のアドバイザーを専属として抱えているからである。しかも、これらのアドバイザーは、職員を"部下"として使える権限を与えられている。実質的に、この"部下"になっている職員は、約100人いるとのことである。

　一方、議会の議員の面々は、市民という情報源があり、この情報をもとにして市長の政策などをチェックしていることは確かであるが、市民の情報というのは、少なくとも系統だったものではない。理論的、科学的な根拠があるとも言いにくい。となると、職員が提供してくれる情報や、分析結果は、信頼できる情報である。このためであろう、たとえば"市長への質問"をする際には、職員の力を

フルに活用している。そして、約100人の職員が、議員に情報を提供することを専業としているという。議会局の職員がそうであるが、これらの職員は、市長の予算案や政策案を吟味して、その弱点や問題点を明らかにし、その改善策がないかどうか等々を、議員に説明し、理解してもらうことを職務としているわけである。議会は、ロンドン市民の"擁護者"としての責任も法的に負わされている。そのため、市長の政策に限らず、国の政策についても、議会は見解を表明しているが、職員から提供される情報や助言が役立っているのはもちろんである。

　この専属的に、市長や議会に尽くすことになっている職員のほかに、400人ほどの職員がいるが、これらの職員も、市長や議会に方法提供しているのは言うまでもない。

　これらの職員の採用は、公募に応募してきた者のなかから、それぞれの業績を審査し、その上で、面接試験をするという形で行っているが、その責任を負っているのはトップの職員である。英文では公務員の長（Head of Paid Service）となっているが、ここでは事務局長と訳しておくことにする。職員のトップは、他の自治体では、事務総長（Chief Excecutive）と呼ばれるのが普通であり、大ロンドンでも従来はそうであったが、2011年2月に事務総長が廃止され[278]、その下の職員であった事務局長が全職員のトップということになった。

　その結果、職員の採用も、この事務局長の責任とされ[279]、いまは、事務局長、人材部長、そして関係局長で採用委員会をつくり、試験をしている。この委員会に、議会の代表委員の出席を要請することもあり、また、市長（もしくは、その代理人）の出席を要請することもあるが、これらの議員や市長は面接試験に立ち会うだけで、採

---

278　Greater London Authority, Request for Mayoral Decision-MD785.
279　Greater London Authority, Head of Service － Staffing protocol,2011.

用の決定権は与えられないことになっている。
　要するに、職員は、市長からも議会からも独立した独自の機構とされているわけである。

# 第7章
# ロンドン四方山話（補論）

## 1　大ロンドンは"ロンドン市"とは違う！

**1)　2人のロンドン市長**

　ところで、ここまで市長の公選ということで、ロンドン市長という言葉を当たり前のように使ってきたが、実は、ロンドンには2人の市長がいるのである。この2人は別々の"自治体"の市長であるが、どちらも、"ロンドンの市長"という名称を持っている。

　1人は"ロンドン市長（Mayor of London）"であり、もう1人は"ロンドン市の市長（Mayor of the City of London）"である。「市長公選」になった大ロンドン市（GLA）の市長は、この前者の市長、すなわち"ロンドン市長（Mayor of London）"のことである。

　この2人の市長は、どちらも、"ロンドン"という地域の"市長"であるため、2人をごっちゃにしている者がイギリスでも少なくないという。事実、公文書でも、2人の市長を「混同するな」と注意していることが多い。

　それでは、この2人の市長は、どのように違うのであろうか…。

　まず、最初の"ロンドン市長（Mayor of London）"というのは、2000年に復活した大ロンドン、正確にいえば大ロンドン市（Greater London Authority；GLA）という広域自治体の市長のことである。一般に、多くの日本人（イギリス人も同じだと思うが）が漠然と首都"ロンドン"だと思っている区域の市長だと思ってもらってよい。大ロンドン市は、人口は750万人を超え、日本人が観光などでよく

## 第7章 ロンドン四方山話（補論）

訪れるバッキンガム宮殿や大英博物館、あるいはウィンブルドン（テニスコート）やグリニッチ時計台、ヒースロー空港などもこの区域の中にある。

　これに対して、後者の"ロンドン市の市長（Mayor of the City of London）"は、もともとの「ロンドン市」の市長のことである。その管轄区域は図20をみれば明らかなように、非常に狭い。そのような狭い「ロンドン市」の市長が、"ロンドン市の市長（Mayor of the City of London）"である。この区域は、一辺が1マイル（約1.6km）の4角形であるところから、"スクエアー・マイル（Square Mile）"と呼ばれることも多い。また、「シティ・オブ・ロンドン（City of London）」という名前を省略して"シティ（City）"といわれることも少なくない。

**（図20）ロンドン市の規模**

ロンドン市(City of London)
大ロンドン市 (Greater London Authority)

　中世の頃のロンドンは、まさに、この「ロンドン市」のことであった。その後、市街地が次第に大きくなり、現在のロンドンといわれる市街地に発展していったことは、本書を読んでもらえれば、すぐに分かることである。

　ロンドン県（LCC）が創設されてから以後、本書ではこの「ロンドン市」を「シティ」という名称で説明してきたが、この「シティ」と「ロンドン市」が同じ自治体であることはいうまでもない。

　この自治体すなわち「シティ」に住民登録している住民はどんどん少なくなっていった。全盛期には20万人ほどいた人口が、2010年現在には、たったの11,700人になってしまった。これでも、一時期に比べれば、増えているのである。面積は2.6km²。東京の中心にある千代田区と比較してみても、千代田区は人口が4万人を超え、面積は11.64km²もある。「ロンドン市」あるいは「シティ」が如何に小さな自治体であるか、容易に、想像できよう。

*223*

## 2) "シティ（City）"の格の高さ

「ロンドン市」あるいは「シティ」がこのように小さい自治体であることからいえば、"ロンドン市の市長（Mayor of the City of London）"はあまり重要でないと思う読者が多いかもしれない。しかし、実際には、非常に重要な"市長"として扱われている。たとえば、「ロンドン市」の市長は普通の"メイヤー（Mayor）"という称号ではなく、もっと格の高い"ロード・メイヤー（Lord Mayor）"という称号を特別に与えられているのである。ほかに、"ロード・メイヤー"の称号が与えられているのは、ウインチェスター（Winchester）市の市長、そしてヨーク（York）市の市長だけである。それだけでなく、イギリスでは"シティ（city）"という名称そのものが大変な称号なのである。

「大ロンドン市（GLA）」の区域のなかには、基礎的な自治体として、32の「ロンドン区（London Borough）」が設置されている。「ロンドン市」もこれらの「ロンドン区」と同じ立場に立つということで説明されることが多い。このため、われわれ日本人のなかには、他の「ロンドン区」と同列の自治体として、「ロンドン市」を考えている人が多いように思える。しかし、ロンドンでこれらの基礎自治体を扱う場合、"32のロンドン区とシティ"という表現を常にしている。要するに、「ロンドン区」と「ロンドン市（シティ）」は格式の違う自治体として扱われているのである。

事実、統治機構も、運営機構も、さらには、議会の議員やメイヤー（市長）の選び方も、他のロンドン区とは根本的に違っている。中世の頃に、国王政府と対抗してきた『ロンドン市』が、少なくとも形式的には、ほぼそのままの形で生き残っているのである。

ロンドン区のなかには、「ロンドン市」と同じように、"シティ（City）"という名称を与えられているところもある。バッキンガム宮殿や首相官邸あるいは国会がある地域、まさに、イギリスという国の中心地であるウエストミンスター（Westminster）がそれであ

# 第7章　ロンドン四方山話（補論）

る。

　通常のロンドン区は、公式には、"バラー（London Borough）"と呼ばれている。たとえば、有名なグリニッチ時計台のある区は"グリニッチ・バラー（London Borough of Greenwich）"という名称である。まさに「グリニッチ区」という名称であるが、ウエストミンスター区の場合は、同じ"区"であるにも拘わらず、名前は"ウエストミンスター市（City of Westminster）"となっている。もちろん、ウエストミンスター区が勝手に"市（City）"を名乗っているのではない。そういう格式を昔の国王によって与えられ、"市（City）"という名称を使えるようになっているのである。現在でも、国王によって、この"シティ（City）"という名称を新たに与えられる自治体が、時折ではあるが、あるという。そのほかの自治体は"シティ（City）"を名乗ることはできない。たとえば、ロンドン区のなかで、首長を公選で選んでいるところが2つある。ニューハム区とルイシャム区である。この2つの区は、いずれも公選の首長を"メイヤー（mayor）"と呼んでいるが、"シティ（city）"という名称は使っていない。自治体の名前は、それぞれ"ニューハム・バラー（London Borough of Newham）"であり、"ルイシャム・バラー（London Borough of Lewisham）"である。

　ロンドン区のなかには、ほかに、"ロイヤル・バラー（Royal Borough）"の名称を与えられているところがある。有名なケンジントン・ガーデンが立地するケンジントン地域の正式の名称は"ケンジントン・ロイヤル・バラー（Royal Borough of Kensington and Chelsea）"である。この自治体も、ウエストミンスター区と同じように、特別の区と位置づけられているわけであるが、基本的には、他のロンドン区と同じ"ロンドン区"である。ほかにも、キングストン区が"ロイヤル・バラー（Royal Borough）"の名前を与えられているが、これ以外に、この称号を持っている区はない。ロンドンの近くを見ても、女王陛下の別荘（ウィンザー城）がある自

*225*

治体が"ロイヤル・バラー（Royal Borough）"という名称を使えるだけである。

　このように、"シティ（City）"という名称、あるいは、"ロイヤル・バラー（Royal Borough）"という名称がついている自治体は非常に高い格付けをされているのであるが、「ロンドン市」の場合は、"シティ"という名称だけではなく、さらに、その首長には"ロード・メイヤー（Lord Mayor）"という称号が与えられているのである。さらに格式が高いということが想像できよう。

　「ロンドン市」の地域は、また、昔から「世界の金融センター」として機能してきた。もちろん、いまもそうであるが、「世界の金融センター」であるために、ロンドン市の市長が"市長官邸（Mansion House）"で晩餐会を開き、外国の首脳を招くということも多い。外国の首脳も、よほどのことがない限り、この晩餐会への招待を断ることはないという。さらに、この「ロンドン市」の市長は外国を公式に訪問することも多い。いわばイギリスの外交官の役割を実質的に果たしているのであるが、大ロンドン市（GLA）の市長には、こうした儀礼的な外国訪問のチャンスはほとんどない。形式的にいう場合には、大ロンドン市（GLA）の"ロンドン市長"よりも、"ロンドン市の市長"のほうが、格付けが高いとすらいえる。

### 3）　ロンドン市の"市警"

　大ロンドン市（GLA）の区域の中には、「ロンドン市」のほかに、ロンドン区（London Borough Councils）と呼ばれる32の基礎自治体が設置されている。「ロンドン市」は、この基礎自治体の行政の面でも、特別の位置づけをされている。

　たとえば、ロンドンの治安維持という面を見ると、ロンドンの市民の生活は"ロンドン警視庁（MPS）"によって守られている。この警視庁は、大ロンドン市（GLA）を管轄する警察である。したがって、ロンドン区は、警察という面に神経を使う必要がない。しかし、

「ロンドン市」の場合は、事情が異なる。「ロンドン市」には「ロンドン市」独自の"ロンドン市警（City of London Police）"がある。そして、警視庁の管轄外になっているのである。「ロンドン市」の治安は、非常に狭い区域であるにもかかわらず、自前の警察である"ロンドン市警"によって守らなければならないわけである。

　そういう小さな"ロンドン市警"であるにも拘わらず、その格付けは、ロンドン以外の地域の"県警"と比べると、非常に高い。たとえば、"ロンドン市警"の警察官のトップは"警視総監（コミッショナー）"という名称が与えられている。これはイギリスの警察官のランクでいえば、最高のランクである。そして、イギリス全体でも、"警視総監（コミッショナー）"はもう1人しかいない。ロンドン警視庁（MPS）にいるだけである。これは、"ロンドン市警"が設置された歴史的な経緯によるところが大きいのであるが（本書の第2章 p.49 参照）、「ロンドン市」が未だに特異な自治体であることの証でもある。

## 4）　ロンドン市の統治機構

　「ロンドン市」の統治機構も独特である。選挙の仕方も他の自治体とは違っている。たとえば、「ロンドン市」で投票権を持っているのは、その住民だけではない。市内で働くビジネスマンにも、投票権がある。

　それだけではない。市内に立地している企業にも、投票権が与えられている。ただし、企業の場合は、一律に、一票ではなく、従業員の規模に応じて、異なる票数が与えられている。たとえば、10人未満の企業は1票、10人の企業は2票、25人の企業は5票、100人の企業は10票といった具合である。

　この投票は、企業名で行うのではない。企業に与えられているのは、従業員のなかから、投票者を任命するという権限だけである。この投票権者になれるのは、イギリスの国籍を有する者であるが、

それに加えて、アイルランド人、EU諸国の国民、また、カナダ・ニュージーランド・南アフリカ連邦・インド、等々のコモンウエルスの国民も投票権者になることができる（第6章参照）。

これらの「ロンドン市」の住民でない有権者は、2008年現在、約32,000人いるとのことである。11,000人の住民（必ずしも有権者ではない）よりも、その数ははるかに多い。

なお、アイルランド人やEU諸国、コモンウエルスの国民が選挙権を持つのは「ロンドン市」に限ったことではなく、イギリス全体に共通する現象である。

これらの有権者によって、「ロンドン市」の統治機構が選出されるのであるが、この統治機構も、イギリスの他の自治体とは違っている。たとえば、イギリスの自治体には議会はひとつしかない。しかし、「ロンドン市」の場合は、2つの議会がある。市民議会（Court of Common Council）と参事会（Court of Aldermen）が、それである。

この2つの議会の中で、意志決定機関として、重要な機能を果たしているのは、市民議会のほうである。市民議会は4週間に一度の割合で開かれている。この市民議会の構成メンバーは、選挙で選ばれる100人の議員（Common Councilmen）である。が、参事会の25人の議員（アルダーマン）も、この市民議会の審議に参加できることになっている。しかも、市民議会の議員と同等の発言権がある。

しかし、実際には、市民議会で実質的な審議はしていない。実質的な審議は、市民議会と参事会の125人の議員でいくつかの常任委員会をつくり、これらの常任委員会で、「ロンドン市」の日常的な意志決定をしているとのことである。市民議会は、これらの委員会の提案に基づいて形式的な審議をしているに過ぎない。

市民議会の議員に立候補できるのは、21歳以上のイギリス国民であるが、EU諸国の国民、コモンウエルスの国民、アイルランド

## 第7章　ロンドン四方山話（補論）

の国民も、立候補することができる。立候補できる資格は厳しいものではない。「ロンドン市」の選挙人名簿に登録されているか、もしくは、「ロンドン市」内に土地を所有もしくは借用しているか、あるいは、立候補する直前の12ヶ月間「ロンドン市」に住んでいるという条件を満たしさえすれば、立候補することができる。

しかし、現実には、立候補する者がほとんどいない。2005年5月14日に行われた選挙でも、選挙区25のうち、投票が行われたのは、わずか6区（20議員）に過ぎず、残りの19選挙区（80議員）は無投票当選であった。これらの議員の任期は4年である。なお、イギリスの地方議員は、保守党・労働党・自民党の3大政党の候補者として立候補するのが普通であるが、「ロンドン市」の議員は政党から立候補してはならないという決まりがある。全議員が無党派の議員というわけである。

市民議会では、市長（Lord Mayor）が議長となる。しかし、市長を選ぶのは市民議会ではない。参事会の議員であるアルダーマンのなかから市長が選出されており、その選挙をするのは参事会である。参事会の構成メンバーは25人で、市民議会と同じ選挙区から、1人ずつ選挙で選ばれる。市民議会の各選挙区の定数は、少ないところで2議員、多いところでは10議員とバラバラである。

また、市民議会の議員とは違い、選挙人名簿などに登録されている必要はない。しかし、実質的には、下級裁判所の判事（シェリフ；普通の人格識見のある人がシェリフとなる）のみが立候補できることになっているので、立候補は非常に難しいともいえる。

現実には、世界の金融センターである「ロンドン市」内でのビジネスで、立派な業績をあげた人々のみがアルダーマンとなっているようである。任期は原則的にはない。終身議員というわけであるが、いまは、6年ごとにそれぞれのアルダーマンの意志でチェックしてもらうという慣習になっている。また、70歳になると、自らの意志で辞表を出すという慣習もできている。参事会は年9回開催され、

市長（Lord mayor）が議長を務める。この参事会で、毎年、市長を選出しているが、参事会は、ほかに、市長官邸運営の監督などの業務をこなしているという。

　このように「ロンドン市」は、住んでいる住民は少ないけれども、イギリスの経済的な中心地として機能し続けてきたために、さらには、「世界の金融センター」として機能しているために、特異な統治組織を有し、また、その市長も非常に高い格式を持っている。

　しかし、実質的にロンドンに大きな影響を及ぼしているのは、何といっても、大ロンドン市（GLA）のほうである。また、市長として実際に大きな権限をふるっているのは、少なくとも、ロンドンの市民に影響を及ぼすという意味で大きな責任があるのは、「ロンドン市」の市長ではなく、大ロンドン市（GLA）の市長であるといわなければならない。

## 2　警視庁は"国家警察"か"自治体警察"か？

**1）　ロンドン警視庁（MPS）の特徴**

　イギリスには、全部で52の警察本部がある。そのうち、43本部がイングランドとウェールズにあり、残りの警察本部はスコットランドと北アイルランドにある。これらの警察本部は互いに密接に結びついているが、それぞれが独自の"本部長"をもち、この"本部長"のもとで、自主的に運営されている。

　この"本部長"を任命しているのは各県に設置されている「警察委員会（Policy Authority）」である。この「警察委員会」は、一般的には、県議・市議の代表9人、治安判事（magistrate）と呼ばれ

る下級裁判所の判事3人[280]、そして、これらの議員や判事の合議で選定される一般市民5人、合計17人で構成されている。"本部長"はこれらの人々に任命され、監督されるわけである。

　警察の予算を組んでいるのも、この「警察委員会」であり、その財源は県から出ている。ただ、この財源はほとんどが国の補助金であるため、若干の制約があることは否定できない。また、警察官の階級はすべての警察本部に共通であるなど、警察官全体を通して、ひとつのまとまりができていることも確かである。その点で、各県の「警察委員会」が完全に独自の裁量で警察を統制できるわけではない。しかし、全体的に見れば、これらの警察は"県警"と位置づけるのが妥当なところであろう。イギリスの一般的な見解もそうである。

　ところが、ロンドンではかなり事情が違っていた。先ず、ロンドンには、前述したように、2つの警察本部がある。ひとつは、ロンドン市警であり、もうひとつが、ここで説明しようとしているロンドン警視庁（MPS）である。このうち、ロンドン市警のほうは、「ロンドン市（シティ）」の議会の委員会が市警の"本部長"である警視総監（コミッショナー）を任命し、監督している。したがって、他県の"県警"とほぼ同じ状況下にあり、まさに"市警"だということができる。

　しかし、ロンドン警視庁（MPS）の場合は、2000年までは、内務大臣の管轄下に置かれていた。そして、その"本部長"は、他県の本部長が「チーフ・コンスタブル（Chief Constable）」と呼ばれているのに対して、ロンドン市警と同じように、"警視総監（コミッショナー）"と呼ばれてきた[281]。クラスも最高位の警察官であった。

---

280 治安判事は、人格が高潔で識見のある普通の市民から選ばれる人々である。下級裁判所の裁判で必要な法律知識をもっているのは、下級裁判所の職員であり、これらの職員には、弁護士の資格を持つ者が就任している。裁判は、これらの職員から法律上の知識を得ながら、人格の優れた治安判事が裁くというわけである。
281 ロンドン市警の"本部長"も「コミッショナー」と呼ばれている。

この警視総監（コミッショナー）を任命してきたのも、他の"本部長"とは違い、内務大臣（Home Secretary）の推薦のもとに、女王陛下が任命してきた。ロンドン警視庁（MPS）は、他の警察とは異なり、まさに"国家警察"であったわけである。

## 2）　ロンドン警視庁の改革（2000年）

2000年5月にロンドン市長が市民の選挙で選ばれ、大ロンドン市（GLA）が発足すると、ロンドン警視庁の運営の仕方も根本的に変えられることとなった。当時のブレア労働党政府の意向にしたがって、「首都警察委員会（Metropolitan Police Authority; MPA）」が新設され、そこに、それまでの内務大臣の警察関連の権限が移されることになったのである。

この首都警察委員会は23人のメンバーで構成されることになっている。そのうち12人は、大ロンドンの市長により、大ロンドン議会の議員のなかから任命される。他のメンバーは、4人の治安判事、その他6人である。もう1人は内務大臣が任命するが、内務大臣が委員任命に関与できるのは、この1人だけである。

首都警察委員会（MPA）の最大の権限は、ロンドン警視庁（MPS）の幹部の人事権を握っているという点である。また、それ以上に重要ともいえるが、警視庁の予算の執行権ももっている。これは、ロンドン警視庁が実際に何をするかを、決める権限があるということを意味する。

警視庁の効率的な運営、効果的な運営に関して、警察幹部に注文をつける権限もある。警察官の行動に最終的な責任を負っているのも、この委員会である。言い換えれば、警察官に対する監督権限があるというわけである。

このように首都警察委員会はロンドン警視庁（MPS）に対して非常に大きな力を有しているが、しかし、実際に、警察官を指揮し、統率しているのは、警視総監（コミッショナー）である。そして、

## 第7章 ロンドン四方山話（補論）

その警視総監（コミッショナー）の任命権を首都警察委員会はもっていない。これだけは、以前と同じように、形式的には、女王陛下が任命することになっている。もちろん、女王陛下は自分で人材を捜すということはなく、内務大臣の推薦にしたがって、警視総監（コミッショナー）を任命する。となると、実質的に警視総監（コミッショナー）を任命するのは、内務大臣だということになりかねない。そこで、実際には、内務大臣はどのように推薦者を決めるのかをみてみることにしたい。

2009年はじめに、それまでの警視総監（コミッショナー）が辞任することになった。そこで新たに警視総監（コミッショナー）を任命することが必要になり、次のような手続きがとられた。

- 内務省で、警視総監（コミッショナー）の候補者リストを作成する。
- この「候補者リスト」にしたがって、候補者を面接する委員会を設置する。
- この委員会の構成メンバーとなるのは、内務省の事務次官（委員長）、首都警察委員会の委員2人、内務省の安全対策官、他に1人である。
- この委員会が、候補者達の面接審査をする。
- その後、「候補者リスト」に掲載された候補者を、首都警察委員会の"選定委員会"が面接し、審査する。
- 首都警察委員会が適格者と判断した候補者を内務大臣が面接する。
- 内務大臣が、大ロンドン市（GLA）の市長の意見を尊重しながら、また、首都警察委員会の意見を尊重しながら、警視総監（コミッショナー）の候補者を定め、女王陛下に推薦する。
- 女王陛下が、内務大臣の推薦にしたがって、警視総監（コミッショナー）を任命する。

こういう手続きのもとで、新たな警視総監（コミッショナー）が

*233*

選ばれたが、これらの手続きから判断すると、警視総監（コミッショナー）の選定にもっとも大きな力を持っているのは、首都警察委員会だといえそうである。ひいては、大ロンドン市（GLA）の市長に大きな力があるということができる。事実、2009年に辞任した警視総監（コミッショナー）は、当時のリビングストン市長の意見にしたがって、内務大臣が推薦し、女王陛下が任命したといわれている。

　もっとも、この時は、リビングストン市長は労働党の政治家であり、内務大臣も労働党であった。ところが、2009年のときは、ジョンソン市長が保守党であり、当時の内務大臣は労働党の国会議員・ジャッキー・スミス（Jacqui Smith）であった。いわば、一種の"ねじれ"現象があったわけであり、スミス内務大臣がすんなりと市長の意見にしたがうかどうか疑問だとマスコミで報道されたが、結局は、ジョンソン市長の意見の通りに、あるいは、首都警察委員会の意見の通りに、新しい警視総監（コミッショナー）が任命された。

### 3）　市長が首都警察の委員長？

　市長には、首都警察委員会の委員の指名、コミッショナーの内務大臣への推薦権に加えて、もうひとつ大きな力がある。ロンドン警視庁（MPS）の予算を組むという権限である。

　内務大臣にも、ロンドン警視庁（MPS）の予算の最低限を決める権限がある。しかし、これはあくまでも最低限の予算であり、この内務大臣の予算案を上回る予算が組まれるのは、当然のこととされている。実際にも、これまで、内務大臣の予算案をはるかに上回る予算が立てられてきた。

　このロンドン警視庁（MPS）の予算の財源は、ほとんどが国の財源である。言い換えれば、大ロンドン市長は、国の財源を使って、ロンドン警視庁（MPS）の予算を組んでいるということができるが、中央政府にはそれをチェックする権限はない。市長の予算案を

チェックし承認しているのは、大ロンドン市（GLA）の議会である。この議会には予算の修正権が与えられている。が、修正をするには、議員の3分の2の賛成が必要である。議会は、これまで4〜5の政党で構成されてきたため、この3分の2というハードルを越えることはできなかった。今後も、難しいと予測されている。

　市長が、実際に、予算案を組むときには、財務省と交渉して、具体的な内容を決めているとのことである。が、財務省が自己の意見を強硬に主張することはほとんどないといわれている。

　このように、ロンドン市長が、予算の策定を通じて、警視庁（MPS）の運営に非常に大きな影響力を発揮しているといえるが、しかし、実際に、その予算の執行に関して、権限を握っているのは、市長ではない。首都警察委員会である。そして、首都警察委員会の23人の委員のうち12人は大ロンドン市長によって任命されているとしても、この12人の委員が、市長の指示にしたがって、あるいは、市長の意向を忖度して、予算を執行するという保証はない。

　また、警視総監（コミッショナー）は別として、それ以外の警察幹部の任命権も首都警察委員会にある。そして、この任命は、前のリビングストン市長の時代には、市長の指示を仰ぐことなく、行われていたといわれている。これは、市長が12人の委員を勝手に選ぶのではなく、大ロンドン市議会の議員のなかから、しかも、政党のバランスをとる形で、選ばなければならなかったからである。実際に、首都警察委員会の委員に選ばれた議員のなかには、リビングストン市長と同じ労働党ではなく、保守党や自民党あるいは緑の党の議員がかなり含まれていた。これらの議員が、市長と意見を異にしていたのはいうまでもない。

　首都警察委員会（MPA）の委員のなかでもっとも大きな力を発揮しているのは、もちろん、委員長である。この委員長は、前リビングストン市長の時代には、首都警察委員会の23人の委員の互選で選ばれてきた。そして、委員長に市長に対立する議員が選ばれ、

その結果、首都警察委員会が、市長や議会の意向にしたがわず、独自の判断で行動することも多かった。そして、テロの取り締まりとの関連で、首都警察委員会が、議会と、さらには、市長と対立するという現象が発生し、これが大きな問題となった。

そのため、2007年の法律改正で、大ロンドン市（GLA）の市長は、市長自身を首都警察委員会の委員長に選任することができるということになった。

2008年5月の大ロンドン市長選挙で当選した保守党のジョンソン市長は、選挙のマニフェストで、市長自身が首都警察委員会（MPA）の委員長になって、ロンドンの安全を確保すると訴えていた。そして、現実に、首都警察委員会の委員長に就任した。さらに、警察を担当する副市長を置き、この副市長を首都警察委員会の副委員長にした。が、これは長くは続かなかった。市長の職務と首都警察委員会の委員長の職務を兼任するのは、物理的に難しかったのであろう。結局は、市長の側近で副市長になっている議員を委員長に据え、この委員長を通して、首都警察委員会を動かすようになった。2011年末現在も、この体制である。こうして、首都警察委員会（MPA）に対する市長の影響力は飛躍的に大きくなり、ひいては、ロンドン警視庁（MPS）に対する影響力も強まっている。

いまでは、ロンドン警視庁の"国家警察"としての色合いはどんどん薄くなり、"自治体警察"に変貌しつつあるといえそうである。

# 索 引

## あ

アウター・ロンドン ……………… 134, 135
アド・ホック機関 (ad hoc body)
　………………………………… 53, 134
アルスウォーター委員会
　………………………… 113, 114, 122
アルダーマン (aldermen)
　…… 16, 17, 19-21, 31, 33-35, 49, 84,
　90-91, 97-98, 108, 126, 137-140, 228
イーストハム (East Ham)
　………………………… 115, 120, 128
インナー・ロンドン ……………… 134, 135
インナー・ロンドン教育庁
　(Inner London Education Authority)
　・135-136, 161-162, 164-165, 167, 169
ヴァイキング ……………………… 10-12
ウインチェスター市 ……………… 42, 224
ウエストハム (West Ham)・115, 120, 128
ウエストミンスター市 (City of Westminster)
　……………… 98, 120, 159, 170, 225
英国国教会 (Anglican Church)
　……………………………… 28, 29, 34
エセックス県 (Essex County Council；ECC)
　………………………………… 126, 128
王党派 (cf. 議会派) ……………………… 31

## か

感情の政治 ……………………………… 177
議会制民主主義 ………………………… 177
ギルド (guild) ……………………… 11, 29
議会派 (cf. 王党派) ……………………… 31
議会内閣制 ……………………………… 216
グリーン・ペーパー …………………… 176

クロイドン (Croydon)・115, 120, 128, 133
救貧院 (workhouse) ………………… 58, 61
教区委員 (church wardens) ……… 63
教区牧師 (vicar) ……………………… 63
共和制 (政府) …………………………… 32, 36
県 (county council) …………………… 81, 102
権利の請願 (Petition of Right) …… 27
ケント県 (Kent County Council；KCC)
　……………………… 125, 126, 128, 133
広域行政庁 (Regional Authority)
　………………………… 113, 114, 116
航海法 (Navigation Act) ………… 33, 36
公選市長 (首長) ……… 173-4, 183, 225
コートニィ委員会 ……………………… 88
国会 (Parliament) ‥ 25-26, 29, 32, 34, 56
国家警察 ……………………… 50, 54, 236
国教徒 ……………………………… 29-30, 34
コベント・ガーデン (Covent Garden)
　………………………… 56-59, 63-66, 98

## さ

サッチャー政権
　……… 153, 155, 157-159, 161, 165
サリー県 (Surrey County Council；SCC)
　……………… 125-126, 129, 131, 133
シェリフ (sheriff)
　……………………… 18-21, 33, 229
ジェントリー ……………………………… 30
自治体警察 …………………… 50, 54, 236
自治体 (政府) ………………… 49, 55-56, 58
自治体憲法 (constitution) ……… 183
シティ (city)
　‥ 43, 47, 49, 50, 67-69, 71-72, 76-78,
　82-84, 87-88, 90-91, 93, 98-99, 103,

*237*

111, 134, 136, 139, 162, 168-170,
191, 223, 224-226
シティに関する王立委員会・・・・・・・・・ 70
自民党 (Liberal Democrats)・・・ 153, 182
自由党 (Liberal Party)
・・・・・・・・ 76, 78, 80, 83, 85, 87-96, 100,
103-106, 109, 112-114, 130
自由統一党 (Liberal Unionist)・80, 82, 91
住民会議・・・・・・・・・・・・・・・・・・・・・・・・ 63
住民投票・・・・・・・・・・・・・・・・・・・ 176-178
新労働党・・・・・・・・・・・・・・・・・・・・・・・ 173
首都区 (Metropolitan Borough Council)
・・・ 95, 97-107, 110, 120, 123, 128, 131
　首都区議会・・・・・・・・・・・・・・・・ 97, 103
　首都区議会の政権党・・・・・・・・・・・ 105
　首都区議会の選挙・・・・・・・・ 102-104
　首都区の権限・・・・・・・・・・・・・・・・・ 97
　区長 (メイヤー)・・・・・・・・・・・・・・ 97
首都警察 (Metropolitan Police)・48, 52, 53
首都警察委員会
(Metropolitan Police Authority；MPA)
・・・・・・・・・ 54, 203, 205, 214, 232-236
首都建設委員会
(Metropolitan Board of Works)
・・・・・・・・・・・・・・・ 72-73, 75, 82-83, 87
首都自治体協会
(Metropolitan Municipalities
Association；MMA)・・・・・・・・ 74-76
首都庁 (Metropolitan Council)・・ 77, 82
巡回裁判所・・・・・・・・・・・・・・・・・・・ 18-19
スクエアー・マイル (Square Mile)
・・・・・・・・・・・・・・・・・・・・・・・・ 42, 223
スコットランド・ヤード
→ロンドン警視庁
ストランド・ディストリクト
(Strand District)・・・・・・・・・・・ 71, 98
スラム・・・・・・・・・・・・・・・・・ 44, 46, 107
制服警官 (uniformed men)・・・・・・・・・ 50

聖徒の政治・・・・・・・・・・・・・・・・・・・・・ 32
セント・キャサリン・ドック
(St Katharine Dock)・・・・・・・・ 45-47
セント・ポール教会
(St Paul's Church)・・・・・・・・・・・・ 57
セント・ポール・パリッシュ・・・・・・・ 58
セント・ポール大聖堂
(St Paul Cathedral)・・・・・・・・・・・ 58
セント・マーティン教会
(St Martin-in-the-Fields)・・・ 57-58
総選挙 (1880 年)・・・・・・・・・・・・・・・・・ 76
総選挙 (1885 年)・・・・・・・・・・・・・・・・・ 79
総選挙 (1886 年)・・・・・・・・・・・・・・・・・ 80
総選挙 (1906 年)・・・・・・・・・・・・・・・・ 103
総選挙 (1974 年)・・・・・・・・・・・・・・・・ 151
総選挙 (1983 年)・・・・・・・・・・・・ 153, 160
総選挙 (1987 年)・・・・・・・・・・・・・・・・ 173
総選挙 (1992 年)・・・・・・・・・・・・・・・・ 173
総選挙 (1997 年)・・・・・・・・・・・・ 175, 176

## た

大ロンドン市
(Greater London Authority；GLA)
・・・・・・・ 17, 54, 178, 202-204, 222, 224
　アドバイザー
　・・・・・・・・・・・ 205, 210, 212, 214, 219
　議員 (市議)・・・・・ 186-187, 216-217
　議員選挙・・・・・・・ 178, 187, 201-202
　国家党 (British National Party)
　・・・・・・・・・・・・・・・・・・・ 193, 202, 211
　議会 (Assembly)
　・・・・・・ 204, 211, 213, 215, 217-221
　議長・・・・・・・・・・・・・・・・・・・・ 201, 212
　コンサルタント・・・・・・・・・・・・・・ 205
　市長 (Mayor of London)
　・・・・・・・・・・・ 42, 184, 200, 204, 206
　市長候補・・・・ 174, 178-180, 188, 193

# 索　引

市長選挙
　　……　178, 184, 187, 189, 192, 195
市長への質問……… 212-213, 220
市長チーム
　　……… 204-208, 210-212, 216, 219
市民の質問（People's Question Time）
　　……………………………… 217-218
自民党（Liberal Democrat）
　　…………… 187, 189, 201-202
事務局長（Head of Civil Service）
　　…………………………… 220-221
職員………… 202-204, 218, 221
選挙区……………… 192, 211
比例代表（議員）……… 192, 211
保守党（Conservative Party）
　　…………… 187, 201-202, 211
副市長…… 187, 189, 205-206, 216
緑の党（Green Party）
　　…………… 185, 187, 200, 202, 211
無所属党
　　（United Kingdom Independent Party）
　　……………………………………… 189
労働党（Labour Party）
　　……… 185, 187, 200, 202, 211
大ロンドン都
　（Greater London Council；GLC）
　・124, 127, 130, 133, 138-140, 144-171
　　委員会（議会）………… 138, 143
　　権限…………… 134-135, 164
　　議員…………………… 137
　　議会……………… 135, 137
　　議長………………… 145
　　政策調整委員会
　　　（policy Coordinating committee）
　　　……………………… 145-146
　　事務総長（Chief Executive）… 145
　　選挙………………… 151-157
　　選挙区…………… 137, 151-152

保守党………… 151-157, 160-163
　リーダー（Leader）
　　…… 144, 156, 158, 163, 165, 167
　理事会（Director-General's Board）
　　………………………………… 144
労働党………… 148-157, 162
大ロンドンの復活………… 172
地方自治法（Local Government Act）
　　……………………… 83, 101
地方主義（localism）（cf. 中央主義）
　　…… 69, 70, 73-74, 76, 78, 86, 101,
　　　110, 117, 121, 167
地方民主化委員会
　（Commission on Local Democracy）
　　………………………………… 173
チャーター（Charter）………… 14
中央主義（centralism）（cf. 地方主義）
　　…………… 69-70, 74, 76, 78, 86
ディストリクト（District）　71, 74, 76, 83
ディストリクト（市）……… 81, 82, 86
デーン人……………… 10-11
都市改革派（Municipal Reform）… 105
長老派（Presbyterianism）……… 28
都市自治体（municipal council）…… 93
都市自治体法
　（Municipal Corporation Act）・68, 80
特別市（county borough council）
　　……………… 101, 114, 115, 128
特別市問題……………… 114-117

## な

任命教区会（select vestry）…… 64-65
農民一揆（Peasants' Revolt）… 23-24

## は

ハーコート法案………… 77, 78, 81
パートナーシップ……… 168, 171-172

*239*

ハートフォードシャー県
　　（Hertfordshire County Council；HCC）
　　　　‥‥‥‥‥‥‥‥‥‥‥‥‥ 128
ハーバート委員会
　　‥‥‥‥ 118-120, 122-124, 126-131
ハクニー・パリッシュ
　　（Hackney Parish）‥ 59-61, 63, 66, 98
ハクニー・ディストリクト
　　（Hackney District）‥‥‥‥‥‥ 71
パリッシュ（parish）
　　‥‥‥ 35, 39, 44, 56-59, 62, 66, 68, 81,
　　92, 98
パリッシュ議会（parish council）
　　‥‥‥‥‥‥‥‥‥‥‥ 35, 62, 63
百年戦争‥‥‥‥‥‥‥‥‥‥ 22, 25
ピューリタン（puritan）‥‥‥ 29-31, 34
ブレア政権‥‥‥‥‥‥‥ 176-178, 186
ベインズ報告（Bains Report）‥ 140-144
ペスト（大流行）‥‥‥‥‥‥‥‥ 36
ベストリー（vestry）
　　‥‥‥ 35, 62-74, 81, 83, 88, 92-97, 100
ベスナル・グリーン（Bethnal Green）
　　‥‥‥‥‥‥‥‥‥‥‥‥‥‥ 44
変革の時（Time for a Change）‥‥ 108
坊主頭（Roundhead）‥‥‥‥‥ 29, 31
保守党（Conservative Party）
　　‥‥76, 78, 80, 82, 85, 91, 100-109, 113,
　　116-119, 121-123, 125-126, 136,
　　146-148, 152, 171, 177, 182
ポール・タックス（poll tax）‥‥‥‥ 24
ホワイト・ペーパー‥‥‥‥‥ 176-177

## ま

マグナ・カルタ‥‥‥‥‥‥‥ 15-16
マニフェスト
　　‥‥‥ 160-161, 173, 175, 180, 182-183,
　　191-193, 195-201, 236

ミドルセックス県
　　（Middlesex County Council；MCC）
　　‥‥‥‥‥‥‥ 115, 117, 127-128, 133
モード委員会‥‥‥‥‥‥‥‥‥ 138

## ら

理解の政治‥‥‥‥‥‥‥‥‥‥ 177
礼拝統一法‥‥‥‥‥‥‥‥‥‥ 34
レドクリフ・モード委員会‥‥‥‥ 138
ロイヤル・バラー（Royal Borough）
　　‥‥‥‥‥‥‥‥‥‥‥‥ 225-226
労働党（Labour Party）
　　‥‥ 101, 104-109, 113, 128-130, 152,
　　173-178, 180-182, 185-189
ロンドン改革
　　‥‥‥ 69, 74, 79, 82, 86, 93, 101, 177
ロンドン開発局
　　（London Development Agency；LDA）
　　‥‥‥‥‥‥‥‥‥‥‥‥‥ 203
ロンドン教育委員会
　　（London School Board）‥‥‥ 59, 110
ロンドン教員組合
　　（London Teacher's Association）
　　‥‥‥‥‥‥‥‥‥‥‥‥ 130, 131
ロンドン行政法
　　（London Government Act）‥ 98, 132
ロンドン区（London boroughs）
　　‥‥82-83, 128, 130, 133, 135, 137, 139,
　　159-160, 164, 167-172, 191,
　　224-225, 227
　　　権限‥‥‥‥‥‥‥‥‥ 134, 135
　　　議員‥‥‥‥‥‥‥‥‥‥‥ 137
ロンドン・グループ（ロンドン大学）
　　‥‥‥‥‥‥‥‥‥‥‥‥ 119, 127
ロンドン警視庁
　　（Metropolitan Police Service；MPS）
　　‥‥ 49-50, 52-54, 59, 62, 67, 134, 203,
　　215, 226, 227, 230-232, 234-236

# 索引

ロンドン県
 (London County Council；LCC)
  …… 83-96, 100, 102-103, 105-114, 120-128, 132
  穏和党 (Moderate party)
   …… 85, 87, 89, 91, 93-94, 102-105
  議会 (council) ………… 84, 87
  共産党 ………………… 125-126
  議員選挙 ……… 87, 94, 106, 109
  自由党 ………………… 125, 130
  進歩党 (Progressive Party)
   …… 85, 87-96, 103-106, 112, 114
  選挙 ………… 84-85, 87, 89, 92, 94
  保守党 …… 121-123, 126, 129, 130
  労働党 ‥ 106, 107, 109, 123-126, 130
ロンドン公共交通委員会
 (London Passenger Transport Board)
 ……………………………… 112
ロンドン交通局
 (Transport for London；TfL)
 ………………… 203, 207-210, 215
ロンドン市 (City of London)
 …… 18, 21, 30, 54-55, 67-68, 71, 91, 99, 103, 222-231
  議員 ………………… 103, 224
  参事会 (Court of Aldermen)
  ………………… 17, 228-230
  市警 (ロンドン市警)
  …………… 50, 103, 226-227
  市長 (Lord Mayor)
  … 14-19, 21, 24, 31, 32-34, 39, 42, 49, 71, 103, 222, 224, 229
  市裁判所 (Court of Justice)
  ………………… 18-19, 21
  市長法廷 (Mayor's Court)
  ………………………… 19-21
  市民議会 (Court of Common Council)
  …… 17, 21, 31, 34, 55, 71, 208-209

市民軍 ……………………………… 30
市役所 (ギルド・ホール) …… 40
人口 ………………………………… 43
ロンドン市政協会
 (London Municipal Society)
 ……… 86, 89, 90, 106-108, 112-113, 121-124, 129, 146-148
ロンドン市長 (Mayor of London)
 ………………………………… 42, 222
ロンドン市の市長
 (mayor of the City of London)
 ………………………… 42, 222-4, 226
ロンドン消防委員会
 (London Fire and Emergency Planning Authority) ‥ 203, 205, 216
ロンドン消防庁 ………… 203, 215-216
ロンドン庁
 (Government Office for London；GOL)
 ……………………………… 171
ロンドン都市改革連盟
 (London Municipal Reform League；LMRL) ………………… 76-78
ロンドンの大火 ……………… 37-41
ヨーク市 ………………………… 42, 224

*241*

# 人名索引

## あ

アーチャー（Jeffrey Archer）
　　　　　　　　　　 178-180
アルスウォーター（V. Ulswater）‥ 113
アンデリューズ（Tomas Andrews）・31
ウィリアム（William）‥‥‥‥‥ 12
エドワード3世（Edward Ⅲ）‥‥ 23-24
エリザベス1世（Elizabeth Ⅰ）‥ 28-30
エルコー卿（Lord Elcho）‥‥‥‥ 75

## か

ガブロン（Nicky Gavron）‥‥‥ 186-189
グラッドストーン
　（William Ewart Gladstone）
　　　　　　　　　 76-77, 79, 90
クラマー（Susan Kramer）‥‥‥ 182
グリーングロス（Alan Greengross）・161
クロムウエル（Oliver Cromwell）
　　　　　　　　　　 31-32, 34
ケイス・ルーカス（B. Keith-Lucas）
　　　　　　　　　　 100-101
コートニィ（Leonard Courtney）‥‥ 88

## さ

サッチャー（Margaret Thatcher）
　　　　　　　　 23, 107 153, 176
サルモン（Sir Samuel Salmon）‥‥ 147
ジャンヌ・ダルク‥‥‥‥‥‥ 25
シェークスピア‥‥‥‥‥‥‥ 32
シドニィ・ウエッブ（Sidney Webb）
　　　　　　　　　　　　　 86
ジャクソン（Glenda Jackson）‥‥ 180
ジョーンズ（Jenny Jones）‥‥‥ 187

ジョン（John）国王‥‥‥‥‥ 14-15
ジョン・オブ・ゴーント
　（John of Gaunt）‥‥‥‥‥ 23-24
ジョン・スチュアート・ミル
　（John Stuart Mill）‥‥‥‥‥ 75
ジョンソン（Boris Johnson）市長
　‥‥ 194-195, 197, 199-201, 234, 236
スミス（Jacqui Smith）‥‥‥‥ 234
スミス（John Smith）‥‥‥‥‥ 173
スモールウッド（Frank Smallwood）
　　　　　　　　　　 119, 127
ソールズベリー（Marquess of Slisbury）
　　　　　　　　 79-80, 91, 93

## た

チャールズ1世（Charles Ⅰ）
　　　　　　　　 26-28, 30-31
チャールズ2世（Charles Ⅱ）‥‥ 33, 34
チャップリン‥‥‥‥‥‥‥‥ 57
チャドウィック（Sir Edwin Chadwick）
　　　　　　　　　　 69, 75, 78
ツールミン・スミス
　（Joshua Toulmin Smith）
　　　　　　　　 69, 74, 78, 121
ディズレーリ（Benjamin Disraeli）‥ 75
ティッチボーン（Robert Tichborne）
　　　　　　　　　　　 31, 34
デッドリン（Isabel Dedring）‥‥ 207
ドブソン（Frank Dobson）
　　　　　　　 174-175, 181-182, 185
トラバース（Tony Travers）‥‥‥ 200

# 索　引

## な

ノリス（Stevn Norris）
　　　………　179-180, 182, 185, 189, 194

## は

ハーコート（William Harcourt）……　77
ハーバート（Edwin Herbert）……　118
バーンズ（Richard Barnes）………　193
パディック（Brian Paddick）……　194
ハリー（Gutto Harri）…………　206
バルフォア（Arthur Balfour）……　104
ヒース（Sir Edward Heath）……　163
ヒューズ（Simon Hughes）………　189
ブレア首相(tony Blair)
　　　……………　173-178, 180-181, 188
ヘイグ（William Hague）………　179
ペイジ（John Paige）……………　36
ペニントン（Issac Penington）…　31, 34
ヘンリー2世（Henry Ⅱ）………　14
ヘンリー8世（Henry Ⅷ）………　28

## ま

メジャー（John Major）………　194
モリソン（Herbert Morrison）・　106-107

## ら

リッチー（Charles Ritchie）…　80-83, 91
リチャード（Richard）国王………　14
リチャード2世（Richard Ⅱ）……　23
リビングストン（Ken Livingstone）市長
　　　…　136, 156, 158, 161, 165-167, 178,
　　　　　180-189, 194-197, 199-201, 210,
　　　　　234-235
ロイド（John Lloyd）…………　76-77
ローズベリ（Earl of Rosebery）……　90
ロバート・ピール（Sir Robert Peer）
　　　………………………　48-50

ロブソン（W.A. Robson）……　99-101

## わ

ワット・タイラー（Wat Tyler）……　23

*243*

**著者紹介**

**竹下　譲**（たけした　ゆずる）　四日市地域研究機構　地域政策研究所長
はじめに、第1章〜第5章、第7章

1940年生
東北大学大学院法学研究科修了。拓殖大学政経学部教授、神奈川大学法学部教授ののち四日市大学総合政策学部教授。三重県教育委員長などを経て　現職。他に拓殖大学地方政治センター長、自治体議会政策学会会長など。著書に『パリッシュに見る自治の機能―イギリス地方自治の基盤―』（イマジン出版）、『地方議会―その現実と改革の方向―』（イマジン出版）、『よくわかる世界の地方自治制度』（イマジン出版）など。


**丸山康人**（まるやま　やすひと）　四日市看護医療大学副学長
第6章

1956年生
早稲田大学大学院博士前期課程修了、明治大学大学院博士後期課程単位取得。四日市大学経済学部助教授、教授。同大学総合政策学部教授を経て現職。専門分野は地方自治論。著書に『自治・分権と市町村合併』（イマジン出版）、『ローカル・マニフェスト―政治への信頼回復をめざして―』（イマジン出版）、『概説　現代日本の政治と地方自治』（学術図書出版）など。

## ロンドンをめぐる略年表

| | | |
|---|---|---|
| 1C | 43年 | ローマ帝国皇帝クラウディス、ブリタニアに侵入、支配拠点ロンディニウム建設（ロンドンの起源） |
| | 449年 | アングロ＝サクソン大挙渡来開始　七王国時代のはじまり |
| 9C | 829年 | エグバートが統一を達成　デーン人の侵入が活発になる |
| | 886年 | アングロサクソンのアルフレッド国王がデーン人からロンドンを含む国土の半分を取り返す |
| 11C | 1016年 | デンマーク国王によってアングロサクソンの王がイングランドから追い出され征服王朝であるデーン朝（北海帝国）が成立 |
| | 1066年 | 王朝が復活するも「ノルマンディーの征服」が行われ、イングランド王となったウィリアム1世が即位 |
| 12C | 1154年 | ヘンリー2世が即位 |
| | 1189年 | リチャード国王即位　市長が置かれるようになる |
| | 1199年 | ジョン国王即位 |
| 13C | 1215年 | マグナカルタ締結 |
| | | ジョン国王に対し、ロンドン固有のチャーター（特許状）の交付を迫り、自治権を強化 |
| 14C | 1339年 | フランスとの百年戦争開始 |
| | 1376年 | 市民議会がロンドン市の中心的な意思決定機関となる |
| | 1381年 | 過酷なポール・タックス（人頭税）に対して大規模な農民一揆が起こる |
| | 1382年 | ポール・タックス改正 |
| 15C | 1429年 | フランス軍がイギリス軍を打ち破る |
| | 1453年 | 百年戦争の終結 |
| 17C | 1625年 | チャールズⅠ世が国王になり、国会との対立が生まれる |
| | 1629年 | 「権利の請願」を認めるものの国会を解散し、専制政治を展開 |
| | 1640年 | スコットランドとの戦争の資金確保のために国会を開催 |
| | 1641年 | 英国国教会系のイギリス人が多数虐殺される |
| | 1642年 | 内戦勃発 |
| | 1646年 | オリバー・クロムウェルの登場によりチャールズ国王が降伏 |
| | 1648年 | チャールズⅠ世が処刑される |
| | 1649年 | クロムウェルにより共和制となる |
| | 1655年 | クロムウェルが議会を解散 |
| | 1658年 | クロムウェル病没 |
| | 1660年 | チャールズ2世が凱旋し、王政復古 |
| | 1662年 | 「礼拝統一法」制定 |
| | 1665年 | ペストの大流行 |
| | 1666年 | ロンドン大火 |

| | | |
|---|---|---|
| 18C | 1707年 | グレートブリテン王国成立 |
| | 1773年 | ボストン茶会事件 |
| | 1776年 | アメリカ独立戦争 |
| | 1783年 | パリ条約締結 |
| 19C | 1800年 | グレートブリテンおよびアイルランド連合王国の成立 |
| | 1829年 | ロンドン警視庁設立 |
| | 1835年 | 都市自治法　成立 |
| | 1838年 | 人民憲章策定 |
| | 1839年 | ロンドン市警設置 |
| | 1852年 | スミス・スタンレー政権成立 |
| | | シティに関する王立委員会　設置 |
| | 1855年 | ベストリーの統合 |
| | | 首都建設委員会設置 |
| | 1859年 | 自由党　成立 |
| | 1865年 | 首都自治体協会（MMA）設立 |
| | 1867年 | 第2回選挙法改正 |
| | 1880年 | 総選挙　グラッドストーン自由党内閣発足 |
| | 1881年 | ロンドン都市改革連盟（LMRL） |
| | 1882年 | イギリス軍エジプトを単独占領 |
| | 1883年 | 社会民主連盟成立 |
| | 1884年 | 第3回選挙法改正 |
| | | ファビアン協会結成（後の労働党となる） |
| | 1886年 | 第3次グラッドストン自由党内閣成立 |
| | 1888年 | 地方自治法　成立 |
| | 1889年 | ロンドン県（LCC）設立 |
| | 1890年 | 「ベアリング恐慌」 |
| | 1892年 | 第4次グラッドストン自由党内閣成立 |
| | 1893年 | ケア・ハーディ、独立労働党を創設 |
| | | 第2次アイルランド自治法案、貴族院で否決 |
| | | コートニィ委員会　設置 |
| | 1894年 | ロンドン市政協会（LMS）設立 |
| | | 地方自治法　改正 |
| | 1895年 | 総選挙　ソールズベリー保守党内閣成立 |
| | 1899年 | ボーア人が対英宣戦、第2次ボーア戦争（南アフリカ戦争）勃発 |
| | | ロンドン行政法成立 |
| 20C | 1900年 | 首都区議会の初選挙 |
| | 1906年 | 労働党　成立 |
| | 1914年 | 第一次世界大戦参戦 |
| | | アイルランド自治法成立、実施は戦争後まで延期 |

| | |
|---|---|
| 1916 年 | 徴兵制の採用 |
| | アイルランドでイースター蜂起 |
| 1917 年 | 英王室、名称をウィンザー家に変更 |
| 1918 年 | 第4次選挙法改正、30歳以上の女性の参政権が実現 |
| | 大戦終結 |
| 1920 年 | アイルランド民族運動弾圧のため「ブラック・アンド・タンス」活動開始 |
| | アイルランドの南北分割を定めたアイルランド統治法が議会通過 |
| 1921 年 | アイルランド自由国創設を定めた英・アイルランド条約調印 |
| | アルスウォーター委員会設置 |
| 1924 年 | 第1次労働党内閣成立、マクドナルド首相 |
| 1928 年 | 女性参政権、男性と平等になり、21歳以上に投票権付与 |
| 1929 年 | 第2次労働党内閣成立、首相にマクドナルド |
| 1930 年 | 世界恐慌下で失業者が増大し250万人を超える |
| 1931 年 | マクドナルド首相のもと「挙国一致政府」誕生、マクドナルドらは労働党除名 |
| | 英連邦の枠組みを明文化したウェストミンスタ憲章発表 |
| 1932 年 | オタワで帝国経済会議、帝国特恵制度の導入 |
| 1934 年 | 不況地帯からロンドンに向け「飢饉行進」 |
| 1938 年 | アイルランド憲法成立、国名をエールとする |
| | チェンバレン首相、対独宥和政策を展開、ミュンヘン会談開催 |
| 1939 年 | 徴兵制導入決定 |
| | 対独宣戦布告、第二次世界大戦に突入 |
| 1940 年 | チャーチル首相就任、労働党が入閣し挙国体制成立 |
| | 「バトル・オブ・ブリテン」開始 |
| 1945 年 | ヤルタ会談 |
| | 総選挙に労働党圧勝、アトリー政権発足 |
| 1946 年 | イングランド銀行が国有化される |
| 1947 年 | 重要産業の国有化が始まる |
| | インド・パキスタン独立 |
| 1948 年 | ロンドンオリンピック開催 |
| 1949 年 | エール共和国が英連邦を離脱し、アイルランド共和国が成立 |
| 1952 年 | ジョージ6世没、エリザベス2世即位 |
| 1954 年 | 水爆製造開始を表明 |
| 1955 年 | チャーチル引退 |
| 1956 年 | 英・仏軍エジプト攻撃、スエズ戦争開始 |
| | 英・仏軍スエズ撤退 |
| 1957 年 | マクミラン内閣成立 |

|  |  |  |
|---|---|---|
|  |  | ハーバート委員会設置 |
|  | 1960 年 | 労働党が核兵器の一方的廃棄決議 |
|  | 1961 年 | ＥＥＣへの加盟申請 |
|  | 1962 年 | 連邦移民法制定 |
|  | 1964 年 | ポンド危機 |
|  |  | ウィルソン労働党政権発足 |
|  | 1965 年 | 大ロンドン都（ＧＬＣ）発足 |
|  | 1967 年 | ポンド切下げ断行 |
|  |  | ＥＥＣ加盟拒否される |
|  | 1969 年 | ドーヴァ委員会の報告書「闘争にかえて」公表 |
|  |  | 18 歳以上に選挙権付与 |
|  |  | 庶民院、死刑廃止決議 |
|  | 1970 年 | ピース政権発足 |
|  | 1971 年 | 連邦移民法制定 |
|  | 1973 年 | ＥＣに正式加盟 |
|  |  | 石油危機に非常事態宣言 |
|  | 1975 年 | 保守党党首にサッチャー選出 |
|  |  | ＥＣ国民投票 |
|  | 1977 年 | リブ＝ラブ（自由＝労働）協定成立 |
|  | 1979 年 | 地方分権国民投票（スコットランド、ウェールズ）不成立 |
|  |  | サッチャー政権発足 |
|  | 1981 年 | 社会民主党結成 |
|  |  | ＧＬＣリーダーにケンリビングストンが就任 |
|  | 1983 年 | 労働党党首にキノック選出 |
|  |  | 大ロンドン都廃止を訴える政策書　公表 |
|  | 1985 年 | 地方自治法（大ロンドン都廃止）制定 |
|  | 1986 年 | 大ロンドン都廃止 |
|  | 1987 年 | ロンドン地下鉄で大火災 |
|  | 1988 年 | サッチャーがブルージュでの講演でＥＣ統合の進展を批判 |
|  | 1990 年 | コミュニティ・チャージ（「人頭税」）の導入に反対する暴動 |
|  |  | サッチャー辞任表明、保守党党首にジョン・メージャー選出 |
|  |  | インナー・ロンドン教育庁　廃止 |
|  | 1994 年 | ロンドン庁（ＧＯＬ）設置 |
|  |  | ジョン・スミス労働党党首急死 |
|  |  | トニー・ブレアが労働党党首就任 |
| 21C | 2000 年 | 大ロンドン市設置 |
|  |  | 大ロンドン市長選挙でケン・リビングストンが勝利 |
|  | 2004 年 | 大ロンドン市長選挙でリビングストンが再選 |
|  | 2008 年 | 大ロンドン市長選挙でボリス・ジョンソン（保守党）が当選 |

## ロンドンの政治史
―議会・政党は何をしてきたのか？

| | |
|---|---|
| 発行日 | 2012 年 5 月 10 日 |
| 著 者 | 竹下　譲・丸山　康人 |
| 発行人 | 片岡　幸三 |
| 印刷所 | 大日本印刷株式会社 |
| 発行所 | イマジン出版株式会社 |

〒112-0013　東京都文京区音羽 1-5-8
電話　03-3942-2520　FAX　03-3942-2623
http//www.imagine-j.co.jp

ISBN978-4-87299-604-3 E-87299-604-3 C2031 ¥2500

乱丁・落丁の場合は小社にてお取替えいたします。

## イマジン出版

http://www.imagine-j.co.jp/
ご注文は直接、TELまたはFAXでイマジン自治情報センターへ

# パリッシュにみる自治の機能
## ─イギリス地方自治の基盤

著者： 竹下 譲
定価 2,625円（税込） A5判／274ページ

イギリス最小の地方自治体の単位、パリッシュを本邦初めて、詳しく紹介した待望の発刊。
議会や課税権を持つパリッシュは自ら自治権を住民の力で中央政府から獲得してきた。住民自治の原点を、わかりやすい文章と各地のパリッシュの議事録や現地の資料を駆使して紹介。最新刊「ロンドンの政治史」と併せて読めば「議会」「議員」の役割が判る。

---

## 地方議会 ─その現実と「改革」の方向

自治体議会政策学会会長／拓殖大学地方政治センター長
竹下 譲 著

■議会とはなにか！ 議員とはなにか！ 現実は変えられるか！ 今進めている議会改革は間違っていないか？ すべての答えがこの1冊に。
■住民自治と議会制民主主義の確立へ向けて必読の書。
□A5判／296頁／定価2,625円（税込）

## よくわかる 世界の地方自治制度

竹下 譲（四日市大学地域政策研究所長）監修・著

■最新情報をもとに編集、17カ国の自治制度がよくわかる。
■自治の基本とは、住民の権利は、類書に無い自治の豊かな姿が明らかに。
■自治体議会の姿、決定のあり方などをわかりやすく解説。
□A5判／520頁／定価3,675円（税込）

## 自治確立のモデル・現地訪問レポート
## スコットランドの挑戦と成果 ─地域を変えた市民と議会の10年─

山崎幹根（北海道大学公共政策大学院教授）
自治・分権ジャーナリストの会 著

■分権改革から10年のスコットランドがなしえたことは。
■決定権を持った独自の議会こそ成果の源。多様な視点から日本の改革10年と比較する。分権改革に必読の書。
□A5判／194頁／定価1,890円（税込）

## 日本再生のキーワード ─欧州に見る地域の力─

務台 俊介（元総務省官房参事官 元自治体国際化協会ロンドン事務所長）著

■地域資源を国の再生に生かす深い造詣と暖かい視点、豊かな経験をもとに地域再生の「知恵」を満載。
■欧州の地方自治の現場から、地域づくり・地域再生の現場や欧州の政治経済がわかりやすい。
□A5判／214頁／定価1,575円（税込）

---

**TEL.03-5227-1825　FAX.03-5227-1826**
〒162-0801 東京都新宿区山吹町293 第一小久保ビル3階
全国の主要書店・政府刊行物サービスセンター官報販売所でも取り扱っています。